西部经济评论

全球能源转型与中国国际能源合作

向寿生　焦　兵　主编

西北大学出版社
·西安·

图书在版编目（CIP）数据

西部经济评论： 全球能源转型与中国国际能源合作 /
向寿生，焦兵主编. -- 西安：西北大学出版社，2024.6.
-- ISBN 978-7-5604-5424-5

Ⅰ. F416.2

中国国家版本馆 CIP 数据核字第 2024PF5368 号

西部经济评论：全球能源转型与中国国际能源合作

XIBU JINGJI PINGLUN : QUANQIU NENGYUAN ZHUANXING YU ZHONGGUO GUOJI NENGYUAN HEZUO

向寿生　焦　兵　主编

出版发行　西北大学出版社

（西北大学校内　邮编：710069　电话：029-88302621　88303059）

http://nwupress.nwu.edu.cn　E-mail: xdpress@nwu.edu.cn

经　　销	全国新华书店	
印　　刷	**西安奇良海德印刷有限公司**	
开　　本	787 毫米×1092 毫米　1/16	
印　　张	13.25	
版　　次	2024 年 6 月第 1 版	
印　　次	2024 年 6 月第 1 次印刷	
字　　数	235 千字	
书　　号	ISBN 978-7-5604-5424-5	
定　　价	52.00 元	

本版图书如有印装质量问题，请拨打 029-88302966 予以调换。

编委会

目　录

能源革命视角下能源国际合作的发展历程与展望

杜　欢　李一洋

（西安财经大学　经济学院　陕西　西安　710100）

摘　要： 中国居高的能源资源对外依赖度迫使中国的能源安全问题与能源发展不能单纯依靠国内循环，必须坚持"国内国际双循环并重"的高水平对外开放和国际合作。伴随世界能源发展趋势，中国逐步融入国际能源市场。通过对合作现状的分析，总结发现中国从拓展能源产业链与绿色能源合作、注重合作国基础设施建设以及提升合作机制化程度、开拓能源合作圈等方面不断提升能源国际合作水平。围绕能源革命目标，提升油气全产业链合作水平，深入拓展绿色低碳合作领域，注重合作区域异质性提高合作针对性，加快能源数智化建设及创新合作机制深度融入全球能源治理将是中国能源国际合作的趋势方向。

关键词： 能源革命；能源国际合作；"一带一路"；能源转型

引　言

根据 2022 年中国石油和化学工业经济运行报告数据显示，2022 年中国自全球进口原油 5.08 亿吨，进口天然气 1520.7 亿立方米，原油对外依存度达 71.2%，天然气对外依存度达 40.2%[1]。中国能源资源禀赋具有"多煤少油贫气"的特征，居高的能源资源对外依赖度迫使中国的能源安全问题与能源发展不能单纯依靠国内循环，必须充分利用国际市场开展能源国际合作，必须坚持"国内国际双循环并重"的高水平对外开放和国际合作。

2014 年 6 月，习近平总书记在中央财经领导小组第六次会议上发表讲话，提出"四个革命、一个合作"的能源安全战略思想，要求"全方位加强国际合作，实现开放条件下能源安全"。2024 年能源工作会中明确提出"积极加强能源国际合作，以共建'一带一路'为引领，充分利用国际国内两个市场、两种资源，保障开放条件下的能源安全，全面提升国际影响力话语权"。由此看出，能源国际合作不仅是能源革命的重要构成，更是保障中国能源安全的重要抓手。本文拟对中国能源国际合作的发展历程进行梳理，通过对合作现状进行描述，总结中国能源国际合作的发展经验，为持续推动能源革命深入前行、保障中国能源安全、融入全球能源转型发展贡献力量。

一、能源国际合作的发展历程

能源是国民经济的命脉，是人类生存和发展的物质基础。自 1949 年以来，能源业为中国经济增长提供了原始的动力，成为经济发展的重要引擎，产业发展实现了从极端短缺到极大丰富的历史跨越。伴随着经济社会发展进程，中国能源国际合作经历了从建国初期的农业为主、工业为辅，能源需求量低下，到改革开放后能源需求攀升，能源供给紧张必须开启能源对外合作大门，直至"一带一路"倡议提出，深度融入能源国际市场，坚持绿色低碳能源转型之路的主要阶段 [2]。

（一）"引进来"，融入国际能源市场（1980—1992）

中华人民共和国成立之初，我国能源基础十分薄弱，生产能力严重不足，生产水平极其低下，能源消耗量极小，且消费种类以煤炭为主，始终坚持的是自给自足的能源供应体系。改革开放后，中国开始参与能源国际合作，与世界能源的联系不断加强，形成了相互交融的能源市场格局。

1980 年中国开启城市改革，工业经济发展迈入快车道。1992 年党的十四大召开，提出"积极开拓国际市场，促进对外贸易多元化，发展外向型经济""更多地利用国外资源和引进先进技术"。这个阶段的能源国际合作主要特征是"引进来"，以外资和技术引进为主，多为海上勘探，在合作过程中培养能源科技人才，与欧美发达国家建立了初步的合作关系。此阶段，我国能源基本属于自给自足，与其他能源生产国、消费国的合作并不深入，属于"供给保障驱动下的引进"，一是在改革开放的背景下，中国石油消费量逐步攀升，现有的开采技术水平不能满足对生产的基本需求，二是通过外资和技术引进开发，不仅提高了国内的生产技术以提升国内产能，保障在对外开放下的经济迅速发展，同时也提高了东部海洋石油的开采量。此外，先进技术的引进促使产量提升，存在石油对外贸易的空间，1985 年我国石油出口额占全国出口额的 26.9% [2]，石油出口一度成为出口创汇的主要来源 [3]。

（二）"走出去"，充分利用国际市场资源（1993—2000）

随着中国综合实力的攀升，能源需求大幅提高以及能源企业前期在技术、设备等方面的积累，能源国际合作逐步由吸收、利用国外技术经验向"走出去"转变，中国参与世界能源市场的能力进一步提高，与国际能源署等国际能源机构开展对话，合作领域也由初期的石油向可再生能源进行探索。

世界能源市场全球化进程加快，全球范围区域能源合作逐步增强，能源价格相对稳定。中国能源资源禀赋具有"多煤少油贫气"的自然特征，1993 年中国成为石油净进口国，石油对外依存度逐年升高，这是中国工业发展的必然结果，中国能源安全保障的思路也随之发生变化。1996 年，江泽民同志在河北考察时首次明确提出"走出去"的战略思想。

在"走出去"的指导思想下，经过前期外资、技术的引进积累，中国海外石油勘探业务快速拓展，石油开采合作方面积累迅速，不断获取开采作业权，合作内容也由开采扩散至国际投资。相配套地，国内对中石油、中石化、中海油进行重组，以此推动能源企业"走出去"，不断提升企业国际化能力。"九五计划"中提出"节约能源"，为中国国际能源合作提供了新方向，《中美能源环境十年合作框架》等一系列合作文件陆续签署。"走出去"这一战略充分保障了中国的能源安全，通过"走出去"战略的实施，不啻利用全球范围的能源资源实现资源配置的优化，使获取到的海外石油份额不断增长，由 1999 年的 300 万吨增长至 2001 年的 831 万吨，更是促使了中国能源话语权从无到有。

（三）多元化合作发展，提升能源合作话语权（2001—2012）

2001 年中国加入 WTO，为深入能源国际合作提供了新机遇，能源供应来源多元化程度加深，中国能源国际合作进入了新阶段。加入 WTO 后，中国能源国际合作思路随世界环境变化也进行了调整，合作理念由保障自身能源安全逐步过渡至全球可持续发展，合作内容由单纯的能源进出口扩展至资源环境管理，提出了构建合理的全球能源治理机制。

世界能源价格受到全球金融危机影响波动幅度较大，全球对气候变化的关注进一步提高，且页岩气革命带来了世界能源格局的深刻变化。国内能源需求进一步增加，能源需求与环境约束间的矛盾日益加强。在能源国际合作方面，中国继续深入"走出去"，已从最初的石油、天然气逐步扩展至风能、光伏、生物质燃料等多个领域。中国企业由最初的合作开发进入到独立开发阶段，非国企的不断加盟充实了合作主体。基于前期"走出去"战略的合作成果，中国能源装备、国际工程等业务不断输出，合作链条不断延伸。生产供应环节也从单一的上游勘探开发，逐步拓宽到上下游一体化合作，包括炼化、加工、储运、销售等，关联产业持续发展。2009 年中国先后与俄罗斯、巴西等国家签订了贷款换石油协议，"贷款换石油"的模式意味着能源与金融的进一步融合。

（四）"一带一路"倡议深化能源合作，合作进入新阶段（2013年至今）

自2013年"一带一路"倡议提出以来，能源合作一直是共建"一带一路"的重点领域，能源合作不断走深走实，中国先后与90多个国家和地区建立政府间能源合作机制，与30多个能源类国际组织和多边机制建立合作关系，参与双边、多边能源合作机制近百项，签署了100多份能源合作文件，与10个国家和地区开展双边能源合作规划。全球能源格局的发展变化为中国能源合作发展带来了全新的机遇与挑战。能源合作从"引进来"向"引进来、走出去"协同进行，再到"共建'一带一路'能源合作高质量发展"，以能源贸易、项目合作的方式转向进一步参与全球能源治理，能源消费大国的国际地位进一步凸显。

2013年中国超过美国成为世界第一大石油进口国，美国由消费国转变为输出国，俄罗斯能源重心东移。2014年习近平同志在中央财经领导小组会议中指出："全方位加强国际合作，实现开放条件下能源安全。在主要立足国内的前提条件下，在能源生产和消费革命所涉及的各个方面加强国际合作，有效利用国际资源。"同时，国内资源环境、经济转型升级带来的双重压力倒逼中国更需要大力推动能源国际合作，进一步向可持续发展提供新动能。

"一带一路"沿线国家既是传统能源资源丰富区域，亦是可再生能源的重要开发区域。能源国际合作方面，在原有基础之上持续深入推进"一带一路"能源合作，从顶层设计到项目落地实施，在能源投融资、能源基础设施互联互通、能源贸易、能源科技创新等方面开展务实合作。2013—2022年，中国与沿线国家非金融类直接投资额年均增长5.8%；与沿线国家双向投资累计超过2700亿美元，能源领域累计投资额约占我国对共建"一带一路"国家总投资额的40%，其中电力部分占能源投资一半左右。2013—2022年，中国在"一带一路"沿线国家承包工程新签合同额超过1.2万亿美元，完成营业额累计超过8000亿美元，占对外承包工程总额的比重突破50%。在油气基础设施方面，中俄原油管道、中俄东线天然气管道、中哈原油管道、中国—中亚天然气管道、中缅原油管道等一批标志性重大项目相继投运，中亚—俄罗斯、中东、非洲、美洲和亚太五大油气合作区开发建设持续推进，东北、西北、西南和海上四大油气进口战略通道基本形成。能源资源贸易方面不仅传统能源资源贸易规模稳步提升，光伏类、风电机组等产品出口地区、出口量均呈规模增长，中国成为稳定全球可再生能源产业链、供应链的重要力量。能源科技创新持续凸显，近年来中国持续加强政府间科技合作，签订各类科技合作协定114份。在全球气候变化加剧的背景下，中国水电、风电、光伏发电装机规模连续多年稳居世界首位，一批可再生能源标志项目相继建成。

中国已成为全球最大的可再生能源市场和装备制造国，目前已建成相对完善的可再生能源装备产业链、供应链体系，为"一带一路"沿线国家和地区的绿色转型提供了强大支撑和有效依托。

二、能源国际合作现状与经验总结

中国能源国际合作是在双循环格局下，充分利用国际市场的能量满足国内经济社会发展对能源的需求，同时满足合作国在经济可持续发展、产业转型升级等方面的需求。在能源国际合作方面，与"一带一路"沿线国家的合作是中国深入发展的重点方向，当前的能源合作呈现以下特点。

（一）油气领域境外合作保持规模增长，积极完善全产业链合作

能源合作规模逐步扩大，投资额呈上升趋势，能源全产业链投资布局逐渐显现，同时中国与"一带一路"沿线国家贸易额呈增长态势。2022 年，中国对共建"一带一路"沿线国家进出口总额达 13.88 万亿元，较上年增长 19.4%。其中出口 7.9 万亿元，较上年增长 20%；进口 5.9 万亿元，较上年增长 18.7%。能源类产品贸易规模整体呈上升趋势，中国作为全球主要的能源消费国，在原油、天然气方面以进口为主，2022 年原油对外依存度达 71.2%，天然气对外依存度达 40.2%。根据 2022 年中国石油和化学工业经济运行报告数据显示，2022 年中国自全球进口原油 5.08 亿吨，较上一年下降 1%，进口天然气 1520.7 亿立方米，较上一年下降 10.4%，这也是近年来天然气进口量首次下降。进口量下降的主要原因一方面来自国内生产量的提高，另一方面来自国际能源价格走高，进口成本上升。而 2021 年统计公报数据显示，中国对"一带一路"沿线国家进出口总额 115979 亿元，比上年增长 23.6%。其中，出口 65924 亿元，增长 21.5%；进口 50055 亿元，增长 26.4%。2022 年中国自"一带一路"沿线国家进口原油 1.9 万亿元，增长 37%，天然气 3220 亿元，增长 42.4%。

从国别区域分布看，中国自"一带一路"进口原油的主要国家为沙特阿拉伯、俄罗斯、伊拉克、阿曼、阿联酋及科威特，占中国自全球进口原油比例分别为 17.07%、15.53%、10.54%、8.74%、6.23%、5.88%，（图 1）合计占比 63.99%。LNG 则主要来自卡塔尔、马来西亚、印度尼西亚及俄罗斯，占中国自全球进口 LNG 比例分别为 11.39%、10.45%、6.48%、5.73%，（图 2）合计占比 34.05%。天然气的主要进口国为土库曼斯坦、缅甸、哈萨克斯坦、俄罗斯及乌兹别克斯坦，占中国自全球进口天然气比例分别为 57.82%、17.69%、13%、9.54%、1.95%（图 3）。

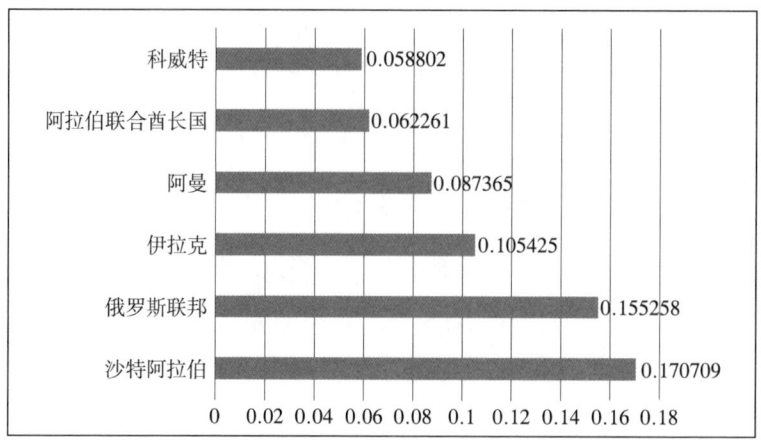

图 1 2021 年中国自"一带一路"主要国家进口原油比例

数据来源：UN comtrade database。

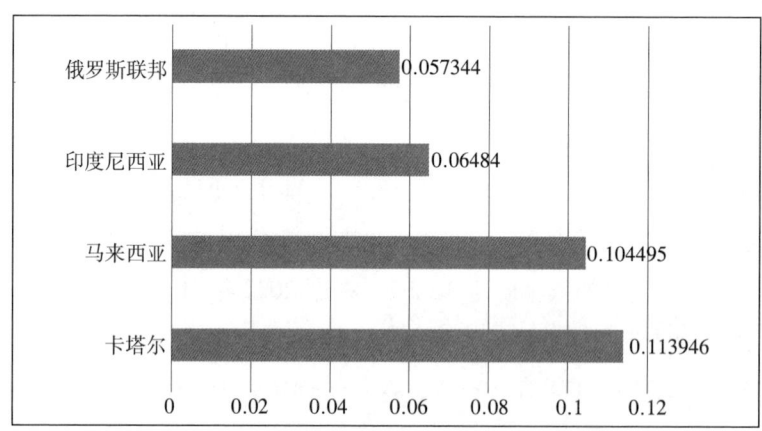

图 2 2021 年中国自"一带一路"主要国家进口 LNG 比例

数据来源：UN comtrade database。

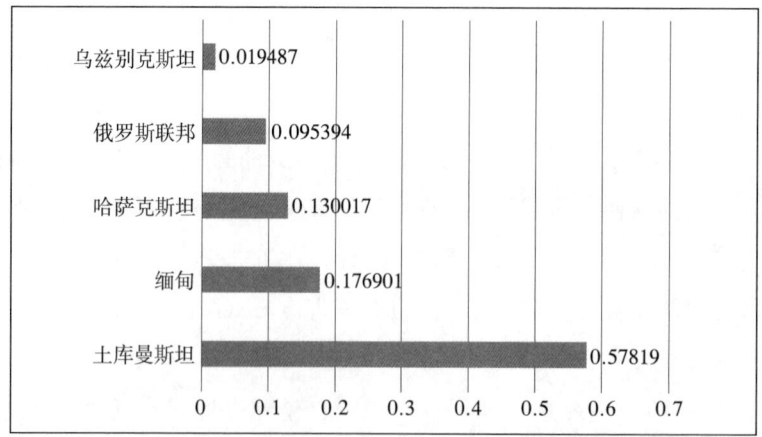

图 3 2021 年中国自"一带一路"主要国家进口天然气比例

数据来源：UN comtrade database。

据商务部数据显示，2022 年中国企业在"一带一路"沿线国家非金融类直接投资 1410.5 亿元人民币，较上年增长 7.7%（折合 209.7 亿美元，增长 3.3%），占同期总额的 17.9%，与上年同期持平。对外承包工程方面，我国企业在"一带一路"沿线国家新签对外承包工程项目合同 5514 份，新签合同额 8718.4 亿元人民币，较上一年增长 0.8%，占同期我国对外承包工程新签合同额的 51.2%；完成营业额 5713.1 亿元人民币，下降 1.3%，占同期总额的 54.8%。

2013—2021 年，中国对共建"一带一路"沿线国家累计直接投资 1640 亿美元，2021 年中国对"一带一路"沿线国家投资流量为 241.5 亿美元(图 4)，相较 2020 年增长 7.14%。从国别构成看，投资主要流向新加坡、印度尼西亚、越南、泰国、马来西亚、老挝、阿拉伯联合酋长国、哈萨克斯坦、巴基斯坦、沙特阿拉伯等国家，主要为能源资源富裕的国家。从行业分布看，能源行业的投资实现较快增长。中国对共建"一带一路"沿线国家的直接投资主要流向制造业、批发和零售业以及建筑业。其中采矿业作为能源业的上游，中国对外直接投资呈波段式增长，自 2017 年后呈直线式增长。相关数据显示，自 2015 年后，中国对"一带一路"沿线国家的能源下游及其延伸链逐步呈现出全布局状态，各类能源产品投资均有涉及。2016 年，中国对"一带一路"沿线国家能源业产品投资仅有有色金属冶炼和压延加工业、化学原料和化学制品制造业、橡胶和塑料制品业以及黑色金属冶炼和压延加工业，投资以化学原料和化学制品制造业为主，2019 年在原有基础上提高了对石油/煤炭及其他燃料加工业的投资份额，2021 年化学纤维制造业的投资比例有所提高。宏观产业链布局视角下，能源业上游的开采、下游的能源加工及其延伸均有涉及，且结构比例合理化程度有所提升。（图 5）

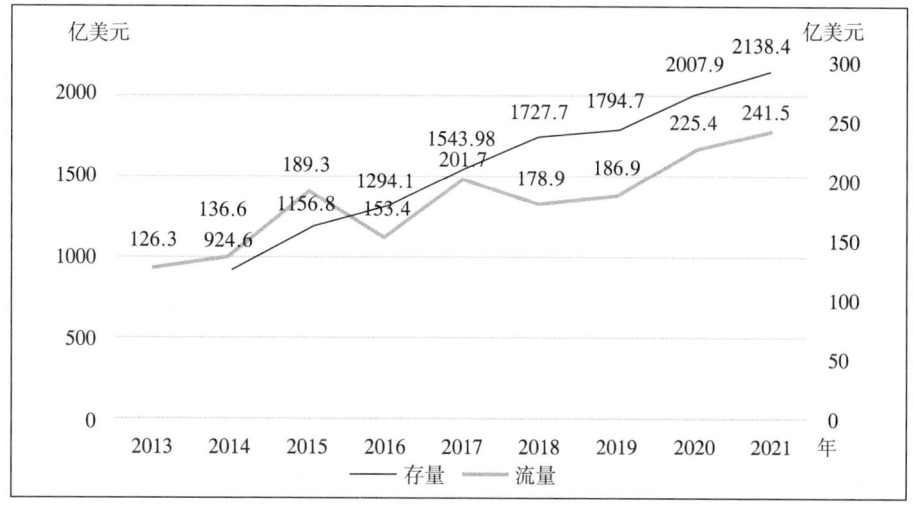

图 4　2013—2021 年中国对"一带一路"沿线国家投资情况

数据来源：根据商务部中国对外直接投资统计公报数据整理。

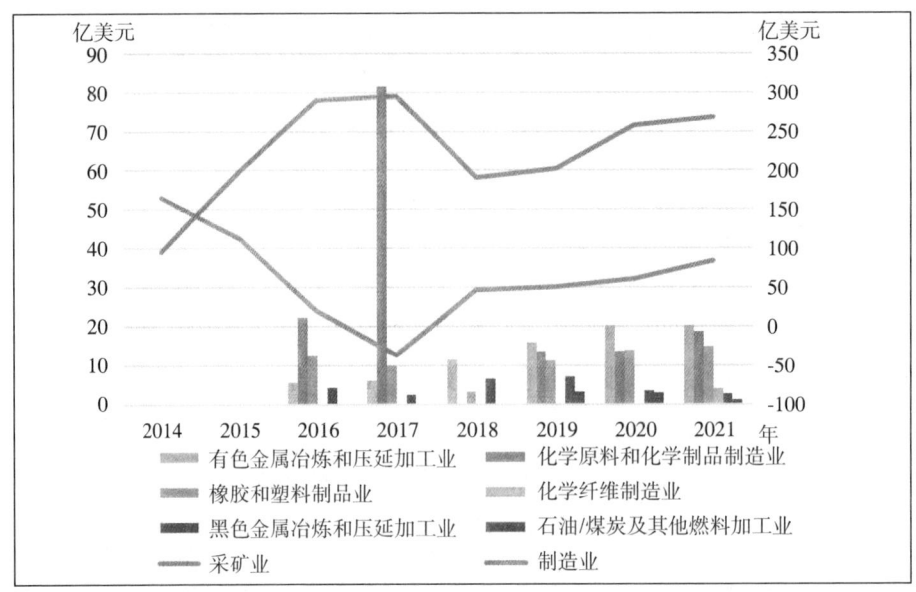

图 5 中国对外投资能源制造业流向的主要二级类别及制造业、采矿业流量趋势

数据来源：根据商务部中国对外直接投资统计公报数据整理。

（二）着力可再生能源合作，为合作国家注入新发展动力

全球能源转型背景下，绿色低碳发展是大势所趋，中国围绕"双碳目标"积极践行转型之路，着力可再生能源国际合作，发挥能源消费大国应有的全球能源转型助推器作用。可再生能源合作方面，以产品贸易、项目投资建设为主要方式。作为全球最大的清洁能源市场和装备制造国，中国贡献了全球 70% 以上的光伏产能和 60% 的风电产能，有力促进了全球可再生能源成本下降。（表 1）以各国实际需求为根本原则，中国与巴西、南非、沙特、阿根廷等国家，在水电站建设、光伏电站、风电等方面开展了深度合作。其中，中国与巴西合作建设的巴西埃罗斯可再生能源项目是中国在巴西的首个可再生能源投资项目，项目包括了多个风电和太阳能发电项目。这是中国与巴西在可再生能源领域的一次重要合作，为巴西提供了可再生能源的技术和资金支持。中国与沙特阿拉伯合作建设的阿克纳夫太阳能电站是目前全球最大的太阳能项目之一，总装机容量多达 1800 兆瓦。该项目是中国与沙特在可再生能源领域的一次重要合作，有助于推动沙特实现可再生能源的转型和减少对传统能源的依赖。

可再生能源资源分布具有区域异质性。风能资源方面，"一带一路"沿线国家资源量占全球风能资源量的 55%，就可开发资源而言，"一带一路"国家占比高达 72%。太阳能资源方面，每年全球光伏资源理论蕴藏量为 208325 PWh，"一带一路"国家占到 66%，全球适宜集中开发的光伏电规模约 2647 TWh，"一带一路"资源量占比达到 76%。以上

数据客观展现了"一带一路"区域在绿色能源合作方面的巨大潜力。绿色能源合作是"一带一路"国家共同的发展底色，也是中国能源国际合作的现实方向。中国不断与"一带一路"国家开展绿色能源合作项目，2000—2021年，中国在81个"一带一路"国家投资了524项能源基础设施。其中，投资非化石燃料电厂364座。埃塞俄比亚阿达玛风电项目、阿根廷胡胡伊省高查瑞光伏电站项目、黑山莫祖拉风电项目等一批清洁、高效、质优的绿色能源合作项目相继建成，既增加了相关国家的能源供应，也优化了当地能源结构，大力支持了共建国家能源绿色低碳发展[4]。

（三）注重能源基础设施建设，拓展能源合作覆盖面

能源基础设施联通主要体现为油气、电力输送设施的跨国互联互通。中国持续借助能源基础设施建设拓展能源合作的覆盖面。在化石能源基础设施方面，注重油气管道建设，从而保障中国能源需求。中国—中亚天然气管道 ABC 线、中缅原油和天然气管道等跨境油气管道相继建成投产，中亚—俄罗斯、中东、非洲、美洲、亚太五大油气合作区建立形成。（表2）与此同时，中国企业还积极"走出去"，开展绿色能源基础设施互联互通项目，以合作国实际需求为切实导向，在水电站、光伏电站建设运营等方面不断投入并加强。通过项目建设突破技术壁垒，形成技术、资金、资源的有效循环，使绿色能源成为推动各国经济发展的重要动力源。截至目前，中国已成功投资运营菲律宾、葡萄牙、澳大利亚、意大利、阿曼等国家和地区骨干能源网，承建了埃塞俄比亚 GDHA500 千伏输变电工程、埃及 EETC500 千伏升级改造输电项目、巴基斯坦—默拉±660 千伏直流输电项目等重大项目。

此外，在原有技术支持的基础上，中国加快推进能源数字化、智能化发展，在全球范围推动能源领域数字化转型，旨在利用先进的数字技术和数据分析，提高能源生产、传输和使用的效率，并推动可再生能源等清洁能源的发展和应用，拓展能源合作覆盖面。目前较为成熟的能源数字化应用项目，如智能电网、能源数据管理、可再生能源集成等。通过智能化设备和能源管理系统，提高能源的利用效率，减少能源消耗和碳排放。智能电网通过数字化技术，实现电力系统的智能化管理和运营，可以实现电力供应的可靠性和稳定性，同时促进分布式能源的接入和能源的优化调度。能源数据管理则是利用大数据和人工智能技术，对能源生产、传输和消费过程中的数据进行采集、分析和管理。通过对能源数据的深入研究，可以提供更准确的能源需求预测，优化能源配置和调度，从而提高能源利用效率。通过数字技术和智能化设备，实现可再生能源的有效集成和调度，将太阳能和风能等可再生能源与传统能源进行有机结合，实现能源供给的稳定性和可持续性，推动能源产业转型升级，从而为全球提供更可靠、更安全、更清洁的能源供应。

表 1 部分可再生能源基础设施重大项目

地区	项目	内容
东南亚	老挝南欧江流域梯级水电站	我国企业在海外首个全流域整体规划、投资建设的项目
南亚	萨菲尔风电总承包项目	总装机规模超过 1090 兆瓦,占巴基斯坦风电市场份额超过 60%
中亚	江布尔州 100 兆瓦风电项目、纳沃伊 100 兆瓦光伏电站	纳沃伊 100 兆瓦光伏电站是乌境内首座大型光伏电站
中东欧	黑山莫祖拉风电项目	中东欧风电行业标杆和示范性项目
南美	高查瑞光伏电站	首个在阿根廷开花结果的项目,也是南美洲最大的光伏电站项目
非洲	安哥拉卡古路·卡巴萨水电站、埃塞俄比亚阿达玛风电场、阿尔及利亚 233 兆瓦光伏电站	分别是非洲最大的水电、风电、光伏项目

资料来源:笔者整理。

表 2 部分化石能源基础设施重大项目

项目		时间	内容
东北方向	中俄原油管道	2010 年 9 月竣工	每年向中国供应 1500 万吨原油,合同期 20 年
	中俄东线天然气管道	2014 年 5 月开工, 2019 年 12 月投产供气	为期 30 年的沿中俄东线天然气管道对华供气合同,年供应量为 380 亿立方米。2020 年后的 30 年内,俄罗斯将向中国市场供应 1 万亿立方米天然气。
	中蒙俄天然气管道	预计将于 2024 年开工, 2030 年运营	年设计输气能力达到 500 亿立方米
西北方向	中哈原油管道	2004 年 9 月动工	年输油能力为 2000 万吨,一期工程和二期工程分别于 2006 年和 2009 年实现全线通油
	中国—中亚天然气管道 A、B、C 线	分别于 2009 年、2010 年、2014 年建成投产	每年可从土库曼斯坦等国引进 550 亿立方米天然气
	中亚天然气管道 D 线	2013 年 9 月签署政府间协定,2014 年签订企业间协议并开工建设	实现 300 亿立方米/年的输气能力
西南方向	中缅油气管道	2004 年首次提出、2013 年正式通气, 2017 年 4 月,中缅原油管道工程投运	建成后每年能向国内输送 120 亿立方米天然气、2200 万吨原油

资料来源:笔者整理。

（四）合作机制化程度提升，合作队伍不断壮大

自开展能源国际合作以来，中国坚持不懈地通过各种方式和途径开展能源对话与交流，从而逐步形成能源国际合作的机制保障体系。相关数据显示，"一带一路"沿线国家为中国提供了约75%的石油进口总量，提供了约60%的天然气进口总量，足见"一带一路"沿线国家在中国能源国际合作中的地位不可忽视。截至2023年6月底，中国已与152个国家、32个国际组织签署了200多份共建"一带一路"合作文件，全球合作融入度不断提升。就"一带一路"合作机制而言，截至2021年底，中国与17个国家建立了贸易畅通工作组，与46个国家和地区建立了投资合作工作组，与23个国家建立了双边电子商务合作机制，与14个国家建立了服务贸易合作机制，不断加强经贸政策沟通[5-6]。在"一带一路"能源合作方面，机制化程度同步提升。2018年10月18日，首届"一带一路"能源部长会议召开，中国与17个国家共同发布《建立"一带一路"能源合作伙伴关系联合宣言》。2019年4月25日，"一带一路"能源合作伙伴关系正式成立，这是首个由中国政府发起的政府间能源类多边机制，为更高质量、更高水平、更可持续的能源领域务实合作提供了新平台。成立仪式上，成员国共同对外发布《"一带一路"能源合作伙伴关系合作原则与务实行动》。伙伴关系也正式纳入《第二届"一带一路"国际合作高峰论坛圆桌峰会联合公报》。2021年10月，第二届"一带一路"能源部长会议成功举办，通过了《"一带一路"能源合作伙伴关系章程》。截至2022年4月，伙伴关系成员国数量达到33个。搭建了中国—阿盟、中国—非盟、中国—东盟、中国—中东欧、亚太经合组织可持续能源中心等5个区域能源合作平台。

综上，中国多维度地充分利用国际市场开展能源合作。在保障中国能源安全与全球能源转型的双重要求下，由最初的油气贸易拓展至油气领域的全产业链合作，有效提升了与能源生产国的合作稳定性。不仅如此，围绕能源绿色低碳的转型目标，中国加强与能源生产国在绿色能源领域的合作，利用自身在清洁能源方面发展建设的经验与优势，与化石能源合作形成互补，促进合作国的能源转型。加大能源基础设施建设，加强与合作国互联互通，为合作国的经济发展奠定重要基础，进一步提高合作密切度。坚持互利共赢原则，不断提升合作机制化程度，通过项目开发合作及技术、资金输出，不断拓展能源合作圈。利用能源消费大国的优势，创新合作机制与合作模式，

四、中国能源国际合作发展展望

（一）提升油气全产业链合作水平，深入拓展绿色低碳合作领域

提升油气全产业链合作水平和深入拓展绿色低碳合作领域是中国能源合作的重要方向，促进传统油气与绿色能源的交叉融合，不仅有助于保障中国能源安全，更有助于推动沿线国家经济社会可持续发展，推动油气资源的可持续开发和利用，促进全球能源的绿色低碳转型。一方面，作为世界能源消费大国，应深入推进与重点能源生产国的互利合作，在油气等化石能源领域保证持续投入，提升油气全产业链合作水平。借助贸易与投资带动合作国的基建、材料、航运、贸易、金融等行业的快速发展，加快国际、国内产供储销体系建设，加强国际油气合作体系建设。另一方面，着眼长远，加快布局和发展绿色能源，利用能源合作平台加强区域能源设施互联互通，构建油气与绿色能源融合的综合能源系统，扩大贸易和产能合作，加强能源金融合作和技术标准合作，提升能源合作的韧性和水平。加强传统油气企业与新能源企业在提高能效、先进能源技术和解决方案等方面的务实合作，继续发挥中国在可再生能源系统、油气安全供应、化石能源清洁高效开发利用、主流储能等方面的技术优势，持续技术输出，形成以"技术换市场"的合作方式。

（二）注重区域异质性，紧密结合实际需求提高能源国际合作针对性

中国能源国际合作以"一带一路"为重要抓手，"一带一路"区域国家具有较强的资源基础、发展条件异质性，持续推进国际合作必须坚定"自主需求"原则，提高合作黏性。"自主需求"为合作导向，"互利共赢"为合作基础，从而促进沿线各国多元、自主、平衡的经济社会发展，创造互利共赢的区域发展新模式。"一带一路"沿线既是传统化石能源的富集地区，也是可再生能源的开发热点，在国际能源合作方面需要把握区域特色。如中亚、西亚地区是全球油气资源核心地带，中国与其合作将围绕油气资源开发、输送、炼化、交易的全产业链开展。东南亚、南亚地区的电力基础设施相对薄弱，人均用电量偏低，中国可以发挥基础设施建设优势，在电力生产、跨境电力输送、电网升级改造等领域与当地政府和企业合作，提升当地电能质量和用电质量。中东欧国家重视清洁能源发展，且能源市场化程度较高，可与这些国家进行可再生能源、循环经济领域的合作，借鉴中东欧可持续能源发展经验，推动绿色能源市场的可持续发展。除油气、清洁能源基础合作外，相关产业链的拉长与延伸也是能源国际合作的重点，如通过油气炼化制氢，可再生能源延伸进行储能等，将成为未来国际合作的重要方向。

（三）加快数字化、智能化与能源产业融合，提升能源合作"含金量"

在新一轮产业革命和科技革命的持续推进中，能源技术创新是提高能源国际合作重要突破点。以产业链视角为切入点，能源技术作为核心要素贯穿全产业链，无论是传统油气、非常规油气的勘探开采，还是能源储存运输，能源技术对保障中国能源安全，提升能源合作的助推作用显而易见。能源绿色转型视角下，化石能源清洁化、清洁能源规模化、多种能源综合化、终端能源再电气化趋势加速演进，能源技术的规模化应用必然对相关产业的转型升级产生作用[7]。

在能源技术创新发展的过程中，能源产业与数字技术融合发展是新时代推动中国能源产业基础高级化、产业链现代化的重要引擎。在能源革命和数智化发展的双重驱动下，2023 年 3 月发布《国家能源局关于加快推进能源数字化智能化发展的若干意见》，认为能源产业与数字技术融合发展是新时代推动我国能源产业基础高级化、产业链现代化的重要引擎，也是落实"四个革命、一个合作"能源安全新战略和建设新型能源体系的有效措施。能源数智化的发展已经在各个领域展开，其中能源供应链的管理，通过数字化监控和管理能源的生产、传输、分配和使用过程，能源供应商可以实时了解能源需求和供给情况，优化能源配置，确保能源供应的安全和可靠性。此外，利用数字化技术监测和优化能源消耗，可以降低生产成本，提高生产效率。例如，通过智能传感器和数据分析技术，可以实时监测和分析设备的能源消耗情况，及时进行故障诊断和维修，提高设备的利用率和可靠性。通过数字化技术，可以实时监测和管理可再生能源的产量和消耗，提高可再生能源的利用效率和可靠性。同时，数字化能源还可以帮助尽可能多地融入可再生能源，优化能源的混合使用，减少对传统能源的依赖。在进一步能源国际合作中，必将立足开放条件下自主创新，继续落实"走出去"共建共享发展模式，加强与合作国家和地区在能源技术领域的务实合作，加快数字化、智能化与能源产业融合，提升能源合作"含金量"，形成经济增长新动能、新业态。

（四）推进合作机制模式创新发展，深度融入全球能源治理

依托"一带一路"倡议，推进合作机制模式创新发展。首先，加强能源基础设施建设合作，持续促进沿线国家能源互联互通。以项目合作为基础，带动资金、技术的双向流动，发挥比较优势形成可持续发展的能源市场。建设全球能源基础设施网络，提高能源互联互通水平，促使能源在全球范围内更加流动，增加能源供应的安全性和可持续性[8]。其次，推动、优化能源行业标准体系，提升中国在世界能源领域的话语权。借助"一带一路"的有效平台，倡导推行共同的能源政策和标准，促使各国在能源政策

和标准方面形成共识，以便更好地协调和整合各国能源资源。共同的标准有助于提高能源效率、降低环境影响，提升绿色能源占比。再次，积极参与全球能源治理合作，强化境外合作风险防控。高质量共建"一带一路"能源合作伙伴关系，推动能源政策交流和项目对接。加强区域合作，充分发挥中国—阿盟、中国—非盟、中国—中东欧、亚太经合组织等能源合作平台作用，为构建国际能源治理新秩序提供中国方案。

参考文献

［1］中国石油和化学工业联合会. 2022 年中国石油和化学工业经济运行报告［R］. 2022.

［2］中国国际经济中心课题组. 加强能源国际合作研究［M］. 北京：中国经济出版社，2018.

［3］李昕. 1949 年以来中国石油进出口地位演变［J］. 西南石油大学学报（社会科学版），2014，16（1）：1-6.

［4］姚金楠."一带一路"能源合作成果实打实、沉甸甸［N］. 中国能源报，2023-07-03（001）.

［5］杨小科，郭朝先. 中国与共建"一带一路"国家产能合作高质量发展研究［J］. 中国社会科学院大学学报，2023，43（04）：129-143＋168.

［6］肖雨濛. 共建"一带一路"九周年成效几何？——《中国"一带一路"贸易投资发展报告 2022》解读［J］. 中国外资，2022（21）：14-19.

［7］许勤华. 中国国际能源合作战略重点之——能源技术、能源网络共享与绿色发展［J］. 石油科技论坛，2018，37（04）：8-12.

［8］胡健，张文彬，李帆."双循环"新发展格局背景下的中国能源革命理论基础与战略路径［J］. 西安财经大学学报，2023，36（01）：85-97.

能源转型背景下的油气产业国际合作研究

赵文琦

（西安财经大学 中国（西安）丝绸之路研究院 陕西 西安 710100）

摘　要：石油、天然气是世界各国最主要的能源资源，各国在石油、天然气领域已开展广泛的贸易合作。本文测算了世界主要国家的石油、天然气贸易竞争力指数和国际市场占有率并进行了比较分析。此外，本文对国内外石油、天然气产业合作的典型案例进行了梳理。分析指出，中国的境外能源投资尚处于起步阶段，在国际能源市场中缺乏定价权，能源贸易存在同构竞争，能源合作缺乏制度性保障且面临复杂的政治环境。中国未来仍需进一步扩大能源合作对象范围，拓宽合作方式与形式，丰富合作内容。

关键词：能源转型；油气产业；国际合作

引　言

2014 年 6 月，习近平总书记在中央财经领导小组工作会议上提出，面对能源供需格局新变化、国际能源发展新趋势，为了保障国家能源安全，必须推动能源革命。能源革命包含五方面内容——供给革命、消费革命、技术革命、体制革命与国际合作。促进能源国际合作一方面有助于中国进一步参与全球能源治理、优化国内能源治理、确保能源安全，另一方面，提高能源领域的开放程度，有助于吸收国外的能源开发经验和先进技术，利用外资促进国内能源市场竞争力和活力的提升，实现能源开发的双赢。石油、天然气是世界各国最主要的能源资源，油气产业合作在能源国际合作中占据重要地位。本文首先对世界主要国家石油、天然气的国际贸易竞争力进行量化分析，之后进一步分析中国与中东国家、俄罗斯、中亚国家、美国、非洲国家的油气产业合作现状，从中梳理国内外油气产业合作现存的问题及未来发展的方向。

一、石油、天然气国际贸易竞争力分析

（一）分析方法与数据来源

1. 分析方法

（1）贸易竞争力指数

对外贸易竞争力指建立在一国及地区国际竞争力基础上的保持对外贸易持续增长并获取利润的能力。贸易竞争力指数（TC 指数）可度量一国某产品的国际贸易竞争力水平，计算公式如下：

$$TC_{ik} = \frac{X_{ik} - M_{ik}}{X_{ik} + M_{ik}} \tag{1}$$

其中，TC_{ik} 表示 i 国 k 产品贸易竞争力指数，X_{ik} 表示 i 国 k 产品出口额，M_{ik} 表示 i 国 k 产品的进口额。贸易竞争力指数即一国某产品的净出口额与进出口总额的比值，是从一国内部某产品的充盈程度上反映其国际竞争力的指标。贸易竞争力指数取值为 −1—1，值越大表示其国际竞争力越强。$TC < 0$ 表示一国产品稀缺；进口大于出口；$TC = 0$ 表示一国产品供需平衡，$TC > 0$ 表示一国产品充足，出口大于进口。

（2）国际市场占有率

国际市场占有率（MOR）指一国某产品的出口额与世界该产品出口总额的比值，是从一国某产品的国际占比视角度量该产品贸易竞争力的指标，可反映一国某产品在国际贸易中的地位。计算公式如下：

$$MOR_{ik} = \frac{X_{ik}}{X_{wk}} \tag{2}$$

其中，MOR_{ik} 表示 i 国 k 产品的国际市场占有率，X_{ik} 表示 i 国 k 产品的出口额，X_{wk} 表示世界 k 产品的出口总额。国际市场占有率取值范围为 0—1，值越大国际贸易竞争力越强。TC 指数立足于国内视角从一国进出口相对大小上反映贸易竞争力大小，但无法反映该国在国际市场上的地位，不同国家之间缺乏可比性，MOR 则很好地弥补了这一缺点。

2. 数据选取

本专题选取了世界主要国家 2016 年至 2020 年的石油进出口和天然气进出口数据，分别测算各国石油和天然气的贸易竞争力指数及国际市场占有率。各国的石油进出口和天然气进出口数据均来自联合国商品贸易统计数据库。

（二）石油国际贸易竞争力分析

1. 研究范围

本文选取了表 1 所示的 116 个国家（地区），测算其石油贸易竞争力指数和国际市场占有率。

表 1　石油国际贸易竞争力分析的样本范围

国家（地区）	国家（地区）	国家（地区）	国家（地区）	国家（地区）
伊朗	阿塞拜疆	加纳	萨尔瓦多	巴拉圭
科威特	韩国	塞浦路斯	伯利兹	蒙古
俄罗斯	比利时	法国	乌兹别克斯坦	黎巴嫩
巴林	克罗地亚	文莱	纳米比亚	卢森堡
伊拉克	新加坡	厄瓜多尔	基里巴斯	博茨瓦纳
沙特阿拉伯	丹麦	奥地利	贝宁	圭亚那
阿联酋	马来西亚	牙买加	约旦	老挝
阿尔及利亚	立陶宛	以色列	印度尼西亚	巴勒斯坦
卡塔尔	塞舌尔	阿根廷	尼日利亚	哥斯达黎加
美国	尼日尔	巴巴多斯	摩洛哥	巴拿马
阿曼	爱沙尼亚	巴西	蒙特塞拉特	毛里求斯
加拿大	匈牙利	卢旺达	菲律宾	亚美尼亚
保加利亚	哥伦比亚	爱尔兰	缅甸	洪都拉斯
葡萄牙	秘鲁	拉脱维亚	圣卢西亚	莱索托
挪威	日本	印度	玻利维亚	阿鲁巴岛
希腊	埃及	多米尼加	阿尔巴尼亚	马拉维
芬兰	德国	肯尼亚	新西兰	科摩罗
中国	波兰	斯里兰卡	危地马拉	百慕大
科特迪瓦	塞尔维亚	智利	莫桑比克	柬埔寨
荷兰	斯洛文尼亚	澳大利亚	尼加拉瓜	埃塞俄比亚
意大利	塞内加尔	吉尔吉斯斯坦	摩尔多瓦	
斯洛伐克	捷克	马达加斯加	布隆迪	
哈萨克斯坦	利比亚	黑山	巴基斯坦	
罗马尼亚	刚果（金）	冰岛	中国香港	

2. 石油国际贸易竞争力指数分析

根据式（1）计算得到的各国（地区）石油国际贸易竞争力指数的测算结果如表 2 所示，贸易竞争力指数的取值在-1—1 之间，越接近于 1，表明竞争力越强，相反，竞争力越弱。2016 年至 2020 年世界各国的石油贸易竞争力指数的均值进行排序后的结果显示，石油贸易竞争力指数排名前十的国家分别是伊朗、科威特、俄罗斯、巴林、伊拉克、沙特阿拉伯、阿联酋、阿尔及利亚、卡塔尔和美国。中国的石油贸易竞争力指数在世界排名第十八位。

表 2　世界各国（地区）石油国际贸易竞争力指数及排名

排序	国家（地区）	2016 年	2017 年	2018 年	2019 年	2020 年	均值
1	伊朗	0.986	0.986	0.968	0.975	0.985	0.980
2	科威特	0.973	0.972	0.974	0.973	0.962	0.971
3	俄罗斯	0.971	0.973	0.977	0.974	0.955	0.970
4	巴林	0.960	0.951	0.959	0.976	0.971	0.964
5	伊拉克	0.754	0.644	0.691	0.937	0.918	0.789
6	沙特阿拉伯	0.759	0.802	0.785	0.729	0.633	0.742
7	阿联酋	0.534	0.643	0.714	0.730	0.636	0.652
8	阿尔及利亚	0.582	0.602	0.601	0.593	0.582	0.592
9	卡塔尔	0.624	0.509	0.637	0.515	0.529	0.563
10	美国	0.914	0.900	0.970	0.961	−1.000	0.549
11	阿曼	0.748	0.486	0.490	0.466	0.492	0.536
12	加拿大	0.590	0.450	0.545	0.855	−0.017	0.484
13	保加利亚	0.476	0.471	0.475	0.475	0.434	0.466
14	葡萄牙	0.463	0.472	0.461	0.504	0.316	0.443
15	挪威	0.515	0.518	0.476	0.258	0.402	0.434
16	希腊	0.285	0.374	0.456	0.383	0.310	0.362
17	芬兰	0.370	0.391	0.360	0.391	0.290	0.360
18	中国	0.305	0.354	0.366	0.357	0.317	0.340
19	科特迪瓦	0.270	0.274	0.281	0.385	0.368	0.316
20	荷兰	0.631	0.052	0.209	0.349	0.249	0.298
21	意大利	0.227	0.222	0.253	0.294	0.321	0.263

续表

排序	国家（地区）	2016 年	2017 年	2018 年	2019 年	2020 年	均值
22	斯洛伐克	0.252	0.305	0.239	0.254	0.244	0.259
23	哈萨克斯坦	0.316	0.280	0.204	0.171	0.271	0.249
24	罗马尼亚	0.202	0.237	0.219	0.171	0.251	0.216
25	日本	0.276	0.181	0.207	0.247	0.067	0.196
26	阿塞拜疆	0.368	0.095	0.241	0.077	0.183	0.193
27	比利时	0.022	0.057	0.101	0.417	0.170	0.153
28	克罗地亚	0.116	0.091	0.112	0.169	0.152	0.128
29	新加坡	0.0001	0.068	0.138	−0.031	−0.062	0.022
30	丹麦	0.044	−0.011	−0.022	0.0001	−0.066	−0.011
31	德国	−0.116	−0.018	0.005	−0.047	−0.052	−0.045
32	波兰	−0.034	−0.115	−0.108	−0.080	−0.023	−0.072
33	塞舌尔	−0.152	−0.040	−0.157	−0.067	−0.073	−0.098
34	尼日尔	−0.126	−0.152	−0.184	0.146	−0.279	−0.119
35	爱沙尼亚	−0.149	−0.099	−0.086	−0.186	−0.166	−0.137
36	匈牙利	−0.186	−0.159	−0.078	−0.212	−0.192	−0.165
37	哥伦比亚	−0.299	−0.276	−0.046	−0.179	−0.126	−0.185
38	秘鲁	−0.150	−0.062	−0.100	−0.159	−0.502	−0.195
39	韩国	−0.106	−0.184	−0.266	−0.091	−0.330	−0.196
40	埃及	−0.725	−0.402	−0.256	−0.132	0.277	−0.248
41	马来西亚	−0.211	−0.245	−0.297	−0.317	−0.226	−0.259
42	立陶宛	−0.011	−0.319	−0.250	−0.340	−0.480	−0.280
43	塞尔维亚	−0.393	−0.311	−0.205	−0.315	−0.223	−0.289
44	斯洛文尼亚	−0.345	−0.338	−0.283	−0.305	−0.309	−0.316
45	塞内加尔	−0.329	−0.306	−0.417	−0.302	−0.309	−0.333
46	捷克	−0.397	−0.270	−0.349	−0.305	−0.365	−0.337
47	利比亚	−0.247	−0.407	−0.340	−0.404	—	−0.349
48	刚果（金）	−0.998	−0.994	−0.887	0.526	0.520	−0.367
49	加纳	0.508	−0.832	−0.661	−0.572	—	−0.389

续表

排序	国家（地区）	2016 年	2017 年	2018 年	2019 年	2020 年	均值
50	塞浦路斯	-0.492	-0.447	-0.342	-0.464	-0.366	-0.422
51	法国	-0.370	-0.358	-0.392	-0.483	-0.555	-0.432
52	文莱	-0.998	-0.942	-0.972	0.128	0.600	-0.437
53	厄瓜多尔	-0.556	-0.392	-0.427	-0.420	-0.443	-0.448
54	奥地利	-0.495	-0.468	-0.409	-0.429	-0.446	-0.449
55	牙买加	-0.533	-0.566	-0.559	-0.434	-0.195	-0.457
56	以色列	-0.356	-0.388	-0.299	-0.336	-1.000	-0.476
57	阿根廷	-0.703	-0.582	-0.557	-0.477	-0.215	-0.507
58	巴巴多斯	-0.559	-0.519	-0.529	-0.526	-0.503	-0.527
59	巴西	-0.742	-0.750	-0.540	-0.396	-0.222	-0.530
60	卢旺达	-0.572	-0.543	-0.597	-0.527	-0.635	-0.575
61	爱尔兰	-0.552	-0.560	-0.607	-0.630	-0.536	-0.577
62	拉脱维亚	-0.454	-0.541	-0.621	-0.681	-0.688	-0.597
63	印度	0.855	-0.997	-0.998	-1.000	-0.986	-0.625
64	多米尼加	-0.617	-0.593	-0.651	-0.665	-0.969	-0.699
65	肯尼亚	-0.643	-0.757	-0.781	-0.745	-0.649	-0.715
66	斯里兰卡	-0.803	-0.753	—	-0.737	-0.614	-0.727
67	智利	-0.790	-0.756	-0.768	-0.776	-0.783	-0.775
68	澳大利亚	-0.743	-0.784	-0.789	-0.815	-0.765	-0.779
69	吉尔吉斯斯坦	-0.792	-0.844	-0.808	-0.780	-0.803	-0.805
70	马达加斯加	-0.770	-0.823	-0.791	-0.756	-0.906	-0.809
71	黑山	-0.818	-0.798	-0.778	-0.762	-0.903	-0.812
72	冰岛	-0.816	-0.855	-0.810	-0.801	-0.826	-0.821
73	萨尔瓦多	-0.820	-0.827	-0.845	-0.827	-0.802	-0.824
74	伯利兹	-0.852	-0.809	-0.801	-0.836	-0.894	-0.839
75	乌兹别克斯坦	—	-0.811	-0.864	-0.836	-0.907	-0.854
76	纳米比亚	-0.890	-0.784	-0.904	-0.916	-0.792	-0.857
77	基里巴斯	-0.860	-0.817	-0.838	—	-0.958	-0.869

续表

排序	国家（地区）	2016 年	2017 年	2018 年	2019 年	2020 年	均值
78	贝宁	−0.888	−0.909	−0.887	−0.872	−0.806	−0.872
79	约旦	−0.994	−0.993	−0.863	−0.761	−0.810	−0.884
80	印度尼西亚	−0.923	−0.879	−0.898	−0.885	−0.837	−0.884
81	尼日利亚	−0.892	−0.905	−0.905	−0.896	−0.849	−0.889
82	摩洛哥	−0.897	−0.904	−0.891	−0.866	−0.916	−0.895
83	蒙特塞拉特	−0.962	−0.855	−0.865	−0.857	−0.937	−0.895
84	菲律宾	−0.905	−0.868	−0.861	−0.943	−0.918	−0.899
85	缅甸	−0.925	−0.847	−0.863	−0.944	−0.983	−0.912
86	圣卢西亚	−0.957	−0.844	−0.939	−0.930	−0.918	−0.918
87	玻利维亚	−0.886	−0.905	−0.928	−0.946	−0.978	−0.929
88	阿尔巴尼亚	−0.969	−0.867	−0.997	−0.861	−0.999	−0.938
89	新西兰	−0.923	−0.903	−0.963	−0.944	−0.977	−0.942
90	危地马拉	−0.871	−0.940	−0.967	−0.960	−0.972	−0.942
91	莫桑比克	−0.972	−0.972	−0.970	−0.892	−0.914	−0.944
92	尼加拉瓜	−0.970	−0.948	−0.967	−0.952	−0.893	−0.946
93	摩尔多瓦	−0.965	−0.932	−0.941	−0.965	−0.929	−0.946
94	布隆迪	−0.959	−0.995	−0.914	−0.942	−0.957	−0.954
95	巴基斯坦	−0.974	−0.962	−0.933	−0.955	−0.967	−0.958
96	中国香港	−0.993	−0.959	−0.971	−0.969	−0.979	−0.974
97	巴拉圭	−0.949	−0.931	−1.000	−1.000	−0.997	−0.975
98	蒙古	−0.977	−0.983	−0.982	−0.979	−0.996	−0.984
99	黎巴嫩	−0.992	−0.979	−0.988	−0.986	−0.993	−0.988
100	卢森堡	−0.992	−0.995	−0.994	−0.994	−0.993	−0.993
101	博茨瓦纳	−0.984	−0.995	−0.996	−0.996	−0.997	−0.994
102	圭亚那	−0.991	−0.998	−0.997	−0.996	−0.989	−0.994
103	老挝	−0.975	−0.997	−1.000	−1.000	−1.000	−0.994
104	巴勒斯坦	−0.992	−0.996	−0.997	−0.996	−0.993	−0.995
105	哥斯达黎加	−0.995	−0.995	−0.996	−0.998	−0.996	−0.996

排序	国家（地区）	2016 年	2017 年	2018 年	2019 年	2020 年	均值
106	巴拿马	-0.998	-0.998	-0.998	-0.997	-0.989	-0.996
107	毛里求斯	-0.999	-0.996	-0.999	-0.999	-0.997	-0.998
108	亚美尼亚	-1.000	-0.999	-1.000	-0.998	-0.997	-0.999
109	洪都拉斯	-0.999	-0.999	-0.998	-1.000	-0.999	-0.999
110	莱索托	-1.000	-1.000	-0.999	-0.997	-1.000	-0.999
111	阿鲁巴岛	-0.999	-0.998	-0.999	-1.000	-0.999	-0.999
112	马拉维	-1.000	-0.999	-1.000	-0.999	-1.000	-0.999
113	科摩罗	—	—	—	-0.999	-1.000	-1.000
114	百慕大	-1.000	-1.000	-1.000	-1.000	-1.000	-1.000
115	柬埔寨	-1.000	-1.000	-1.000	-1.000	—	-1.000
116	埃塞俄比亚	-1.000	-1.000	-1.000	-1.000	-1.000	-1.000

石油国际贸易竞争力指数世界排名前十的国家中，伊朗、科威特、巴林、伊拉克、沙特阿拉伯、阿联酋和卡塔尔均位于中东地区，占比达 70%。中东国家是全世界重要的油气出口来源地，中东国家的油气出口量占世界总出口量的比重很大，特别是石油出口量。由表 3 可知，2019 年中东国家的石油出口量占世界的比重高达 33.21%，天然气出口量占世界的比重为 13.87%。中东国家的油气资源储量十分丰富，由表 4 可知，整个中东地区2019 年已探明的石油剩余可采储量为 1129.1 亿吨，占世界比重高达 48.1%；已探明的天然气剩余可采储量为 75.60 万亿立方米，占世界比重为 38%。其中，沙特阿拉伯已探明的石油剩余可采储量占世界比重为 17.2%，伊朗占比为 9%，伊拉克占比为 8.4%；伊朗已探明的天然气剩余可采储量占世界比重为 16.1%。中东国家的油气产量同样有较高占比，2019 年中东国家的石油产量占世界比重为 31.6%，其中，沙特阿拉伯的石油产量占比达 12.4%；2019 年中东国家的天然气产量占世界的比重为 17.4%，其中，伊朗的天然气产量占比为 6.1%。2019 年，伊朗的石油产量为 1.608 亿吨，占世界总产量的 3.6%，是欧佩克的重要石油输出国。伊朗天然气产量为 2441.6 亿立方米，占世界总产量的 6.1%，位居世界第三。

表 3　2019 年中东国家的油气出口情况

	中东地区	世界	占世界比重（%）
原油出口量（万吨）	92302	223899	41.22

续表

	中东地区	世界	占世界比重（%）
油品出口量（万吨）	23298	124190	18.76
总出口量（万吨）	115599	348089	33.21
管道天然气出口量（亿立方米）	78.0	4993.5	1.56
液化天然气出口量（亿立方米）	1287.9	4850.7	26.55
总出口量（亿立方米）	1365.8	9844.2	13.87

数据来源：《BP 世界能源统计年鉴 2020》。

表 4　2019 年中东国家的能源资源情况

	指标	中东地区	沙特阿拉伯	伊朗	伊拉克	科威特	阿联酋
石油	剩余探明可采储量（亿吨）	1129.1	408.8	213.7	195.7	139.8	129.8
	占世界比重（%）	48.1	17.2	9.0	8.4	5.9	5.6
	储采比（%）	75.3	68.9	120.6	83.1	92.8	67.0
	产量（万吨）	141742.8	55656.4	16083.1	23422.1	14402.8	18025.0
	占世界比重（%）	31.6	12.4	3.6	5.2	3.2	4.0
天然气	剩余探明可采储量（万亿立方米）	75.60	5.98	32.02	3.54	1.69	5.94
	占世界比重（%）	38.0	3.0	16.1	1.8	0.9	3.0
	储采比（%）	>100.0	52.7	>100.0	>100.0	92.1	95.0
	产量（亿立方米）	6953.2	1136.4	2441.6	—	—	625.3
	占世界比重（%）	17.4	2.8	6.1	—	—	1.6

数据来源：《BP 世界能源统计年鉴 2020》。

俄罗斯的石油国际贸易竞争力指数在全球排名第三。俄罗斯有着丰富的能源资源，由表 5 可知，2019 年已探明的石油剩余可采储量为 146.9 亿吨，世界占比为 6.2%，居世界第 6 位；产量为 56809.7 万吨，世界占比为 12.7%，位居世界第二。2019 年已探明的天然气剩余可采储量为 37.96 万亿立方米，世界占比为 19.1%，位居世界第一；产量为 6790.4 亿立方米，世界占比为 17%，居世界第二。

表5　2019年俄罗斯的能源资源情况

指标		数值
石油	剩余探明可采储量（亿吨）	146.9
	占世界比重（%）	6.2
	储采比（%）	25.5
	产量（万吨）	56809.7
	占世界比重（%）	12.7
天然气	剩余探明可采储量（万亿立方米）	37.96
	占世界比重（%）	19.1
	储采比（%）	55.9
	产量（亿立方米）	6790.4
	占世界比重（%）	17.0
煤炭	剩余探明可采储量（亿吨）	1621.7
	占世界比重（%）	15.2
	储采比（%）	369
	产量（万吨油当量）	22082.2
	占世界比重（%）	5.5

数据来源：《BP世界能源统计年鉴2020》。

阿尔及利亚是非洲第三大石油生产国，也是石油输出国组织欧佩克（OPEC）成员国之一。2022年，阿尔及利亚的石油平均产量为97万桶/天，已探明的石油可采储量超过120亿桶，位居非洲第二。作为非洲面积最大的国家，阿尔及利亚油气资源颇为丰富——天然气储量排名世界第十位、石油储量第十五位、页岩气储量第三位。

美国的能源资源采储量均位于世界前列，由表6可知，2019年已探明的石油剩余可采储量为82亿吨，世界占比为4%；产量为74671.6万吨，世界占比为16.7%，位居世界第一。2019年已探明的天然气剩余可采储量为12.87万亿立方米，世界占比为6.5%；产量为9208.8亿立方米，世界占比为23.1%，位居世界第一。由表7可知，2019年，美国的石油出口量占世界的比重高达11%以上。

表6 2019 年美国的能源资源情况

	指标	数值
石油	剩余探明可采储量（亿吨）	82.0
	占世界比重（%）	4.0
	储采比（%）	11.1
	产量（万吨）	74671.6
	占世界比重（%）	16.7
天然气	剩余探明可采储量（万亿立方米）	12.87
	占世界比重（%）	6.5
	储采比（%）	14.0
	产量（亿立方米）	9208.8
	占世界比重（%）	23.1
煤炭	剩余探明可采储量（亿吨）	2495.4
	占世界比重（%）	23.3
	储采比（%）	390
	产量（万吨油当量）	34322.2
	占世界比重（%）	8.5

数据来源：《BP 世界能源统计年鉴 2020》。

表7 2019 年美国的油气出口情况

	美国	世界	占世界比重（%）
原油出口量（万吨）	13771	223899	6.15
油品出口量（万吨）	25115	124190	20.22
总出口量（万吨）	38886	348089	11.17
管道天然气出口量（亿立方米）	754.0	4993.5	15.10
液化天然气出口量（亿立方米）	475.1	4850.7	9.79
总出口量（亿立方米）	1229.1	9844.2	12.49

数据来源：《BP 世界能源统计年鉴 2020》。

3. 石油国际市场占有率分析

根据式（2）计算得到的各国（地区）石油国际市场占有率如表 8 所示，排名前十的国家分别是美国、俄罗斯、科威特、伊朗、阿联酋、沙特阿拉伯、伊拉克、中国、卡塔尔和阿尔及利亚。美国和俄罗斯的石油在国际市场的占比平均在 10% 以上，中东国家的石油在国际市场的占比超三成，中国的石油国际市场占有率均值超过 4.7%，阿尔及利亚的石油国际市场占有率均值超过 2.2%。

表 8　世界各国（地区）石油的国际市场占有率　　单位：%

排序	国家（地区）	2016 年	2017 年	2018 年	2019 年	2020 年	均值
1	美国	12.052	12.416	12.756	12.379	13.291	12.579
2	俄罗斯	11.038	11.334	10.400	9.470	9.931	10.435
3	科威特	7.297	6.999	7.138	7.620	7.605	7.332
4	伊朗	6.997	7.288	6.917	6.491	5.997	6.738
5	阿联酋	3.161	3.855	4.498	8.595	10.410	6.104
6	沙特阿拉伯	5.224	5.551	6.261	6.021	5.730	5.757
7	伊拉克	4.948	5.343	5.946	5.557	5.072	5.373
8	中国	3.759	4.056	4.772	5.437	5.604	4.726
9	卡塔尔	2.151	2.105	2.163	2.110	2.798	2.266
10	阿尔及利亚	2.235	2.080	2.311	2.205	2.225	2.211
11	意大利	2.042	2.293	2.174	2.012	1.896	2.084
12	德国	2.141	1.963	1.855	1.790	2.093	1.968
13	加拿大	1.578	1.805	1.633	1.727	1.573	1.663
14	希腊	1.410	1.528	1.681	1.562	1.519	1.540
15	荷兰	1.779	1.457	1.451	1.404	1.181	1.454
16	尼日利亚	2.849	3.188	1.198	0.000	0.000	1.447
17	阿曼	1.472	1.417	1.365	1.549	1.217	1.404
18	法国	1.362	1.396	1.413	1.186	1.033	1.278
19	巴林	0.748	0.881	0.918	0.843	0.754	0.829
20	芬兰	0.805	0.803	0.790	0.829	0.861	0.818
21	挪威	0.629	0.825	0.917	0.876	0.816	0.813
22	利比亚	0.783	0.845	0.863	0.736	0.600	0.765

续表

排序	国家（地区）	2016 年	2017 年	2018 年	2019 年	2020 年	均值
23	印度尼西亚	3.630	0.001	0.000	0.000	0.006	0.728
24	巴西	1.400	0.589	0.580	0.381	0.417	0.673
25	尼日尔	0.529	0.768	0.998	0.718	0.000	0.603
26	葡萄牙	0.223	0.283	0.532	0.830	1.107	0.595
27	埃及	0.614	0.624	0.580	0.535	0.410	0.553
28	哈萨克斯坦	0.561	0.599	0.576	0.496	0.519	0.550
29	哥伦比亚	0.178	0.391	0.559	0.650	0.635	0.483
30	丹麦	0.981	1.028	0.000	0.000	0.000	0.402
31	罗马尼亚	0.389	0.327	0.393	0.412	0.339	0.372
32	秘鲁	0.369	0.359	0.384	0.370	0.305	0.357
33	保加利亚	0.347	0.331	0.358	0.349	0.289	0.335
34	澳大利亚	0.332	0.420	0.402	0.335	0.166	0.331
35	波兰	0.325	0.369	0.292	0.351	0.242	0.316
36	斯洛伐克	0.316	0.292	0.302	0.259	0.338	0.301
37	奥地利	0.428	0.286	0.339	0.260	0.184	0.299
38	匈牙利	0.307	0.315	0.265	0.228	0.274	0.278
39	捷克	0.209	0.215	0.248	0.245	0.246	0.232
40	爱沙尼亚	0.162	0.198	0.226	0.185	0.200	0.194
41	斯洛文尼亚	0.170	0.175	0.171	0.170	0.169	0.171
42	比利时	0.157	0.171	0.203	0.148	0.162	0.168
43	克罗地亚	0.140	0.155	0.185	0.202	0.159	0.168
44	科特迪瓦	0.158	0.186	0.167	0.145	0.141	0.159
45	以色列	0.144	0.169	0.177	0.163	0.134	0.157
46	新加坡	0.113	0.113	0.125	0.152	0.144	0.129
47	厄瓜多尔	0.159	0.136	0.181	0.161	0.000	0.127
48	爱尔兰	0.078	0.145	0.122	0.113	0.155	0.123
49	日本	0.074	0.116	0.126	0.134	0.123	0.115
50	塞浦路斯	0.112	0.118	0.113	0.110	0.114	0.113

续表

排序	国家（地区）	2016 年	2017 年	2018 年	2019 年	2020 年	均值
51	阿根廷	0.075	0.095	0.138	0.081	0.102	0.098
52	塞内加尔	0.063	0.086	0.106	0.093	0.124	0.094
53	智利	0.051	0.065	0.071	0.114	0.134	0.087
54	文莱	0.078	0.091	0.094	0.086	0.084	0.086
55	肯尼亚	0.078	0.075	0.083	0.088	0.103	0.085
56	阿塞拜疆	0.000	0.001	0.001	0.075	0.341	0.084
57	多米尼加	0.081	0.056	0.051	0.062	0.088	0.068
58	菲律宾	0.079	0.054	0.069	0.065	0.065	0.067
59	牙买加	0.072	0.076	0.071	0.068	0.005	0.058
60	摩洛哥	0.038	0.063	0.061	0.032	0.043	0.047
61	塞尔维亚	0.034	0.037	0.037	0.053	0.052	0.042
62	拉脱维亚	0.037	0.037	0.044	0.054	0.029	0.041
63	斯里兰卡	0.030	0.036	0.042	0.044	0.046	0.040
64	韩国	0.058	0.044	0.032	0.025	0.027	0.037
65	塞舌尔	0.031	0.047	0.000	0.046	0.061	0.037
66	缅甸	0.029	0.041	0.030	0.031	0.040	0.034
67	巴基斯坦	0.025	0.024	0.021	0.043	0.021	0.027
68	卢旺达	0.012	0.045	0.038	0.014	0.005	0.023
69	立陶宛	0.015	0.023	0.031	0.017	0.015	0.020
70	萨尔瓦多	0.022	0.022	0.017	0.021	0.017	0.020
71	巴巴多斯	0.006	0.029	0.025	0.016	0.019	0.019
72	刚果（金）	0.017	0.015	0.015	0.017	0.017	0.016
73	加纳	0.013	0.015	0.015	0.015	0.018	0.015
74	约旦	0.000	0.000	0.001	0.034	0.038	0.015
75	冰岛	0.054	0.003	0.005	0.009	0.000	0.014
76	危地马拉	0.000	0.001	0.015	0.023	0.017	0.011
77	吉尔吉斯斯坦	0.011	0.009	0.015	0.012	0.007	0.011
78	纳米比亚	0.024	0.011	0.006	0.007	0.005	0.011

续表

排序	国家（地区）	2016 年	2017 年	2018 年	2019 年	2020 年	均值
79	马达加斯加	0.007	0.007	0.011	0.011	0.010	0.009
80	新西兰	0.009	0.013	0.006	0.006	0.014	0.009
81	玻利维亚	0.011	0.007	0.010	0.011	0.004	0.009
82	乌兹别克斯坦	0.009	0.012	0.006	0.007	0.004	0.008
83	马来西亚	0.009	0.007	0.006	0.006	0.002	0.006
84	莫桑比克	0.000	0.009	0.005	0.008	0.006	0.005
85	黎巴嫩	0.002	0.002	0.003	0.009	0.007	0.005
86	贝宁	0.003	0.007	0.003	0.006	0.002	0.004
87	黑山	0.003	0.003	0.003	0.004	0.008	0.004
88	巴拉圭	0.003	0.003	0.004	0.004	0.001	0.003
89	摩尔多瓦	0.006	0.007	0.000	0.00002	0.0003	0.003
90	尼加拉瓜	0.001	0.003	0.002	0.001	0.003	0.002
91	伯利兹	0.001	0.001	0.001	0.002	0.005	0.002
92	蒙古	0.001	0.002	0.002	0.002	0.001	0.001
93	印度	0.001	0.001	0.001	0.002	0.0003	0.001
94	阿尔巴尼亚	0.001	0.002	0.000	0.002	0.00003	0.001
95	卢森堡	0.001	0.001	0.001	0.001	0.001	0.001
96	圣卢西亚	0.001	0.001	0.001	0.0005	0.001	0.001
97	布隆迪	0.0004	0.0001	0.001	0.001	0.001	0.001
98	巴拿马	0.0002	0.0003	0.0003	0.0004	0.001	0.0004
99	哥斯达黎加	0.001	0.001	0.000	0.000	0.000	0.0004
100	中国香港	0.001	0.0003	0.0002	0.0002	0.0002	0.0004
101	博茨瓦纳	0.001	0.0001	0.000	0.000	0.000	0.0003
102	老挝	0.0003	0.0001	0.0001	0.0001	0.0005	0.0002
103	圭亚那	0.0003	0.0002	0.0001	0.0001	0.0002	0.0002
104	巴勒斯坦	0.0002	0.0002	0.0002	0.000	0.0001	0.0001
105	基里巴斯	0.0001	0.0002	0.0001	0.000	0.0002	0.0001
106	毛里求斯	0.0001	0.0001	0.0002	0.0001	0.0001	0.0001

续表

排序	国家（地区）	2016 年	2017 年	2018 年	2019 年	2020 年	均值
107	洪都拉斯	0.000	0.0001	0.0001	0.0001	0.0000	0.00004
108	蒙特塞拉特	0.000	0.00003	0.000	0.00005	0.00007	0.00003
109	亚美尼亚	0.000	0.000	0.00001	0.00004	0.000	0.00001
110	莱索托	0.00001	0.00003	0.00001	0.00001	0.000	0.00001
111	马拉维	0.000	0.000	0.000	0.000	0.00002	0.00001
112	埃塞俄比亚	0.00001	0.000	0.00001	0.000	0.000	0.000005
113	柬埔寨	0.000	0.00001	0.000	0.000	0.00001	0.000004
114	阿鲁巴岛	0.000003	0.000003	0.000002	0.000	0.000002	0.000002
115	百慕大	0.000001	0.000001	0.000002	0.000002	0.000	0.000001
116	科摩罗	0.000	0.000	0.000	0.0000005	0.000	0.0000001

（三）天然气国际贸易竞争力分析

1. 研究范围

本文选取了表 9 所示的 102 个国家（地区），测算其天然气的贸易竞争力指数和国际市场占有率。

表 9　天然气国际贸易竞争力分析的样本范围

国家（地区）	国家（地区）	国家（地区）	国家（地区）	国家（地区）
卡塔尔	中国	葡萄牙	塞内加尔	卢旺达
美国	乌兹别克斯坦	克罗地亚	哥伦比亚	丹麦
挪威	沙特阿拉伯	智利	肯尼亚	莱索托
阿联酋	荷兰	新西兰	阿尔巴尼亚	阿鲁巴岛
马来西亚	利比亚	斯洛文尼亚	科特迪瓦	老挝
德国	秘鲁	萨尔瓦多	黎巴嫩	哥斯达黎加
加拿大	埃及	危地马拉	亚美尼亚	摩洛哥
印度尼西亚	匈牙利	拉脱维亚	加纳	蒙古
澳大利亚	奥地利	菲律宾	尼日尔	厄瓜多尔
俄罗斯	韩国	芬兰	马达加斯加	埃塞俄比亚
阿尔及利亚	新加坡	巴西	中国香港	圭亚那

国家（地区）	国家（地区）	国家（地区）	国家（地区）	国家（地区）
尼日利亚	阿根廷	刚果（金）	贝宁	科摩罗
比利时	捷克	塞尔维亚	卢森堡	圣卢西亚
缅甸	莫桑比克	保加利亚	约旦	塞浦路斯
伊朗	印度	毛里求斯	尼加拉瓜	黑山
文莱	希腊	以色列	巴拿马	冰岛
哈萨克斯坦	波兰	爱尔兰	纳米比亚	巴巴多斯
玻利维亚	日本	爱沙尼亚	巴林	土库曼斯坦
法国	立陶宛	洪都拉斯	吉尔吉斯斯坦	
科威特	斯洛伐克	多米尼加	摩尔多瓦	
阿塞拜疆	罗马尼亚	斯里兰卡	博茨瓦纳	

2. 天然气国际贸易竞争力指数

根据式（1）计算得到的各国（地区）天然气国际贸易竞争力指数如表10所示，结果显示，天然气国际贸易竞争力指数排名前十的国家分别是俄罗斯、卡塔尔、挪威、澳大利亚、美国、加拿大、土库曼斯坦、阿尔及利亚、尼日利亚和马来西亚。中国液化天然气进口来源国排名前三的是澳大利亚、卡塔尔、马来西亚。管道天然气进口来源国主要是土库曼斯坦、乌兹别克斯坦、哈萨克斯坦、俄罗斯等。其中，俄罗斯向我国输送的管道天然气量在不断增加，土库曼斯坦是我国最大的管道天然气进口来源国。土库曼斯坦作为中国进口天然气的主要来源国，在中国进口中亚天然气中的地位不可替代。土库曼斯坦的天然气探明储量为24.6万亿立方米，位居世界第四。

表 10 世界各国（地区）天然气国际贸易竞争力指数

排序	国家（地区）	2016 年	2017 年	2018 年	2019 年	2020 年	年均值
1	俄罗斯	0.99998	0.99997	0.99998	0.99999	0.99998	0.99998
2	卡塔尔	0.99995	0.99996	0.99998	0.99998	0.99996	0.99997
3	挪威	0.99995	0.99997	0.99994	0.99997	0.99996	0.99996
4	澳大利亚	0.99993	0.99998	0.99997	0.99999	0.99989	0.99995
5	美国	0.99986	0.99990	0.99988	0.99997	0.99993	0.99991
6	加拿大	0.99977	0.99973	0.99981	0.99974	0.99945	0.9997
7	土库曼斯坦	0.998	0.999	0.999	0.998	0.997	0.999

续表

排序	国家（地区）	2016 年	2017 年	2018 年	2019 年	2020 年	年均值
8	阿尔及利亚	0.999	0.999	0.999	0.939	0.978	0.983
9	尼日利亚	0.999	0.999	0.989	0.971	0.951	0.982
10	马来西亚	0.956	0.972	0.997	0.987	0.989	0.980
11	乌兹别克斯坦	0.977	0.965	0.973	0.987	0.990	0.978
12	伊朗	0.987	0.990	0.981	0.980	0.911	0.970
13	缅甸	—	1.000	1.000	1.000	0.841	0.960
14	哈萨克斯坦	0.984	0.988	0.989	0.671	0.677	0.862
15	阿联酋	0.916	0.895	0.635	0.826	0.995	0.853
16	秘鲁	0.826	0.828	0.797	0.705	0.841	0.799
17	阿塞拜疆	0.837	0.816	0.814	0.733	0.667	0.773
18	荷兰	0.805	0.758	0.666	0.645	0.563	0.687
19	利比亚	0.572	0.730	0.489	0.697	0.718	0.641
20	中国	0.610	0.549	0.583	0.561	0.603	0.581
21	印度尼西亚	0.617	0.525	0.553	0.534	0.353	0.516
22	科威特	0.999	—	—	—	−0.103	0.448
23	沙特阿拉伯	0.213	0.343	0.431	0.502	0.641	0.426
24	德国	0.975	0.976	0.314	−0.070	−0.137	0.412
25	刚果（金）	−0.155	0.807	0.902	0.234	−0.526	0.252
26	莫桑比克	0.927	0.921	−0.444	−0.865	−0.442	0.019
27	文莱	—	0.024	−0.613	—	—	−0.295
28	比利时	−0.280	−0.255	−0.289	−0.304	−0.365	−0.299
29	新西兰	−0.323	−0.277	−0.487	−0.550	−0.418	−0.411
30	尼日尔	−0.643	−0.651	−0.315	−0.513	−0.323	−0.489
31	洪都拉斯	−0.608	−0.539	−0.506	−0.397	−0.421	−0.494
32	玻利维亚	−0.857	−0.833	−0.563	0.121	−0.423	−0.511
33	芬兰	−0.533	−0.532	−0.527	−0.557	−0.531	−0.536
34	埃及	−0.439	−0.515	−0.549	−0.680	−0.686	−0.574
35	萨尔瓦多	−0.601	−0.395	−0.519	−0.764	−0.693	−0.595

续表

排序	国家（地区）	2016 年	2017 年	2018 年	2019 年	2020 年	年均值
36	克罗地亚	−0.351	−0.494	−0.660	−0.669	−0.810	−0.597
37	罗马尼亚	−0.559	−0.581	−0.589	−0.652	−0.651	−0.606
38	毛里求斯	−0.490	−0.480	−0.877	−0.591	−0.769	−0.641
39	危地马拉	−0.753	−0.597	−0.637	−0.613	−0.639	−0.648
40	斯洛文尼亚	−0.757	−0.751	−0.719	−0.599	−0.416	−0.648
41	立陶宛	−0.862	−0.717	−0.633	−0.623	−0.480	−0.663
42	拉脱维亚	−0.726	−0.693	−0.847	−0.503	−0.572	−0.668
43	匈牙利	−0.757	−0.693	−0.704	−0.637	−0.660	−0.690
44	阿根廷	−0.225	−0.454	−0.936	−0.983	−0.977	−0.715
45	法国	−0.788	−0.781	−0.756	−0.723	−0.551	−0.720
46	阿鲁巴岛	0.110	−0.998	−0.999	−1.000	—	−0.722
47	希腊	−0.736	−0.743	−0.667	−0.711	−0.754	−0.722
48	加纳	−0.550	−0.824	−0.785	−0.776	−0.704	−0.728
49	波兰	−0.768	−0.759	−0.776	−0.720	−0.685	−0.741
50	捷克	—	−1.000	—	−0.289	−0.955	−0.748
51	奥地利	−0.776	—	—	—	−0.758	−0.767
52	巴林	−0.830	−0.881	−0.909	−0.752	−0.502	−0.775
53	阿尔巴尼亚	−0.837	−0.791	−0.824	−0.882	−0.800	−0.827
54	爱沙尼亚	−0.657	−0.714	−1.000	−0.977	—	−0.837
55	新加坡	−0.827	−0.735	−0.765	−0.886	−0.987	−0.840
56	哥伦比亚	−0.592	−0.821	−0.957	−0.944	−0.965	−0.856
57	菲律宾	−0.984	−0.907	−0.807	−0.753	#DIV/0!	−0.862
58	卢森堡	−0.901	−0.899	−0.884	−0.827	−0.817	−0.865
59	以色列	−0.911	−0.854	−0.807	−0.846	−0.942	−0.872
60	马达加斯加	−0.875	−0.897	−0.878	−0.844	−0.873	−0.873
61	斯洛伐克	−0.821	−0.856	−0.897	−0.927	−0.914	−0.883
62	葡萄牙	−0.857	−0.877	−0.877	−0.944	−0.908	−0.892
63	塞尔维亚	−0.873	−0.897	−0.938	−0.938	−0.947	−0.919

续表

排序	国家（地区）	2016 年	2017 年	2018 年	2019 年	2020 年	年均值
64	智利	-0.846	-0.949	-0.949	-0.908	-0.950	-0.920
65	塞内加尔	—	-1.000	—	-0.933	-0.871	-0.934
66	斯里兰卡	-0.973	-0.968	-0.946	-0.907	-0.900	-0.939
67	保加利亚	-0.911	-0.960	-0.944	-0.948	-0.978	-0.948
68	肯尼亚	-0.864	-0.929	-0.963	-0.996	-0.997	-0.950
69	贝宁	-0.956	-0.961	-0.963	-0.964	-0.957	-0.960
70	韩国	—	-0.977	—	-0.943	—	-0.960
71	科摩罗	-0.990	-0.971	-0.971	-0.939	-0.944	-0.963
72	纳米比亚	-0.964	-0.966	-0.967	-0.977	-0.957	-0.966
73	爱尔兰	-0.967	-0.966	-0.971	-0.968	-0.969	-0.968
74	印度	-0.999	-0.991	-0.988	-0.887	-0.999	-0.973
75	黎巴嫩	-0.966	-0.950	-0.964	-0.998	-0.991	-0.974
76	科特迪瓦	-0.938	-0.964	-1.000	-1.000	-0.973	-0.975
77	巴西	-0.918	-0.982	-0.998	-0.999	-0.996	-0.978
78	卢旺达	-0.990	-0.998	-0.974	-0.973	-0.969	-0.981
79	多米尼加	-0.977	—	—	—	-0.992	-0.984
80	亚美尼亚	—	—	-1.000	-0.997	-0.958	-0.985
81	摩尔多瓦	-0.985	-0.990	-0.991	-0.994	-0.988	-0.990
82	博茨瓦纳	-0.982	-0.993	-0.991	-0.987	-0.996	-0.990
83	尼加拉瓜	-0.982	-0.991	-0.995	-0.998	-0.996	-0.992
84	巴拿马	-0.989	-0.990	-0.996	-1.000	—	-0.993
85	莱索托	—	—	—	-0.990	-0.997	-0.994
86	老挝	-0.994	-0.993	-0.994	-0.995	-0.994	-0.994
87	日本	-0.999	-0.999	-0.988	-0.987	-0.999	-0.994
88	吉尔吉斯斯坦	-0.997	—	-0.999	—	—	-0.998
89	蒙古	—	—	—	-0.997	-1.000	-0.998
90	约旦	-0.996	-1.000	-1.000	—	—	-0.999
91	埃塞俄比亚	-0.999	-0.999	-1.000	-0.999	-0.999	-0.999

续表

排序	国家（地区）	2016 年	2017 年	2018 年	2019 年	2020 年	年均值
92	中国香港	-1.000	-1.000	-0.997	-1.000	-1.000	-0.999
93	丹麦	-0.999	-1.000	—	-1.000	-0.999	-0.999
94	圭亚那	-1.000	-1.000	-0.999	—	—	-1.000
95	冰岛	-0.999	-1.000	-1.000	-1.000	-0.999	-1.000
96	圣卢西亚	—	—	-1.000	-1.000		-1.000
97	塞浦路斯	-1.000	-1.000	-1.000		-1.000	-1.000
98	哥斯达黎加	-1.000	-1.000	-1.000	-1.000	-1.000	-1.000
99	黑山	—	-1.000		-1.000	-1.000	-1.000
100	厄瓜多尔	-1.000	-1.000	-1.000	-1.000	-1.000	-1.000
101	巴巴多斯	—	-1.000	—	-1.000	-1.000	-1.000
102	摩洛哥	-1.000	-1.000	-1.000	-1.000	-1.000	-1.000

截至 2020 年，美国的天然气储量达到 13.8 万亿立方米，虽然美国天然气储量居世界第五，但是由于美国在页岩气方面技术实力的提升，美国的天然气产量位居世界第一。

俄罗斯天然气储量位居世界第一，根据《BP 世界能源统计年鉴》，截至 2020 年，俄罗斯天然气储量达到 37.8 万亿立方米，约占全球天然气已探明总储量的 28%。同时，俄罗斯是全球最大的天然气出口国之一，欧洲的天然气供应主要由俄罗斯提供。欧洲消耗的主要能源是天然气，每年有超过 30%的天然气需要从俄罗斯输出，俄罗斯已经修建了 7 条通往欧洲的天然气管道。

加拿大天然气资源丰富。根据加拿大自然资源部数据，已探明储量约为 2.2 万亿立方米，技术可开采量介于 25 万亿至 50 万亿立方米之间，可开采 200 年以上。其天然气产地主要分布在不列颠哥伦比亚省、阿尔伯塔省和萨斯喀彻温省的西部沉积盆地，另外在安大略省、新不伦瑞克省和努纳武特地区有少量开采。加拿大为世界第五大天然气生产国，约占全球产量的 5%，一半以上出口至美国市场。加拿大国家能源局和能源研究所及英国 BP 等机构均预计未来加拿大天然气产量和出口量呈增长趋势，但出口格局将发生变化：通过管道对美出口量将会减少，开拓亚洲液化天然气市场将是必然选择。

卡塔尔的天然气储量为 25 万亿立方米，位居世界第三。卡塔尔能源事务国务大臣兼卡塔尔能源公司首席执行官萨阿德·卡比表示，全球最大的天然气田之一——卡塔尔北部天然气田的扩建工作正在按计划进行。卡方将在此增建 6 条液化天然气生产线，到 2027

年，卡塔尔的液化天然气产能将从目前的每年7700万吨增至1.26亿吨。

挪威是欧洲天然气储量最丰富的国家，据统计，截至2020年，挪威的天然气出口量达112951百万立方米。澳大利亚是全球最大的液化天然气出口国之一，购买力与投资能力雄厚的中国，则是澳大利亚世界范围内第一大贸易伙伴，也是其液化天然气的主要出口国之一。澳大利亚虽然距离中国较远，但是海运天然气具有价格上的优势。现阶段，澳大利亚天然气储量最丰富的地区，是西澳大利亚海域和澳大利亚北部，其储量约占总量的82%。阿尔及利亚有着丰富的天然气资源，欧洲长期以来都是阿尔及利亚主要的天然气出口市场，土耳其是阿尔及利亚液化天然气出口最主要的目的地，占比37%左右，其次是法国、西班牙、意大利、英国等，分别占比约20%、14%、6%、6%。尼日利亚也是欧洲天然气市场的潜在供应商，截至2020年，尼日利亚的天然气出口量达50092百万立方米。但是，尼日利亚仍缺乏足够的基础设施来发展其油气产业，这也为中国进入尼日利亚油气市场提供了机会。

天然气行业是马来西亚国民经济重要支柱产业之一，发展潜力巨大，2018年，马来西亚已探明天然气储备量约为2.4万亿立方米，其中大部分天然气均为伴生气，主要分布在马来盆地、沙巴盆地以及沙捞越盆地等地区。从天然气使用方面来看，马来西亚政府高度重视天然气应用，早在20世纪90年代便开展了PGU天然气管道架设项目，仅此一项便为马来西亚国内架设约1600英里（约2575千米）天然气管道。此外，随着近些年居茶、沙捞越和沙巴地区相继开展天然气管道架设，马来西亚天然气输送能力更是被进一步扩大，成为亚洲天然气管道铺设最为广泛的国家之一。从天然气出口方面来看，马来西亚仅次于卡塔尔和澳大利亚，是全球第三大液化天然气出口国家，平均每年液化天然气出口量超过约1万亿立方英尺（约28.3立方千米），出口市场包括中国、日本、韩国等地区，其中，日本是马来西亚主要液化天然气出口国家，出口量约占其国内液化天然气出口总量60%以上。

中国的天然气贸易竞争力指数位居世界第二十位。中国是全球第六大天然气储量国，截至2021年，我国已经探明的天然气储量为12.4万亿立方米，在全球排名第六。我国的天然气主要分布在中西部地区，大部分在四川以及塔里木盆地、松辽、陕甘青等地区，海上天然气主要分布在南海及东海。

3. 天然气国际市场占有率

根据式（2）计算得到的各国（地区）天然气国际市场占有率如表11所示，结果显示，天然气国际市场占有率排名前十位的国家分别是俄罗斯、卡塔尔、美国、澳大利亚、土库曼斯坦、加拿大、马来西亚、尼日利亚、哈萨克斯坦和阿尔及利亚。俄罗斯的天然气国际市场占有率均值超过19%，卡塔尔和美国的天然气国际市场占有率均值分别超过

12%和10%。中国的天然气国际市场占有率均值为0.732%，位居世界第二十二位。

表11 世界各国（地区）天然气国际市场占有率 单位：%

排序	国家（地区）	2016 年	2017 年	2018 年	2019 年	2020 年	年均值
1	俄罗斯	19.206	17.445	20.712	19.510	19.505	19.275
2	卡塔尔	7.258	9.747	11.266	13.202	18.644	12.023
3	美国	11.301	11.473	14.190	9.576	7.927	10.893
4	澳大利亚	3.292	3.245	5.732	10.710	11.456	6.887
5	土库曼斯坦	4.530	4.462	4.545	4.726	4.266	4.506
6	加拿大	3.127	3.129	4.433	5.850	5.386	4.385
7	马来西亚	4.255	4.409	4.061	3.973	3.911	4.122
8	尼日利亚	3.844	3.788	4.257	3.573	3.018	3.696
9	哈萨克斯坦	7.535	8.752	0.238	0.064	0.081	3.334
10	阿尔及利亚	2.220	2.045	2.997	4.109	4.385	3.151
11	印度尼西亚	7.689	5.105	0.000	0.000	0.000	2.559
12	阿联酋	2.481	2.672	2.778	2.349	2.514	2.559
13	文莱	2.368	2.669	3.014	1.699	1.213	2.193
14	乌兹别克斯坦	1.732	1.418	1.292	1.841	1.882	1.633
15	伊朗	2.893	2.423	2.109	0.000	0.000	1.485
16	德国	1.315	1.200	1.310	1.293	1.360	1.296
17	秘鲁	0.950	0.991	1.207	1.496	1.380	1.205
18	玻利维亚	1.142	1.142	1.208	1.194	1.128	1.163
19	法国	0.809	0.994	1.138	1.290	0.944	1.035
20	科威特	0.860	0.986	1.096	0.960	1.020	0.985
21	阿塞拜疆	0.605	0.544	0.611	1.029	1.228	0.803
22	中国	0.853	0.774	0.608	0.735	0.691	0.732
23	比利时	0.000	0.606	0.981	0.995	0.328	0.582
24	沙特阿拉伯	2.344	0.000	0.000	0.000	0.005	0.470
25	荷兰	0.415	0.394	0.495	0.475	0.383	0.432
26	利比亚	0.000	0.862	0.909	0.000	0.000	0.354
27	缅甸	0.306	0.348	0.418	0.270	0.297	0.328

续表

排序	国家（地区）	2016 年	2017 年	2018 年	2019 年	2020 年	年均值
28	埃及	0.134	0.139	0.271	0.593	0.278	0.283
29	匈牙利	0.059	0.155	0.212	0.253	0.322	0.200
30	奥地利	0.188	0.177	0.181	0.203	0.242	0.199
31	挪威	0.185	0.164	0.205	0.194	0.235	0.197
32	新加坡	0.132	0.201	0.208	0.131	0.200	0.174
33	阿根廷	0.165	0.175	0.081	0.243	0.182	0.170
34	捷克	0.288	0.088	0.115	0.106	0.111	0.142
35	莫桑比克	0.153	0.158	0.111	0.117	0.129	0.134
36	印度	0.089	0.098	0.114	0.123	0.134	0.111
37	希腊	0.047	0.064	0.070	0.110	0.125	0.083
38	波兰	0.057	0.064	0.092	0.070	0.058	0.068
39	日本	0.053	0.060	0.063	0.048	0.056	0.056
40	立陶宛	0.036	0.063	0.061	0.068	0.044	0.054
41	斯洛伐克	0.033	0.055	0.079	0.073	0.026	0.053
42	罗马尼亚	0.046	0.063	0.067	0.043	0.042	0.052
43	葡萄牙	0.043	0.039	0.052	0.068	0.055	0.051
44	克罗地亚	0.060	0.051	0.045	0.029	0.031	0.043
45	智利	0.052	0.044	0.049	0.022	0.039	0.041
46	韩国	0.006	0.042	0.113	0.014	0.003	0.036
47	新西兰	0.058	0.056	0.008	0.038	0.016	0.035
48	斯洛文尼亚	0.033	0.036	0.038	0.029	0.037	0.035
49	萨尔瓦多	0.039	0.038	0.038	0.027	0.027	0.034
50	危地马拉	0.024	0.029	0.034	0.035	0.045	0.033
51	拉脱维亚	0.022	0.042	0.035	0.021	0.003	0.024
52	菲律宾	0.009	0.012	0.034	0.017	0.029	0.020
53	芬兰	0.052	0.021	0.000	0.000	0.014	0.017
54	巴西	0.006	0.013	0.022	0.012	0.030	0.017
55	刚果（金）	0.020	0.017	0.014	0.012	0.013	0.015

续表

排序	国家（地区）	2016 年	2017 年	2018 年	2019 年	2020 年	年均值
56	塞尔维亚	0.005	0.006	0.010	0.018	0.016	0.011
57	保加利亚	0.018	0.014	0.008	0.007	0.002	0.010
58	毛里求斯	0.001	0.007	0.015	0.021	0.000	0.009
59	以色列	0.008	0.007	0.009	0.005	0.010	0.008
60	爱尔兰	0.006	0.004	0.003	0.008	0.017	0.007
61	爱沙尼亚	0.000	0.017	0.005	0.000	0.000	0.004
62	洪都拉斯	0.002	0.000	0.004	0.004	0.005	0.003
63	多米尼加	0.000	0.000	0.000	0.004	0.011	0.003
64	斯里兰卡	0.003	0.001	0.001	0.002	0.002	0.002
65	塞内加尔	0.004	0.003	0.000	0.001	0.000	0.002
66	哥伦比亚	0.002	0.001	0.002	0.002	0.001	0.001
67	肯尼亚	0.0020	0.0000	0.0000	0.0000	0.0034	0.0011
68	阿尔巴尼亚	0.0008	0.0015	0.0015	0.0001	0.0005	0.0009
69	科特迪瓦	0.0000	0.0003	0.0004	0.0036	0.0000	0.0009
70	黎巴嫩	0.0022	0.0000	0.0000	0.0000	0.0010	0.0007
71	亚美尼亚	0.0030	0.0000	0.0000	0.0000	0.0000	0.0006
72	加纳	0.0008	0.0012	0.0002	0.0000	0.0001	0.0005
73	尼日尔	0.0003	0.0002	0.0003	0.0003	0.0004	0.0003
74	马达加斯加	0.0002	0.0002	0.0001	0.0003	0.0005	0.0003
75	中国香港	0.0007	0.0004	0.0001	0.0000	0.0000	0.0002
76	贝宁	0.0007	0.0003	0.0001	0.0001	0.0000	0.0002
77	卢森堡	0.0000	0.0000	0.0000	0.0007	0.0001	0.0002
78	约旦	0.0003	0.0001	0.0001	0.0001	0.0001	0.0001
79	尼加拉瓜	0.0002	0.0001	0.0001	0.0001	0.0001	0.0001
80	巴拿马	0.000	0.0001	0.0001	0.0002	0.0002	0.0001
81	纳米比亚	0.000	0.000	0.000	0.0004	0.000	0.0001
82	巴林	0.000	0.000	0.0001	0.0002	0.000	0.0001
83	吉尔吉斯斯坦	0.000	0.000	0.000	0.000	0.0003	0.0001

续表

排序	国家（地区）	2016 年	2017 年	2018 年	2019 年	2020 年	年均值
84	摩尔多瓦	0.000	0.000	0.000	0.000	0.0001	0.0000
85	博茨瓦纳	0.0001	0.000	0.000	0.000	0.000	0.0000
86	卢旺达	0.000	0.000	0.0001	0.000	0.000	0.0000
87	丹麦	0.00004	0.00003	0.00001	0.000	0.000	0.00002
88	莱索托	0.00005	0.00002	0.000	0.000	0.000	0.00001
89	阿鲁巴岛	0.000	0.000	0.000	0.00003	0.00002	0.00001
90	老挝	0.000	0.00001	0.000	0.000	0.00001	0.000
91	哥斯达黎加	0.000	0.000	0.00001	0.000	0.000	0.000
92	摩洛哥	0.00001	0.000	0.000	0.000	0.000	0.000
93	蒙古	0.00001	0.000	0.000	0.000	0.000	0.000
94	厄瓜多尔	0.00001	0.000	0.000	0.000	0.000	0.000
95	埃塞俄比亚	0.000003	0.000001	0.000	0.000	0.000004	0.000002
96	圭亚那	0.000	0.000001	0.000	0.000004	0.000000	0.000001
97	科摩罗	0.000001	0.000	0.000001	0.000	0.000001	0.000001
98	圣卢西亚	0.000	0.000	0.000003	0.000	0.000	0.000001
99	塞浦路斯	0.000	0.000	0.000	0.000	0.000001	0.000
100	黑山	0.0000001	0.0000001	0.0000003	0.000	0.000	0.0000001
101	冰岛	0.000	0.0000001	0.000	0.000	0.0000001	0.000
102	巴巴多斯	0.000	0.00000004	0.000	0.00000003	0.000	0.00000001

二、国内外油气产业合作的典型案例

（一）中国与中东国家的油气产业合作

中东地区处于"一带一路"交汇地带，是连接东方和西方的枢纽。中国与中东国家的油气合作成果显著，中石油、中石化、中海油在伊朗和伊拉克建设了多个大型油田项目，部分已投入运营，伊朗与中国的油气合作更是潜力巨大，包括数十个大型油气田项目和配套的工程建设、工程技术服务等。"一带一路"倡议的提出为中国与中东国家的能源合作提供了机遇。

1. 与沙特阿拉伯的油气项目合作

中国石油企业早在 2003 年就与沙特阿美公司签订了第一份勘探合同,此后先后中标并安全高效运作了 20 多个地震采集项目。中国石油企业以此逐渐打开了沙特阿拉伯的石油市场。目前为止,中国石油企业已是沙特阿拉伯石油市场上一支不容忽视的队伍。

2012 年 11 月 12 日,沙特阿美石油公司成立了下属的亚洲公司,总部设在北京。沙特阿美石油公司在上海和厦门设有两家办事处,在福建投资了两个合资项目。沙特基础工业公司是全球市值最大的石化企业之一。2012 年 4 月 6 日,公司投资入户上海,建成了一个新技术中心。2019 年 2 月 22 日,沙特阿美石油公司与中方合作,成立了华锦阿美石油化工有限公司,项目总投资约 100 亿美元,目标是建设一个世界级的石化工业基地,目标产能为炼油 1500 万吨/年、乙烯 150 万吨/年、二甲苯 130 万吨/年。中沙能源合作由来已久并卓有成效,过去主要体现在中国进口沙特阿拉伯的原油以及中国公司投资沙特阿拉伯国内经济领域两个方面。这次沙特阿拉伯公司转身投资中国国内,被媒体视作"2030 愿景"和"一带一路"倡议实现无缝对接的表现。沙特阿拉伯投资中国是出于国家经济发展战略的考虑,此番与中国的能源合作,是沙特阿拉伯发展外向型经济的新尝试。

从地理位置上看,中国的海上丝绸之路正好途经沙特阿拉伯发展蓝图中的新的经济中心。根据"一带一路"倡议,只要双方愿意,中国的资金以及大量的基建和工业产能完全可以被大量地投放到这一地区,沙特阿拉伯可以安全受益而无后顾之忧。

鉴于以往国际交往的经历,沙特阿拉伯的"向东看"战略包括经济、能源领域的合作,也涉及政治交往。在沙特阿拉伯看来,加强与东方文明的联系,增进对中国的了解和信任,是当前的最佳选择。中沙经济具有很强的互补性。2016 年中沙两国建立了全面战略伙伴关系,并取得了一系列积极的成果。中国"一带一路"倡议遇上沙特"2030 愿景",合作是必然的,且中沙两国的成功合作案例,可以发挥示范作用,进一步促进中国"一带一路"倡议的推广和实施。

2. 与伊朗的石油贸易与投资合作

2019 年,伊朗的石油产量为 1.608 亿吨,占世界总产量的 3.6%,是欧佩克的重要石油输出国。伊朗天然气产量为 2441.6 亿立方米,占世界总产量的 6.1%,位居世界第三。中伊两国皆为世界文明古国,长期保持着密切的沟通与交往,从古丝绸之路开始,两国之间的友好往来连绵不断。中国石油企业走出国门后,伊朗一直是中国开展能源合作的重要伙伴。加强中伊能源合作,有助于维护中伊能源共同安全和实现能源合作共赢。

中伊能源合作主要集中在石油贸易和投资合作两大方面。在石油贸易方面,中国是伊朗最大的进口贸易伙伴国和最大的原油需求国。2017 年中伊贸易额为 370 亿美元,比上年增加 40 亿美元,增幅达 20.4%,伊朗实现贸易顺差 2 亿美元。2018 年,从伊朗出口到中国的原油达 2927.4 万吨，在西亚北非国家中排第四位。在油气投资方面，自进入 21 世纪起，中石油、中石化等企业陆续同伊朗的国家石油天然气公司进行了油气勘探开发方面的项目合作。据不完全统计，中资企业在伊朗已完工和在建的项目共计 136 个，合同金额达 327.44 亿美元。其中，投资合作类项目金额约为 60 亿美元，包括中石化的雅达油田一期和中石油的北阿扎德甘油田一期等项目。

中伊能源合作有两个显著的特点：一是互补性较强，二是有利于战略对接。在互补性方面，中国自 1993 年成为石油净进口国后，中国的石油对外依存度不断上升。这使得确保石油进口安全上升为关系国家经济政治安全的战略性问题。伊朗的油气资源虽然丰富，但由于长期受西方制裁，其在国际石油市场上的份额被其他产油国瓜分。并且近些年世界石油价格低迷，也使伊朗的能源出口受到影响和制约。从油气生产方面看，由于地区动乱和西方制裁，伊朗国家的生产设备老旧，油气开发、冶炼等技术落后，而以中石油、中石化为龙头的中国油企则拥有先进的石油开发、冶炼技术和比较完善的生产设备与设施，双方合作的互补性强、潜力大。此外，能源合作也能够缓解中国能源需求的压力并促进伊朗能源收入的稳定，有利于维护和保障中伊两国的能源共同安全。在实现战略利益对接方面，能源收入是伊朗最主要的经济收入，其地处亚欧大陆心脏地带，是中国"一带一路"倡议下连接亚、非、欧三大洲的重要国家，是通向西方的窗口。"一带一路"倡议强调合作共赢，不断寻求与沿线国家和地区利益共享的机制与路径，促进全球化的良性发展。坚持加强中伊能源合作，不仅有利于维护伊朗能源出口的稳定和促进中国"一带一路"倡议的稳步发展，也有助于中伊两国维护自身国家主权和国家利益，促进国际社会与秩序的良性发展与运作。

然而，中伊能源合作实际上并非一帆风顺。伊朗本身对外企投资的限制较多，中国石油企业曾先后与其达成多项价值较高的油气合作项目，却都因西方国家对伊朗的制裁不断"加码"而未能实施下去。在投资环境限制方面，中国石油企业也是备尝艰辛。2006 年 12 月，中海油与伊方签署了价值 160 亿美元的液化天然气合作谅解备忘录，计划用 8 年时间开发伊朗北帕斯气田，建设液化天然气工厂和输送设施。此项目后因遭遇地缘政治风险进展缓慢，最后被伊方叫停。2012 年 12 月 26 日，伊朗石油部单方面终止了中国在伊朗南帕斯气田的投资项目，理由是中石油对这一世界级气田区块始终不能进行实质性的开发。同伊朗进行能源合作，地缘政治风险是一个不可避免的问题。

3. 与伊拉克的油气项目合作

2008 年，中国石油企业在伊拉克获得了首个重要的油气项目——鲁迈拉油田项目。以此为开端，中国石油企业随后又拿下了一系列油气开发与技术服务项目，被媒体评价为"中国特色的油企运营模式促成了中国油企在西亚北非合作区跨越式发展的战略格局"。

2012 年 8 月 5 日，中石油的三大项目——艾哈代布项目、鲁迈拉项目、哈法亚项目，日产原油达到 160 万桶以上，创下历史新高。其中，艾哈代布项目是伊拉克 20 多年来首个新建投产的油田，其建设工程无先例可参照；鲁迈拉项目走出了与国际大石油公司合作的成功之路；哈法亚项目被伊拉克政府称为"速度最快、执行最好的项目"。中石油在伊拉克取得的能源合作佳绩，可谓中国与西亚北非能源合作中的典范，也使中国在西亚北非国家获得了较多的经济话语权。

4. 与科威特的油气投资合作

中国与科威特的油气投资合作充分体现了中国对外能源合作的"请进来"策略。2011年 11 月，科威特石油公司与中石化签署供油协议，协议中表明科威特向中国供应原油 30万桶/日，期限为 10 年。与此配套的是一个科中合资项目，该项目计划在中国广东湛江兴建一家炼油厂和一家石化厂，建成后科威特供油增至 50 万桶/日。该项目投资总额达 93亿美元。同年 12 月 19 日，科威特对外石油勘探公司（KUFPEC）以 3.08 亿美元的价格，收购了英国石油公司在中国南海崖城天然气田的 34.3% 股份，参与中国天然气的开发与勘探。KUFPEC 是科威特国家石油公司的子公司，收购完成后，在合作开发崖城油田的股权分配中，KUFPEC 占股 49%，中海油占股 51%。中国与科威特的油气投资合作对促进中国能源资源的勘探开发、稳定能源供应具有重要意义。

5. 与阿联酋的石油贸易合作

2012 年 7 月 16 日，由中石油总承包、年输油能力达 7500 万吨的阿联酋哈卜善至富查伊拉输油管线建成投产。该管线总长 424 公里，其中陆线约长 410 公里，其余为海底管线。该管线是阿联酋的国家级战略项目，其最大功能是能使 70% 的阿联酋原油绕过霍尔木兹海峡，直接输往富查伊拉港，然后再从阿曼湾向外输出。这条输油管线大大提升了阿联酋的石油出口能力。

2014 年至 2016 年，中国连续三年在阿联酋的主要贸易伙伴排名中位居榜首。阿联酋的前五大贸易伙伴依次是中国、印度、美国、沙特阿拉伯和德国。2015 年，阿中贸易额达 548 亿美元，其中，中国同迪拜的贸易额约 490 亿美元，占阿联酋和中国双边贸易总额的 89%。2016 年双边贸易额为 400.6 亿美元，其中，中国自阿联酋的进口总额为 99.9亿美元，出口总额为 300.7 亿美元。阿联酋希望通过深化与中国的能源伙伴关系，寻求在能源价值链上互利共赢的投资机会，促进两国发展。在上游业务领域，阿布扎比国家石油公司和中石油于 2014 年合资创立了阿尔亚萨特石油作业公司，中石油持有该公司 40%的股份。2016 年，中国成为阿布扎比第六大原油出口伙伴。双方曾考虑在中国国内储存阿布扎比原油，并在中国这个全球最大的能源市场内进行销售。2017 年 2 月 19 日，中石油与阿布扎比国家石油公司签署了《阿布扎比陆上油田开发合作协议》。阿联酋方面希望能进入中国市场，特别是在炼油和石化业务等领域开展新的合作，为满足中国不断扩大的能源需求竭尽所能。

6. 与阿曼的石油项目合作

2013 年 8 月 5 日，中石油在阿曼的石油项目——达利勒油田 F 块的三口水平井经注水开发后日产原油千桶左右，超出了全油田平均单井日产 230 桶的水平。据报道，中石油在阿曼的石油项目已累计产油 1000 万吨以上，本土化率达到 90% 以上。

7. 与卡塔尔的油气项目合作

2010 年，中石油和卡塔尔签署了一项勘探与产量分成协议，中方获得 25% 的项目股份。两年后，中石油收购了法国苏伊士环能集团在卡塔尔的部分勘探开发权益。该项目规定，如果勘探活动获得商业发现，由中石油和卡塔尔石油公司联合进行油气资源的开发。

2011 年 1 月 15 日，中卡两国达成长期供应液化天然气协议，并于当年 11 月开始实施。同年 5 月，卡塔尔、中国、法国三国的油气公司签署了《卡塔尔 BC 区块胡夫以下地层天然气勘探及生产分成协议》。该协议规定，法国道达尔（卡塔尔）公司在该项目中持有 25% 的股份，中海油西亚北非（卡塔尔）有限公司持股 75%，并继续承揽该项目的生产作业。

2018 年 9 月，中石油与卡塔尔再度联手，达成年均 340 万吨的液化天然气供应协议。这次交易合作由卡塔尔天然气二期项目供货，这个二期项目由卡塔尔石油、埃克森美孚和道达尔等公司合资组建，年产 780 万吨液化天然气。

中东产油国可以分为两种类型，一种是高资金需求资源国，即拥有优质石油资源且资金需求大的资源国，如伊拉克和伊朗。这些国家受地缘政治影响，石油生产曾受到不同程度的损害，现在虽想大力发展油气产业，但资金比较紧缺。对中国企业而言，高资金需求资源国是比较理想的合作伙伴，因为只有这样的国家才会向投资企业让渡部分收益。这些国家因资金不充裕，所以更想通过开采更多的油气资源来改善国家经济状况。由此可见，中东乱局虽然给中国企业带来了较大的消极影响，但也带来了新的投资机会。另一种是低资金需求资源国，低资金需求资源国指的是那些拥有丰富油气资源且不缺投资资金的国家，如沙特阿拉伯、科威特、阿联酋等海湾资源国。中国企业在这些国家的投资机会明显小得多。在高油价市场环境下，这些国家大都反对提高石油产量，因为市场一旦供过于求，油价就会下跌，油价下跌显然不符合油气生产国的利益。在互利共赢的基础上，双方应寻找更多的合作空间，如共同实施双向投资战略等。

（二）中国与俄罗斯的油气产业合作

中俄最主要的能源合作项目是石油贸易，中国海关总署公布的数据显示，俄罗斯于2016 年首次取代沙特阿拉伯，成为中国最大的原油供应国。中俄能源投资与技术合作方式已从直接贸易升级为共同勘探、共同开发、共同分享利益模式。通过合资建立新公司、购买股权等方式，中国正逐步参与俄罗斯的原油提炼等领域，未来还将拓展至科技研发、装备制造、技术服务等领域[1-2]。

虽然俄罗斯油气出口最大市场仍在欧洲，但受美国等西方国家制裁和欧洲深度低碳转型的影响，俄罗斯油气出口战略东移趋势逐渐明显。近5年来，俄罗斯出口至欧洲的原油和管道气整体呈下降趋势，相较于2016年，2020年俄罗斯出口至欧洲的原油和管道气量占其出口总量的比例分别下降11.5和2.3个百分点。同期亚太地区油气需求猛增。2020年俄罗斯向亚太地区出口原油10260万吨，较2016年增加2950万吨，增加40.4%。其中，出口至中国8340万吨，占原油出口总量的32.1%，较2016年增加58.9%。管道天然气方面，2019年俄罗斯开始向欧洲、独联体以外国家或地区输送管道天然气。2020年，俄罗斯依托中俄天然气管道东线向中国输送管道天然气39亿立方米，占当年管道天然气出口总量的2%。液化天然气方面，基于液化天然气的运输灵活性，俄罗斯液化天然气出口市场基本呈现欧洲与亚太地区平分的格局。由表12可知，2020年，俄罗斯向亚太地区出口225亿立方米液化天然气，占液化天然气出口总量的55.7%，其中向中国的出口量增长迅速，达到69亿立方米，较2016年增长了22倍。

表 12 2016—2020 年俄罗斯油气出口亚太地区情况

地区		指标	2016 年	2017 年	2018 年	2019 年	2020 年
原油	亚太	出口量（万吨/年）	7310	8040	9510	10120	10260
		占比（%）	26.7	29	34.5	35.4	39.5
	中国	出口量（万吨/年）	5250	5980	7160	7770	8340
		占比（%）	19.2	21.6	26	27.2	32.1
管道天然气	亚太	出口量（亿立方米/年）	—	—	—	3	39
		占比（%）	—	—	—	0.1	2
	中国	出口量（亿立方米/年）	—	—	—	3	39
		占比（%）	—	—	—	0.1	2
液化天然气	亚太	出口量（亿立方米/年）	139	154	172	179	225
		占比（%）	99.3	99.3	69.1	454	55.7
	中国	出口量（亿立方米/年）	3	6	13	34	69
		占比（%）	2.1	3.9	5.2	8.6	17.1

数据来源：《BP 世界能源统计年鉴 2020》。

俄罗斯对亚太地区（尤其是中国）的管道天然气、LNG出口量均在上升。在需求侧，受碳达峰、碳中和政策推动，中国天然气消费量将继续增长。2021年，中国主要从中亚、俄罗斯和缅甸等地进口管道天然气，从澳大利亚、卡塔尔、马来西亚等地进口LNG。在价格方面，中国从俄罗斯进口的管道天然气和LNG均低于其他国家，有利于中国降低天然气进口成本，符合中国能源进口多元化需求。而且，相较于从中东、非洲进口油气资源，中国和俄罗斯国土相邻，油气运输便利，地缘政治风险较小，能源交易更为安全。在供给侧，俄罗斯向亚太地区出口天然气，除经中俄天然气管道东线运输至中国外，其他均采用LNG形式。截至2022年1月，俄罗斯仅有萨哈林2号和亚马尔项目这2个LNG项目投产。萨哈林2号LNG项目位于萨哈林岛（库页岛），地处亚欧大陆东北部，南隔宗谷海峡与日本北海道相邻，LNG产品主要出口至日本、韩国和中国台湾地区。按照埃信华迈（IHS Markit）公司LNG船运数据统计，2020年萨哈林2号项目至日本、韩国和中国台湾地区的LNG出口量达965.98万吨，占萨哈林2号项目总出口量的86.1%。但随着日本的氢能发展，日本对LNG进口的需求正逐渐降低，未来除非有新增LNG需求，萨哈林2号项目产能将处于供大于求的局面。北极丰厚的油气资源禀赋是俄罗斯重要的国家战略投资与经济复苏点，地处北极圈内的亚马尔LNG项目，产品主要出口至中国。2020年，亚马尔项目出口至中国的LNG量为333.75万吨，占亚马尔LNG项目总出口量的67.0%。按照北极液化天然气（LNG）2号等在建项目规划，到2023年，俄罗斯新增LNG出口产能将达到4980亿立方米/年。根据《2035年前俄罗斯联邦北极地区发展和国家安全保障战略》，到2035年北极LNG产量将增长10倍，亚马尔半岛等地区成为俄罗斯经济发展的重要区域。此外，俄罗斯政府积极推进的新北海航线，将为LNG资源进一步出口至亚洲市场提供便利条件。

俄罗斯的《2035年前俄罗斯联邦北极地区发展和国家安全保障战略》与中国的振兴东北、京津冀协同发展、长三角一体化等国家战略高度契合。截至2021年9月底，依托中俄东线天然气管道，中国以最低进口管道气成本引进俄罗斯管道气54.33亿立方米，较上年同期增长168%。黑龙江省黑河市毗邻俄罗斯，紧邻中俄东线天然气管道、俄阿穆尔天然气处理厂和周边以天然气为原料的各类化工项目，是与俄罗斯交流合作的重要窗口，是"一带一路"中蒙俄经济走廊的重要节点。未来有望以黑河自贸区建设为立足点，以引进天然气资源为重要合作方式，不断深化基础设施的互联互通，进一步推动中俄合作战略升级。

然而，俄罗斯国内的低碳战略会降低原油和天然气的出口，对中国和俄罗斯的能源合作产生潜在的不利影响。2020年，俄罗斯原油和天然气的产量、出口量全面下降，其中，原油产量下降至1070万桶/日，同比下降8.7%，出口量下降至730万桶/日，同比下降11%；天然气产量下降至6380亿立方米，同比下降6.2%，出口量下降至2380亿立方米，同比下降 8.7%。即便如此，俄罗斯仍然是全球最大的原油和天然气净出口国。从短期来看，受国际油气价格持续高位以及西方国家能源结构失衡的影响，俄罗斯国内减产限制出口的可能性不大。长期来看，俄罗斯作为联邦半总统制共和国，很多联邦地方政策不明朗，不利于开展国际能源合作。现阶段中俄油气合作的方式主要是两国油气企业投资成立合资公司，进行天然气开发、加工、运输等低层次、单一性的合作，合作程度仍处于初级阶段，对建立全方位的油气合作格局不利。未来需要进一步做好两国的能源政策对接、文化融合、科技交流合作，推动中俄能源合作向更高水平发展[3]。

（三）中国与中亚国家的油气产业合作

中亚五国（哈萨克斯坦、土库曼斯坦、乌兹别克斯坦、吉尔吉斯斯坦、塔吉克斯坦）是世界重要的油气资源生产国。由表 13 可知，2019 年，哈萨克斯坦已探明的石油可采储量达 39.3 亿吨，天然气可采储量达 2.65 万亿立方米，占世界的比重分别为 1.7% 和 1.3%。2019 年，土库曼斯坦已探明的天然气可采储量达 19.49 万亿立方米，占世界的比重为 9.8%。中亚五国同样也是世界重要的油气资源出口国，其原油出口量占产量的比重达 70%以上。中国是哈萨克斯坦的第三大石油进口国，是土库曼斯坦和乌兹别克斯坦的第一大天然气进口国。中国从中亚国家进口的主要是初级能源产品，而中国出口中亚国家的能源产品主要是能源加工和制造品，如石油管材、石油机械及化学产品等。中国与中亚国家的能源合作正逐步由上游能源勘探开发走向全产业链合作。

表 13 2019 年部分中亚国家能源资源情况

	指标	哈萨克斯坦	乌兹别克斯坦	土库曼斯坦
石油	剩余探明可采储量（亿吨）	39.3	—	—
	占世界比重（%）	1.7	—	—
	储采比（%）	42.6	—	—
天然气	剩余探明可采储量（万亿立方米）	2.65	1.21	19.49
	占世界比重（%）	1.3	0.6	9.8
	储采比（%）	>100.0	21.5	>100.0
煤炭	剩余探明可采储量（亿吨）	256.1	—	—
	占世界比重（%）	2.4	—	—
	储采比（%）	222	—	—

数据来源：《BP 世界能源统计年鉴 2020》。

目前，我国石油、天然气、煤炭、铀矿等能源矿产进口主要分布在"一带一路"沿线国家，能源国际合作在"一带一路"建设过程中居于重要地位，"一带一路"国家政治、经济的安全稳定对我国能源安全供给影响巨大。中亚地区是"一带一路"的核心地区，哈萨克斯坦作为中亚地区的主要国家，有着丰富的油气、煤炭、铀矿等能源矿产资源。据《BP 世界能源统计年鉴》数据，截至 2020 年底，哈萨克斯坦石油探明剩余可采储量为 39.3 亿吨，分别占中亚地区、世界石油探明储量的 96.0% 和 1.6%，居中亚地区第一位、世界第十二位；天然气探明剩余可采储量为 2.3 万亿立方米，分别占中亚地区、世界天然气探明储量的 13.5% 和 1.2%，仅次于土库曼斯坦，居中亚地区第二位、世界第十六位；煤炭探明剩余可采储量为 256.1 亿吨，分别占中亚地区、世界煤炭探明储量的 94.9% 和 2.4%，居中亚地区第一位、世界第十位。据国际原子能机构（IAEA）数据，截至 2019 年 1 月 1 日，哈萨克斯坦已查明铀可采资源量为 90.68 万吨，占世界总资源量的 14.7%，仅次于澳大利亚，居世界第二位。

中亚地区是"一带一路"能源矿产勘探开发投资的重点地区，尤其是哈萨克斯坦和土库曼斯坦，是"一带一路"重要的油、气、铀等能源供给国。进入 21 世纪以来，哈萨克斯坦进一步加强能源资源勘探开发，能源产量呈较快增长态势，石油产量从 2000 年的 3532 万吨增加到 2020 年的 8611 万吨，天然气产量从 2000 年的 82 亿立方米增加到 2020 年的 317 亿立方米；煤炭产量从 2000 年的 7487 万吨增加到 2020 年的 11317 万吨。据哈萨克斯坦能源部数据，2021 年哈萨克斯坦石油产量 8588 万吨，石油出口量 6760 万吨，其中，田吉兹、卡沙甘和卡拉恰甘纳克三大主力油田石油产量分别为 2650 万吨、1590 万吨和 1160 万吨，占总产量的 62.9%。2021 年，中国从中亚地区、"一带一路"国家进口石油分别为 449 万吨和 36392 万吨，分别占总进口量的 0.9% 和 71.0%；进口天然气分别为 439 亿立方米和 1018 亿立方米，分别占总进口量的 26.2% 和 60.8%；进口煤炭分别为 54 万吨和 27793 万吨，分别占总进口量的 0.2% 和 86.0%。

据哈萨克斯坦能源部数据，里海水域的"卡拉姆卡斯海"区块和"哈扎尔"区块是哈萨克斯坦未来 10 年油气领域最具潜力的项目，计划开发投资 45 亿美元，预计 2028 年起年产油约 400 万吨。随着田吉兹、卡沙甘和卡拉恰甘纳克油气的扩产、稳产项目实施，以及新油气区块按期投产，预计到 2030 年，哈萨克斯坦石油产量有望超过 1 亿吨，天然气产量（包括企业自用量）将由 2021 年的 540 亿立方米增至 871 亿立方米。据世界核能协会（WNA）数据，2020 年哈萨克斯坦铀产量 19477 吨，占世界铀生产总量的 40.8%，居世界第 1 位。另外，中亚地区的乌兹别克斯坦铀产量 3500 吨，占世界铀生产总量的 7.3%，居世界第五位。

中国石油企业在中亚地区的投资主要涉及勘探开发、油气管道建设、工程技术服务等。主要油气勘探开发合作项目有卡沙甘油田、阿姆河右岸的天然气勘探开发、阿克纠宾油气项目、北布扎奇油田、哈萨克斯坦石油公司、KAM 项目（哈萨克斯坦克孜勒奥尔达州的南图尔盖盆地的油气勘探项目）、ADM 项目（哈萨克斯坦南部克孜勒奥尔达州的油气勘探项目）等。中石油自 1997 年正式进入哈萨克斯坦以来，取得了良好的发展成效。1997 年，中石油与哈萨克斯坦政府控股的哈萨克斯坦油气集团合资建立了中油国际阿克纠宾油气股份公司，享有 70.4% 的经营权益。2005 年，中石油以 41.8 亿美元收购了哈萨克斯坦石油公司（简称 PK 公司）。2013 年，中石油以约 50 亿美元收购了哈萨克斯坦国家石油和天然气公司（简称 KMG）所持的卡沙甘油田权益，中石油持有该油田 8.33% 的权益。卡沙甘油田的地质储量高达 48 亿吨，石油总储量约 380 亿桶，可开采储量 100 亿桶，天然气储量能超过 10 亿立方米。但在里海北部严酷的气候条件下，开发卡沙甘油田需要异常复杂的技术，致使其他国家对该油田"望而却步"。我国凭借自身优越的基础设施建设能力，通过一系列创造性的技术开发，最终让卡沙甘油田在 2016 年成功开采出了石油，并且成功运输到中国境内。按照中国对于卡沙甘油田的开采计划，一共可以分为三个阶段，第一阶段已经实现，也就是实验开发阶段，开采量每天在 37 万桶左右，第二阶段要求产量达到 100 万桶，第三阶段的产量为每日 150 万桶，到时会在海上建设 240 口油井，30 多个自动钻井中心，再加上六个技术运营装置以及输气系统。哈萨克斯坦已经成为中国的主要石油进口国之一，是中国能源的重要来源渠道，为中国的能源安全提供了保障。

随着卡沙甘油田的开发进展越来越顺利，中国与哈萨克斯坦的交流与合作也越来越多，这不仅仅使中国受益，和中国达成石油以及天然气贸易关系并且铺设管道以后，哈萨克斯坦每年都会获得大量的资金，同时也为当地人提供了就业岗位，带动了当地的发展。中国这一巨大的能源市场对于哈萨克斯坦这样以能源出口为主的国家来说是难以被替代的，往后必然也会更加依赖中国市场，而该油田也会成为中国与哈萨克斯坦的重要经济支点。这样的合作是双赢的，同时也为中国的能源安全增添了一份保障。

（四）中国与美国的油气产业合作

2016 年，中美第一次开展天然气贸易合作，中国从美国进口了约 20 万吨天然气。2017 年中国从美国的天然气进口量保持增长状态。之后的中美贸易摩擦在一定程度上影响了中美之间的天然气合作，但中国从美国进口的天然气量始终保持着增长趋势。2018 年 2 月 9 日，中石油与美国切尼尔公司正式签署了中美首个天然气长期贸易合同。同年，中国从美国进口天然气达 226 万吨。从数量上看，中国从美国进口的天然气量有所增加，但是从中国境外进口天然气的总量来看，占比仅为 4.2%，仍具有较大的增长空间。从 2020 年的中美天然气贸易数据上看，中国已经成为美国的第三大天然气出口国。2021 年

10 月 21 日，中石化与美国维吉液化天然气公司签署了为期 20 年的天然气协议，是迄今为止中美双方签署的规模最大的 LNG 合同。这一协议将使美国对中国的天然气出口量在原有的基础上每年追加 400 万吨，合计总贸易量超 700 万吨。这次中美双方签订的为期之久、数额之大的天然气贸易合同是中美两国能源合作中具有重要意义的标志性事件。综合来看，中美两国在天然气领域的合作潜力巨大。中国传统的天然气供给国包括澳大利亚、卡塔尔等，在世界经济波动的大背景下，中国与这些国家的天然气合同的签署过程较为曲折。而中国这次与美国签署了如此大规模的天然气进口协议，在一定程度上保证了中国国内天然气的稳定供给，使得中国在与其他国家进行天然气贸易时增强了话语权和议价能力。

中美在石油领域的合作多集中在墨西哥湾附近，合作形式由最初单一的原油贸易向多元化方向发展，增设了对油田的勘探开发、原油管道的基础设施建设等多种合作模式。中石化在美国的投资不只限于墨西哥湾的管道建设，还包括储运设施建设、油田开发等项目[4]。

然而，中美能源贸易容易受到政治因素的影响。中美两国亟待构建新的能源合作机制，从而扛起维护国际能源安全的大旗。该合作机制应将能源安全与环境保护相结合，促进能源稳定，寻找双方利益的交叉点，促使中美两国能源合作的利益最大化。以 19 世纪 90 年代为缓解亚洲经济危机的衰败局势所设立的能源稳定委员会为参考，设立既符合两国利益又不违背能源交易市场规则的标准，纵向加深两国合作，拓宽合作范围，调解两国因能源贸易来往而产生的矛盾与冲突。

（五）中国与非洲国家的油气产业合作

1. 与阿尔及利亚的能源合作

阿尔及利亚是北非重要的油气生产国，其天然气生产尤为突出。2019 年，阿尔及利亚已探明的石油剩余可采储量为 15.4 亿吨，世界排名第十六位；产量 6431.6 万吨，世界排名第十七位，主要为撒哈拉轻质油，开采成本低廉。已探明的天然气储量约为 4.34 万亿立方米，世界排名第十一位；产量 862.4 亿立方米，世界排名第十位，世界占比 2.2%。从资源禀赋来看，阿尔及利亚的天然气资源相对较富裕。但无论是天然气还是石油，其资源条件与海湾地区相比，差距不小。目前阿尔及利亚主要通过老油田的深入挖潜和不断改进技术以提高采收率，才使产量得以保持稳定并有所增长。

阿尔及利亚最大的油气合作伙伴除西方国家的一些老牌石油公司如美国瓦莱罗能源公司（Valero）、意大利埃尼集团（ENI）、法国煤气公司（Gaz de France）以外，还有中国的中石油和中石化。中国油气企业参与阿尔及利亚的能源合作起步较晚。阿尔及利亚与西方石油公司特别是美国的石油公司开展能源合作较早，阿尔及利亚和美国的能源合作起步于 20 世纪 90 年代。从实际情况来看，阿尔及利亚现在几乎就是美国在非洲的重要石油来源地。

从能源合作的法律法规方面来看，阿尔及利亚的投资环境较差，各种条款严苛，不利于投资方。自进入 21 世纪起，中石化和中石油开始跻身阿尔及利亚的油气市场，先后获得了多项合作项目。中国油气企业获得的第一个合作项目是扎尔扎亭（Zarzaitine）老油田的提高采收率项目。合同期限为 20 年，分两期进行，总投资额为 5.25 亿美元。合同要求采用地下注水和注气方式，把油田采收率从 40% 提高到 50%，中方在合同期内的累计产量至少达到 1.62 亿桶。扎尔扎亭油田项目是中石化在海外进行勘探开发的重点项目之一。第二个项目是阿德拉尔油田的综合性开发项目，包括上游资源开发和下游石化厂建设两部分，由中石油承包，合同价值 3.7 亿美元，合同期限为 23 年。该项目的石化产品行销阿尔及利亚南方四省。第三个项目是油气勘探项目，这是中国油企在阿尔及利亚首次获得的油气风险勘探项目。第四个项目是 438B 地块油气勘探项目，该项目由中石油中标获得。地块面积约 4400 平方千米，合同模式为产品分成。第五个项目是奥克塔特油田技术服务项目。第六个项目是斯基克达凝析油炼油厂建设项目，该项目包括兴建和升级改造两家石化厂。

2012 年 11 月，中石油与阿尔及利亚国家石油公司、泰国国家石油勘探与开采有限公司（PTTEP）组建联合公司，共同开发巴尔津盆地（面积 5378 平方千米）的两处新油田。在新组建的联合公司中，中石油占股 24.5%，阿尔及利亚国家石油公司占股 51%，泰国国家石油勘探与开采有限公司占股 24.5%。

2014 年 4 月，阿尔及利亚政府采取了一系列改革措施，努力改善国内政治环境和投资环境。国内恐怖主义活动随之逐渐减少，安全形势得以较快改善，并迅速推动经济发展。这也为中国油企进行工程项目投标、参与阿尔及利亚经济建设创造了有利条件。《新油气法》的通过为中国油企参与阿尔及利亚油气资源的勘探和开发提供了更多法律保障。

2. 与埃及的油气投资合作

2019 年，埃及已探明的石油剩余可采储量为 4.0 亿吨，产量为 3355 万吨，已探明的天然气剩余可采储量为 2.14 万亿立方米，虽不及伊朗、沙特阿拉伯、阿联酋、卡塔尔、阿尔及利亚，但也超过了科威特、阿曼、利比亚、巴林等重要的阿拉伯油气资源国。自 2011 年 1 月以来，埃及国内局势的持续动荡对其油气生产和周边地区的油气供需格局产生了较大影响。为了解决国内人口的迅速增长和能源供应不足的问题，埃及在加强对外合作、吸引外国投资者的同时，拉开了与中国开展能源合作的序幕。

在埃及投资开发油气资源的外国公司原先多达数十家，但由于埃及的政局动荡，一些外国能源公司投资埃及的热情受到抑制，如英国石油公司、英国燃气公司和埃尼公司等都纷纷从埃及撤离员工。趁外国公司试图撤离之机，中石化国际石油勘探开发有限公司果断接手介入，并于2013年8月30日出资并购了美国阿帕奇石油公司。按照协议，中石化国际石油勘探开发有限公司以31亿美元收购价，收购美国阿帕奇公司在埃及的1/3油气资产权益。这是中石化首次进入埃及油气资源市场。

中埃两国都是文明古国，友好关系源远流长。两国又都是发展中国家，都曾遭受殖民主义国家的欺凌，因而拥有较多的共同语言。中方提出的一些发展理念，均得到了埃方的积极回应，埃及从各方面都表现出更愿意同中国开展战略合作的意向。

资源民族主义和保护主义在西亚北非油气资源国或多或少地存在，这也是中埃能源合作中一个不可忽视的消极因素[5]。2011年以后，埃及局势持续动荡，余波不息，安全环境一度很差。但在能源合作方面，对中国油企仍具有一定的吸引力。埃及虽缺乏外汇储备与资金，几成危机，但对中国投资者来说，资金不成问题。因此，打破资源保护主义桎梏、适度开放资源、促进经济发展，便成为埃及方面的一项选择。与此同时，西方油企不堪忍受埃及政局动荡，纷纷撤离，而中国油企正好可以有所作为。2016年1月习近平总书记对埃及的访问，进一步推动了中埃之间的全面合作，可谓中埃合作步入"快车道"的助推剂，有助于实现中埃两国产业的优势互补与对接，助推埃及人民实现振兴国家的梦想。

三、国内外油气产业合作存在的问题

（一）境外能源投资尚处于起步阶段

中国能源企业的国际化经营能力较弱。不同于国内市场，国际市场在政治、经济、法律、社会环境等方面存在很多不确定性。中国能源企业的海外投资和并购仍处于起步阶段，知识和经验不足，在产业布局、资本运作、技术设备、国际项目竞标、盈利能力等方面与大型跨国能源企业差距较大。油气资源大国通常已形成成熟的国际能源开发市场，发达国家凭借强大的国际化经营能力和雄厚的实力占据市场优势，并通过多样化的竞争手段形成相对垄断的地区和战略合作关系，使这些油气资源国的进入条件苛刻、竞争激烈，中国企业难以进入。

中国以直接的经济合作方式获得能源的规模较小，除了能源相关的项目，在基础设施建设及制造业方面的直接投资过多，在其他经济合作领域乏善可陈，资本运作手段单一，境外能源投资领域较窄。中国的境外石油投资领域正逐步由最初的油田生产管理和技术服务，向油田开发、工程建设、风险勘探、石油贸易、油气资产收购等业务发展。

此外，中国对国际化人才的储备不足，在一定程度上限制了能源国际合作[6-7]。

（二）在国际能源市场中缺乏定价权

中国缺乏国际大宗能源商品贸易的经验，对国际油价缺乏调节能力。中国没有完善的石油期货市场，未能建立以风险采购为核心的进口石油价格形成机制，在国际石油定价上缺少话语权。在油价高涨的情况下，原油进口成本居高不下，造成石油产品竞争力的削弱和企业利润空间的压缩。

（三）能源外交面临复杂的政治环境

中国巨大的石油需求和石油进口依存度给国际石油市场带来很大压力。各国在能源领域对于如何化解冲突、推进对话与合作存在不同观念，在很大程度上限制和阻碍了中国对能源治理机制的参与。并且，参与全球能源治理的各方主体之间的矛盾与利益冲突也在很大程度上给能源治理机制带来负面影响。例如，中美之间长期的结构性冲突，致使中国对由美国主导的国际能源组织是否可靠心存疑虑；由于中俄在中亚能源合作上存在分歧，上海合作组织能源俱乐部难以顺利建立；中日之间的历史恩怨和矛盾阻碍了东北亚的能源合作进程[8]。更有甚者，个别国家将能源问题泛政治化，利用能源来支配或控制他国外交和国际对话议程[9]。

中国与油气资源国的跨国油气开发合作面临诸多风险和挑战。亚非拉的油气资源国是中国国际能源合作的重要对象，但由于不少国家尤其是中东、北非、阿拉伯国家长期面临各种安全局势和争端，社会政治动荡时常发生，国际合作环境严峻。中国与这些国家的能源贸易合作面临巨大风险。

（四）能源合作缺乏制度性保障

中国目前参与的国际能源合作大多为对话性合作与一般性合作，参与实质性国际能源合作组织较少，鲜有加入具有法律规则的同盟型或协作型国际能源组织。区域能源合作缺少法律制度上的框架和相应的能源合作组织。

中国的国际能源合作缺少一系列制度性保障，包括跨国能源合作长远战略规划的制定、高层次的统一协调机制和国际合作风险担保机制的建立。

（五）能源贸易存在同构竞争

中国与周边国家在能源消费和进口结构上存在一定的趋同性，与日本、印度、韩国等国家在国际能源市场上有较大的同构竞争。由于一些历史遗留问题和某些政治障碍，目前东亚各国能源安全合作的启动和深化受到一定阻碍，区域合作机制难以完善[10]。

四、国内外油气产业合作的战略构想

国内外油气产业合作虽已取得一定成效，但仍面临合作对象固定、合作方式简单、合作形式单一、合作内容过窄等问题。未来需进一步扩大合作对象范围，拓宽合作方式与形式，丰富合作内容。

（一）多层次的合作对象

国际能源活动的主体不仅包括能源出口国、进口国和过境国，还包括国际能源组织和跨国能源公司。中国在国际能源合作中需要有多层次的合作对象，除了与各国政府加强合作，还应与超国家组织、政府间组织、跨国非政府组织以及跨国能源公司建立合作关系。目前主要的能源出口国包括俄罗斯、波斯湾国家、拉美国家和北非国家等。由于能源出口国在国际能源合作中通常处于强势地位，要加强与能源出口国之间的合作，通过并购、参股、投标等方式与能源生产国进行能源项目合作。目前主要的能源进口国包括美国、西欧国家、日本等。中国和能源进口国之间的竞争与合作潜力并存，因此要与原油消费大国（如美国、日本、印度等）加强沟通与合作，减少或避免摩擦。加强与国际石油输出和消费组织，尤其是国际能源机构（IEA）和石油输出国组织（OPEC）的合作，积极参与国际能源论坛、联合国会议等。与大型跨国能源公司开展国际能源合作，整合国际能源市场上的石油资源和渠道，深化与跨国公司的原油资源合作，与国际石油公司建立战略联盟，提升资源和项目的获取能力。

（二）多渠道的合作方式

中国在国际能源合作中应采取多边、区域、双边等多渠道的合作方式。多边能源合作是目前最重要的国际能源合作方式。中国要在国际能源秩序中争取更多话语权和更大影响力，必须广泛参与国际能源组织，加强多边能源合作，推进多边能源合作法律规则的制定，充分利用既有的于己有利的规则，保障自身能源安全，谋求合理化利益。推动与能源输出国、消费国和过境国的广泛全球对话，建立与完善国际多边能源外交机制，实现全球能源利益的平衡和能源市场的稳定。

中国应加强区域能源合作，推动区域能源市场一体化进程。亚洲既是世界重要的能源供应地，又是快速增长的能源消费市场，在国际能源供需格局中占有重要地位，能源供需具有良好的互补性，这为亚洲能源合作的可持续性奠定了资源和市场基础。中国作为亚太经合组织（APEC）成员，应在能源活动框架内积极开展亚洲区域能源合作。中国未来应推动成立东亚能源合作组织，与东亚国家积极协调能源政策，将俄罗斯远东油气开发纳入东亚能源合作框架，维护东亚能源安全，谋求和拓展共同利益。中国应推进上海合作组织框架下的能源合作，保障各成员国的能源安全和经济可持续发展。

此外，中国应开展与各国的双边能源合作，建立良好的能源双边关系，为中国的国际能源合作奠定战略基础。石油和天然气外部供应的多样化是中国的能源战略要求，中国要发展与波斯湾、北非、黑海、里海、地中海等不同地区主要石油生产国的能源双边关系，加强能源对话，参与能源开发，扩大这些地区国家与中国的相互依存，通过签订自由贸易协定等方式加强经贸联系，保障向中国市场的石油安全输送。

（三）多元化的合作形式

中国的国际能源合作应采取能源贸易、协议合作、投资合作等多元化的国际合作形式。在国际能源贸易方面，中国应实施积极的能源进口战略，广泛参与石油资源丰富地区的能源开发与合作项目，实现石油进口来源多元化，开辟质优、价廉、稳定的多元化进口渠道。积极参与国际石油期货市场交易，发挥进口大国优势，抑制价格波动的风险和影响，提高国内企业对外谈判水平，降低进口成本，争取国际石油定价话语权。国际能源协议合作涉及能源技术和服务贸易、能源勘探和开采、能源与环境等多方面内容，是国际能源合作的重点。中国应通过矿费税收制协议、产品分成协议、风险服务、联合经营等模式，积极参与国际能源协议合作，在广度和深度上不断推进与有关国家的良好合作关系。探索具体的能源合作项目，采取贸易与投资项目结合、合作项目与劳务输出结合等多种形式，在油气领域探索签订政府能源合作协议。中国企业可以发挥人力和技术优势，通过工程承包等方式，对产油国的石油进行勘探、开发和工程设计，按投入比例获取份额石油。在国际能源投资合作方面，中国应鼓励国内企业通过直接投资的方式，努力开拓海外能源市场，扩大国际能源份额。通过与能源生产国签订双边投资协定，建立企业海外风险勘探基金，为国内企业开拓国际能源渠道提供保障。加快海外投资审批改革，完善海外投资的法律法规，切实保障企业的海外投资权和境外经营自主权。

（四）多领域的合作内容

国际能源上游合作的内容涉及油气资源的勘探开发、环保等领域。中国可以在能源使用、环保、节能、管理体制、法律法规等方面与世界展开广泛合作。能源的可持续发展要求中国提高能源的开发和利用效率，保障能源供给和保护环境。在对国际能源市场的依赖和影响不断增强的同时，中国给国际能源及环保产业带来巨大的发展机遇。

中国在与油气资源国共同开发油气资源的同时，应积极培育世界级跨国油气公司和国际石油天然气交易中心，深度参与全球油气资源定价体系。同时，推动装备和服务"走出去"，加强能源装备制造、能源服务和工程建设领域的国际合作，积极参与"一带一路"沿线国家页岩气、煤层气和海洋油气等勘探开发项目的设备招标。

总之，中国应成为国际能源合作的积极参与者，通过国际能源合作促进未来全球能源的平衡。中国应积极主动开展能源外交，从国家利益出发采取灵活的能源外交政策，与各类国际能源活动主体发展广泛的能源关系，保障中国的能源安全，维护国际能源市场的稳定。

参考文献

[1] 张金萍，项义军. 中国与欧亚经济联盟成员国能源合作风险研究 [J]. 商业研究，2017，2：102-107.

[2] 翟立强，韩玉军. 后危机时代俄罗斯对外贸易的回顾与展望 [J]. 价格月刊，2013，4：92-94.

[3] 丹美涵，车超，陈仕林，等. 俄罗斯低碳转型下中俄能源合作新机遇 [J]. 国际石油经济，2022，30（4）：11-17.

[4] 刘芳. 中美能源合作探究 [J]. 合作经济与科技，2022，6：72-74.

[5] 钱学文. 中国与西亚北非国家的能源合作及展望 [J]. 新丝路学刊，2021，2：82-109.

[6] 马方方，刘长敏. 论新格局下的中国多边国际能源合作 [J]. 太平洋学报，2015，23（6）：83-89.

[7] 樊瑛，张炜. 中国在国际能源合作中的战略定位及策略选择 [J]. 国际经济合作，2008，7：47-52.

[8] 潘锐，周云亨. 从石油安全视角考察中美石油竞争关系 [J]. 世界经济研究，2010，1：10-15.

[9] 赵庆寺. 国际能源外交的经验与启示 [J]. 阿拉伯世界研究，2010，3：67-74.

[10] 余建华. 中国国际能源合作若干问题论析 [J]. 同济大学学报（社会科学版），2011，22（2）：58-64.

能源转型背景下的油气管道国际合作研究

焦 兵 李 佳

（西安财经大学 管理学院 陕西 西安 710100）

摘 要： 油气管道运输是国际油气资源运输的主要方式，因此油气管道国际合作对于保障一国的能源安全至关重要。本文首先对中亚、中俄和中缅油气管道的合作模式进行分析，总结了我国目前油气管道国际合作三种主要模式的特点；然后从地缘政治、管道油气价格厘定以及生态环境保护三个方面提出了我国油气管道国际合作的主要困境；最后根据国际油气管道合作的重要经验，提出能源转型背景下推进油气管道国际合作的对策建议：强化文化沟通，着眼民生工程；构建安全稳定的跨国油气管网安全管理体系；加强跨国油气管道建设运营的生态环境管理。

关键词： 能源转型；油气管道；国际合作

引 言

能源转型是当前全球面临的重要议题之一，其核心目标是实现对可再生能源的广泛采用，以减缓气候变化并推动经济可持续发展。在这一大背景下，油气管道的国际合作旨在实现资源优势的共享、提高能源利用效率、降低环境影响，并促进各国在能源领域的共同发展。

油气管道国际合作能够最大限度地优化全球资源配置。由于各国在油气资源分布上存在差异，因此通过建立国际合作机制，资源富裕的国家可以向资源短缺的国家提供支持，实现能源资源的共享与互补。这有助于建立更加稳定、可持续的能源供应体系，提高全球能源安全水平。

同时，油气管道国际合作有助于提高能源运输和利用效率。通过跨国联合建设和运营管道，可以减少重复投资，降低运输成本。此外，国际合作还有助于推动技术创新和经验分享，提高油气勘探、开发和运输过程中的技术水平，从而更加环保高效地利用油气资源。

此外，油气管道国际合作有助于降低环境影响。油气勘探和开采过程中的环境污染和生态破坏是全球能源行业面临的共同问题。通过国际合作，各国可以共同研究并制定更为科学、环保的勘探、开采和管道运输标准，共同应对环境挑战。合作中的技术创新也有望降低碳排放，推动油气产业向更为清洁和可持续的方向发展。

因此，通过油气管道国际合作，各国能够在能源技术、政策制定、市场开发等方面互相学习借鉴，形成共同繁荣的局面。这种共同发展有助于建立更加紧密的国际关系，增进各国之间的信任与合作，为全球能源治理提供更为有力的支持。

一、油气管道国际合作现状分析

2022 年，根据国家海关总署数据显示，2021 年我国进口原油第一大来源国是沙特阿拉伯（8490 万吨），第二大来源国是俄罗斯（8340 万吨）。2021 年，我国进口天然气 1249 亿立方米，第一大来源国是澳大利亚（326 亿立方米），第二大来源国是土库曼斯坦（251 亿立方米），第三大来源国是俄罗斯（132 亿立方米）。为了保障我国能源进口的多元化和稳定性，我国已建和在建多条原油进口通道，这其中包括传统的海上进口通道和三大已经建成的陆地原油进口通道：中哈原油管道、中缅原油管道和中俄原油管道。

（一）中亚油气管道合作

1. 中哈原油管道合作

为了确保中国与中亚国家油气资源贸易的安全与发展，中国与哈萨克斯坦于 2004 年 7 月开始合作修建中哈原油管道。此次合作由中国石油天然气勘探开发公司（CNODC）和哈萨克斯坦国家石油运输股份公司（KTO）共同参股，各自持股 50%，共同成立了"中哈管道有限责任公司"（KCP），负责项目投资、工程建设以及管道运营管理等业务。

中哈原油管道起点位于哈萨克斯坦西部的阿特劳，途经阿克纠宾、肯基亚克，最终与我国的西气东输工程在距国境线 2.2 千米的阿拉山口末站相连。管道总长度超过 2800 千米，年设计输油能力达 2000 万吨。一期工程和二期工程分别于 2006 年和 2009 年全线通油，使其成为中国最重要的跨国输油管道之一。自 2009 年投入使用以来，中哈原油管道每年连续 12 年输油量均超过 1000 万吨。

2. 中国—中亚天然气管道

为了确保中国与中亚国家的天然气资源贸易安全与发展，中国于 2007 年 8 月与土库曼斯坦、哈萨克斯坦和乌兹别克斯坦开始合作修建中国—中亚天然气管道。该管道由中国石油主导建设和运营，连接中亚多国与中国的天然气管道，包括 A、B、C、D 四条线。

2009 年，管道 A 线建成投产，2010 年和 2014 年，管道 B 线和 C 线相继通气，目前正在兴建 D 线。

中国—中亚天然气管道分为一期和二期工程。一期起点设在土乌边界的乌兹别克斯坦一侧，与土库曼斯坦境内的出口天然气管道衔接，接收来自土库曼斯坦的 300 亿立方米天然气。二期起点设在哈萨克斯坦境内已建中央—中亚输气管道别依涅乌压气站，与该压气站的管道衔接，接收来自哈萨克斯坦的 100 亿立方米天然气。这两个方向的管道在哈萨克斯坦境内的奇姆肯特汇合，向西北最终到达我国西部边境口岸霍尔果斯。管道总长度为 3298 千米，其中乌兹别克斯坦境内的线路长度为 525 千米，哈萨克斯坦境内的线路长度为 2773 千米。

中亚天然气管道进入中国后，A、B 线与西气东输二线管道相连，C 线与国内的西气东输三线相连，总长度超过 10000 千米，是迄今为止世界上距离最长的天然气大动脉。西气东输二线在我国境内首站为新疆的霍尔果斯，途经新疆、湖北、浙江等省份，向东抵达上海，向南抵达广州，并最终到达香港。D 线的走向与 A、B、C 三线不同，由我国新疆南部入境，对保障我国能源安全和南疆经济发展具有重要意义。D 线以土库曼斯坦复兴气田为气源，途经乌兹别克斯坦、塔吉克斯坦、吉尔吉斯斯坦进入中国，止于新疆乌恰的末站，与国内的"西气东输"五线贯通。D 线全长 1000 千米，其中境外段 840 千米，设计年输气量 300 亿立方米，投资总额约 67 亿美元。

自 2013 年提出"一带一路"国家战略以来，能源合作已成为该战略的先导产业和重要引擎。中亚天然气管道 D 线首次途经塔吉克斯坦和吉尔吉斯斯坦两个国家，与已建成的连接土库曼斯坦、乌兹别克斯坦、哈萨克斯坦的 A、B、C 线一道，形成中国—中亚天然气管道网，将中亚五国与中国牢固地联系在一起。

（二）中俄油气管道合作

俄罗斯是全球最大的天然气出口国、第二大石油出口国。我国与俄罗斯陆上接壤，两国关系融洽，通过管道进口油气资源运输量大且相对安全。

1. 中俄原油管道

中俄原油管道是连接东西伯利亚—太平洋石油管道中国支线的重要工程，起始于俄罗斯远东管道斯科沃罗季诺分输站，经过中国黑龙江省和内蒙古自治区 13 个市、县、区，最终止于大庆站。该管道总长约 1000 千米，其中俄罗斯境内占 73 千米，中国境内约为 930 千米。中俄原油管道工程于 2010 年 9 月 27 日竣工，根据两国达成的"贷款换石油"协议，自 2011 年 1 月至 2030 年，中国每天将获得 30 万桶石油，总供应量达 3 亿吨。相应地，中国将向俄罗斯提供 250 亿美元的长期贷款。

为了增强能源安全，2016年8月13日，中俄原油管道启动了第二条管线工程，即中俄原油管道二线。该管道于2018年1月1日正式投入运营，与一线并行。这两条并行管线的输油能力均为每年1500万吨，合计达3000万吨。

2. 中俄天然气管道

中俄天然气管道东线一期工程的建设范围自恰扬金气田延伸至中俄边境管段，总长度约为2200千米。随后，将继续建设连接科维克金气田与恰扬金气田之间的管道二期工程，长度约为800千米。该天然气管道一期工程的年设计输气能力为380亿立方米，2021年的输气量大约为100亿立方米，预计在2025年前将达到设计输气能力。

中俄天然气管道东线国内段自黑龙江省黑河市入境，途经黑龙江、吉林、内蒙古、辽宁、河北、天津、山东、江苏、上海等9个省、市、自治区，全长5111千米。其中，新建管道长达3371千米，而利用在役管道的长度为1740千米。整条管道分为黑河—吉林长岭、长岭—河北永清、永清—上海的北、中、南三段，均已得到核准并完成建设。北段已于2019年12月2日在中俄两国领导人的见证下正式投产通气，一年内计划引进50亿立方米天然气，并逐渐增至年输气量380亿立方米的水平，供气年限长达30年。2020年12月3日，历时500余天的中俄东线中段工程也正式投产运营。

（二）中缅油气管道合作

中缅油气管道是继中国—中亚油气管道、中俄原油管道、海上通道之后的第四大能源进口通道，包括原油管道和天然气管道。该项目于2010年6月正式开工建设，包括原油管道项目和天然气管道项目。天然气管道于2013年投产运行，原油管道在2017年正式投产运行。2015年1月30日，中缅原油管道工程试运行仪式在缅甸皎漂马德岛举行，同时标志着马德岛港正式开港。两项工程的总投资约为24.5亿美元，由中石油集团和缅甸国家油气公司共同出资建设，股份分别为50.9%和49.1%，项目运营期为30年，设计年输量为2200万吨。根据缅甸能源部与中石油达成的协议，缅甸石油天然气公司（MOGE）在中缅原油和天然气管道项目中分别享有49.1%和7.37%的股权收益，缅甸政府每年收取1360万美元的油气管道路权费、每吨1美元的原油管道过境费。

中缅油气管道的建设标志着中国在能源安全战略上迈出了重要一步。这一管道不仅可以直接从缅甸陆路输送原油至中国，避开了马六甲海峡这一地区的地缘政治和安全风险，更重要的是提高了中国能源供应的安全性和可靠性。中国一直致力于多元化其能源供应渠道，以降低对于任何单一渠道的依赖。中缅油气管道的建设为中国打开了一条新的能源供应通道，减少了对于海洋运输通道的依赖，降低了能源进口的风险。这对于中国来说至关重要，因为能源是支撑经济持续增长的重要基础，而保障能源安全则是维护经济稳定发展的关键所在。此外，中缅油气管道的建设也有利于地区经济的发展和合作。这一管道不仅能够为中国提供稳定的能源供应，也为缅甸提供了一项重要的经济收入来源，促进了两国之间的经济合作和交流。这种互利共赢的合作模式有助于增进地区稳定与繁荣。

二、跨国油气管道工程建设模式的分析

跨国油气管道由于涉及多个国家和利益相关方，具有关系协调复杂、建设环境恶劣、项目实施难度大等特点，因此对于跨国油气管道工程的建设管理，需要借鉴国际经验，同时结合工程需要，探索创新大型跨国管道项目建设管理模式。

（一）跨国管道工程建设管理主要模式及特点

1. 设计采购施工（EPC—Engineering, Procurement, Construction）总承包

EPC 总承包是指承包商负责工程项目的设计、采购、施工安装全过程的总承包，并负责试运行服务（由业主进行试运行）。EPC 总承包又可分为两种类型：EPC（max s/c）和 EPC（self-perform construction）。

EPC（max s/c）是 EPC 总承包商最大限度地选择分承包商来协助完成工程项目，通常采用分包的形式将施工分包给分承包商。其合同结构形式如图 1 所示。

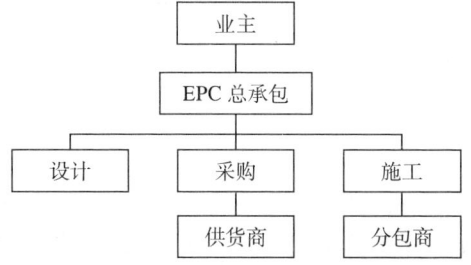

图 1　EPC（max s/c）模式示意图

EPC（self-perform construction）是 EPC 总承包商除选择分承包商完成少量工作外，自己要承担工程的设计、采购和施工任务。其合同结构形式如图 2 所示。

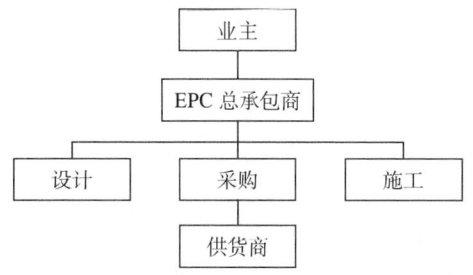

图 2　EPC（self-perform construction）模式示意图

2. 项目管理承包（PMC—Project Management Contracting）

PMC 是指项目管理承包商代表业主对工程项目进行全过程、全方位的项目管理，包括进行工程的整体规划、项目定义、工程招标，选择 EPC 承包商，并对设计、采购、施工过程进行全面管理，一般不直接参与项目的设计、采购、施工和试运行等阶段的具体工作。PMC 的费用一般按"工时费用＋利润＋奖励"的方式计取。

对大型项目而言，由于项目组织比较复杂，技术、管理难度比较大，需要整体协调的工作比较多，业主往往都选择 PMC 承包商进行项目管理承包。作为 PMC 承包商，一般更注重根据自身经验，以系统与组织运作的手段，对项目进行多方面的计划管理。比如，有效地完成项目前期阶段的准备工作；协助业主获得项目融资；对技术来源方进行管理，对各装置间的技术进行统一和整合；对参与项目的众多承包商和供应商进行管理，确保各工程包之间的一致性和互动性，力求项目整个生命周期内的总成本最低。其合同结构形式如图 3 所示。

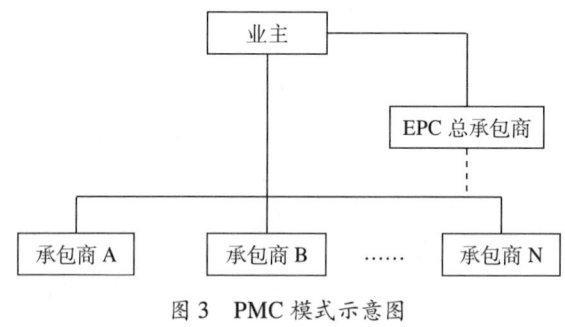

图 3　PMC 模式示意图

3. 项目管理组（PMT—Project Management Team）

PMT 是指工程公司或其他项目管理公司的项目管理人员与业主共同组成一个项目管理组，对工程项目进行管理。在这种方式下，项目管理服务方更多的是作为业主的顾问，工程的进度、费用和质量控制的风险较小。PMT 的合同结构如图 4 所示。

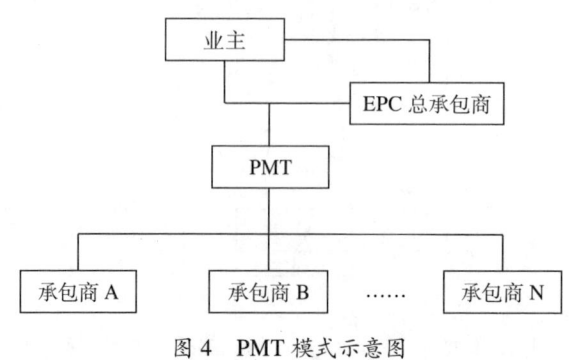

图 4　PMT 模式示意图

在世界范围内，不同地区油气管道建设管理模式受当地的管道产业发展水平、国家法规政策和市场特性等影响，采用的建设管理模式各有不同。经过多年的建设实践与总结，对于大型油气管道项目的建设管理，基本形成了"PMT（项目业主）+PMC+EPC""PMT+TPI（监理）+EPC"等项目管理模式。

其中，"PMT+TPI+EPC"模式主要适用于项目业主在类似建设项目上管理经验丰富、管理人员配置充足，并且在设计、采购、施工、监理等一方面或多方面具有较强资源，有能力提供工程服务的项目的建设管理。"PMT+PMC+EPC"建设管理模式实质是EPC 总承包模式的灵活运用，适用于业主自身管理资源比较少、承包商（服务商）市场发育较好、市场竞争机制比较完善、信誉体制健全的情景，有利于减少业主负担、优化资源配置，降低业主建设风险，更好地控制工程投资。在"PMT+PMC+EPC"模式下，PMT 采取"严格选择、严格考核、严格奖惩"市场化承包商机制和质量责任追究机制，对承包商管理以招投标文件、合同为依据，约束甲乙双方行为，并及时追责和索赔；PMC受业主委托对项目进行有效管理和控制，参与项目各个关键环节，对项目前期、初步设计、施工、试运行等全生命周期的质量、进度、投资、费用进行管理，并在关键环节起主导作用；EPC 则可更好地发挥设计、采购和施工一体化的优势。

（二）国际跨国管道工程建设模式案例分析

在美国、加拿大等北美地区，当地油气管道法律法规、政策健全，油气管道业务发达，市场开放。油气管道建设项目一般由专业的管道公司牵头，由于管道公司自身技术实力和资源丰富，对项目控制能力较强，为了加强对项目的管控以节省投资，管道项目的建设管理大都采用项目业主领导的 PMT+TPI+EPC 模式。

在中东地区，项目业主资金一般较充裕，但项目管理资源比较少或管理经验有限，若仅靠业主的技术和管理力量很难承担起项目的管理工作，这种情况下，油气管道项目建设管理趋向采用"PMT+PMC+EPC"模式，即业主只保留较小规模的管理团队，通过聘请专业公司作为 PMC，对工程进行具体管理工作。

1. 巴库—第比利斯—杰伊汉（Baku-Tbilisi-Ceyhan，简称 BTC）石油管道

BTC 石油管道是一条从阿塞拜疆巴库出发，穿越格鲁吉亚首都第比利斯，最终抵达土耳其杰伊汉的石油输送管道。该管道全长 1760 千米，经过阿塞拜疆 440 千米、格鲁吉亚 244.5 千米、土耳其 1070 千米。该管道于 2002 年 9 月开始建设，2006 年 7 月开始运营，总建设经费超过 30 亿美元。设计运力为 0.5 亿—1.6 亿吨/年，初期每日输送石油 40万桶，稳定后预计增至 100 万—180 万桶/日。自 2010 年起，BTC 石油管道每天将阿塞拜疆产的 120 万桶原油通过土耳其运送至地中海杰伊汉港，年运输量达 5000 万吨，然后装

船运往意大利、以色列、美国、印度等国。

BTC 管道的财团由 11 家股东组成，其中包括 BP（30.1%）、阿塞拜疆国家石油公司（SOCAR）（25%）、美国 Unocal（8.90%）等。由于阿塞拜疆、土耳其和格鲁吉亚在资金和大型管道工程管理经验方面的限制，BTC 管道采用了 BOOT 方式运作，由英国石油公司（BP）领导的国际财团负责建造和运营。管道途经的 3 个国家选择了不同的承包商，其中希腊的承包商负责阿塞拜疆境内管道部分，法国 Spiecapag 和英国 Petrofac 承担格鲁吉亚境内管道部分，土耳其管道部分由土耳其国有石油管道公司 BOTAS 负责，而美国 Bechtel 负责采购和施工等主要承包工程。

鉴于承包商众多、涉及利益复杂，单凭业主力量难以有效管理 EPC，因此，为简化业主的协调工作，确保项目高效有序运行，BTC 管道业主聘请 BP 公司作为 PMC 对整个工程进行全过程管理，在建设阶段采用的管理模式是"PMT+PMC+EPC"模式。

2. 北溪（Nord Stream）天然气管道

北溪天然气管道是俄罗斯向欧洲输送天然气的主要通道，由北溪一号和北溪二号两条平行管道组成。

北溪一号是一条海底天然气管道，从俄罗斯维堡延伸至德国格赖夫斯瓦尔。该管道于 2011 年 11 月建成投产，年输送能力为 550 亿立方米。北溪一号全长约 1224 千米，其中海底部分约占 1222 千米，是世界上最长的海底管线。俄罗斯天然气通过德国与中欧、西欧天然气管网相连，向法国、英国、丹麦、荷兰等欧洲国家输送天然气。

北溪二号是北溪一号的平行线，同样是一条海底天然气管道，从俄罗斯乌斯季卢加至德国赖夫斯瓦尔德。这是俄罗斯天然气工业股份公司与五家欧洲公司的合作项目，由俄罗斯天然气公司独家持股。俄罗斯国企俄气 Gazprom 是北溪管道的唯一所有者，公司负责一半的总成本，而另一半由奥地利的 OMV、英国的荷兰皇家壳牌公司、法国的 Engie 以及德国公司 Wintershall Dea 和 Uniper 共同投资。

北溪管道由俄罗斯北溪公司（Nord Stream AG）运营，承建方是俄罗斯天然气工业股份公司。鉴于欧洲地区 PMC 和 EPC 承包商市场资源丰富，拥有丰富的项目管理与服务经验，北溪管道建设期采用了"PMT+PMC+EPC"管理模式，以优化资源配置，提高整个项目的管理水平。

（三）中国跨国油气管道建设管理模式创新

1. 中亚天然气管道运营的"PMT+PMC+TPI+EPC"管理模式

PMT+PMC+TPI+EPC 的项目管理模式（PPTE），是以业主管理团队 PMT 为决策主体，PMC 承包商为项目管理主体，TPI 为项目质量监督管理主体，EPC 总承包商为实施主体的项目运作模式。

（1）PMT 的组建

中亚天然气管道公司分别与哈萨克斯坦的公司和乌兹别克斯坦的公司成立合资公司，作为相应国家管道工程的业主，负责管道工程的建设和运营。PMT 管理团队由合资公司的专业人员组成，直接对项目实施进行管理。

PMT 通过对 EPC 合同、采购合同和服务合同的管理，实现对各责任方所负责管道工程的管理和运作。PMT 首先通过公开招标的方式分别确定线路、站场、通信及 SCADA 系统（数据采集与监控系统）的 EPC 总承包商，然后借助合同文本、程序文件和办法对工程的质量、进度、成本、HSE 等方面进行全方位的综合管理。

（2）PMC 的选择

中亚天然气管道公司选择德国 ILF 公司作为 PMC 承包商，为业主团队提供咨询服务，协助业主进行项目管理，使得业主无须长期雇用大量的专业管理人员。

在中亚天然气管道工程中，PMC 作为业主管理队伍的延伸，不承担工程实质性的工作和风险。德国 ILF 公司作为项目的 PMC 承包商，需要协助中哈和中乌的 PMT 准备各类采办合同和招标文件，协助 PMT 进行项目进度和成本控制管理。除此之外，德国 ILF 公司还要负责项目实施过程中的详细设计审查、设计评估、施工程序文件审查等工作。

（3）TPI 的选择

中亚天然气管道工程通过国际竞标的方式，选择英国 Moody 公司作为第三方监理。Moody 公司是国际上知名的咨询公司，有着近百年的工程咨询历史，在世界各地有众多的分支机构，涉及诸多工业领域，尤其在长输管道方面有优秀业绩。作为项目的第三方监理，Moody 公司主要负责所供物资的驻厂监造、施工监督。在施工阶段，每个合同包配备一个监理工作组，每个工作组由总监、技术员、工艺、土建、机械、防腐、阴保、NDT（无损检测）等各专业工程师组成，作为第三方负责监督质量、进度、成本和 HSE 控制管理。

（4）EPC 的选择

EPC 总承包商承担中亚天然气管道工程的主要建设任务，对项目的顺利完工起着重要的作用。EPC 承包商来自中国、乌兹别克斯坦、哈萨克斯坦三方：中方承包商主要负责乌国段首站、哈国段压缩站、乌哈部分管道线路，以及哈国通信和 SCADA 系统的建设；乌方承包商负责乌国段部分管道线路，以及乌国段通信和 SCADA 系统的建设；哈方承包商负责哈国段部分管道线路、压缩机站，以及哈国段通信和 SCADA 系统的建设。

在中亚天然气管道工程假设和运营过程中，PMT＋PMC＋TPI＋EPC 的项目管理模式

（PPTE）有助于提高管道工程建设期整个项目的管理水平。PMC 从项目开始介入，直至项目收尾退出，确保了项目的成功实施。PMT 所选用承担 PMC 的公司大都是国内外知名的工程公司，有着丰富的项目管理经验和多年从事 PMC 的背景，其技术实力和管理水平均优于业主的项目管理部门和 EPC 总承包商，可以保证项目的有效实施。同时该模式有助于帮助项目节约投资。PMC 一般会在确保项目质量工期等目标的前提下，从设计、采办、施工各个环节控制投资，预防并减少 EPC 索赔事件的发生，从而降低项目成本，达到节约投资的目的。此外，EPC 将项目设计、采购、施工一体化，减少了工作衔接以及工作分歧产生的成本。

2. 中缅油气管道运营的"PMT+PMC+EPC"管理模式

2009 年 7 月，中石油组建东南亚管道有限公司（简称"东南亚管道公司"），注册资金 75 亿人民币，主要负责中缅油气管道项目缅甸境内的设计、建设、运营和管理。经营范围包括交通运输、仓储、项目投资、管理、工程总承包、投资管理和咨询，以及进出口等业务。同时两个合资公司在香港注册，即东南亚原油管道有限公司（SEAOP），股本比例为：中国石油 50.9%，缅甸油气公司 49.1%。东南亚天然气管道有限公司（SEAGP）股本比例为：中国石油 50.9%，韩国浦项制铁大宇公司 25.041%，印度石油海外公司 8.347%，缅甸油气公司 7.365%，韩国燃气公司 4.1735%，印度燃气公司 4.1735%。两个合资公司均在缅甸设立分公司。作为中缅管道的业主方，在业主方领导下，项目管理模式采用"PMT + PMC + EPC"的项目管理模式，具体如图 5 所示。

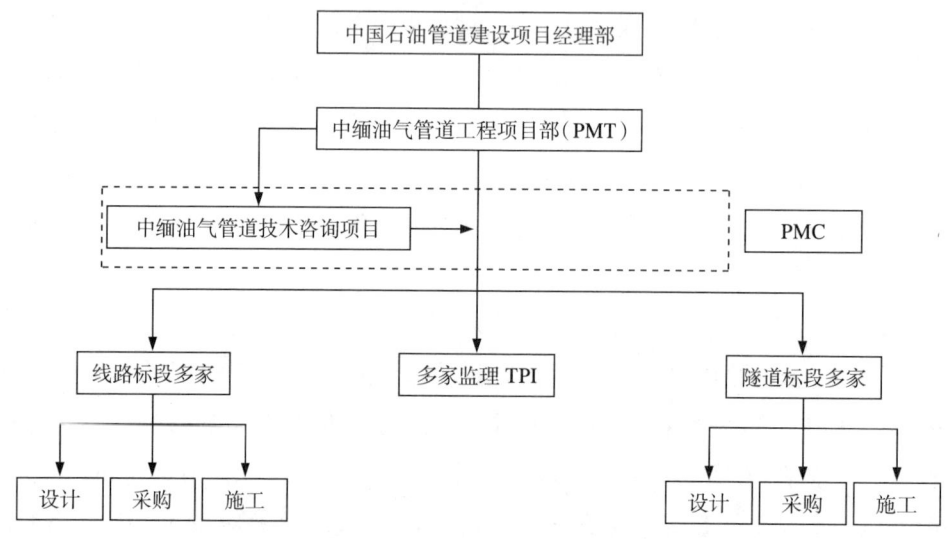

图 5　中缅油气管道项目管理模式

（1）PMT 的选择

中缅管道的业主方是中石油东南亚管道公司（SEAOP/SEAGP），由中国石油天然气管道局（PMT）承担，并签订了 EPC 总承包合同。在该项目中，管道局负责中缅油气管道工程（缅甸段）长达 367 千米的工程。作为 EPC 总承包商，PMT 需要全面负责项目的一体化工作，包括设计、建设、运营、扩建和维护等任务。中缅油气管道工程的出资方包括中国、缅甸、印度和韩国四方。

中国石油管道建设项目经理部代表业主进行项目定义、项目可行性研究、项目融资、项目建设，以及项目完成后移交给管道公司投产运营。具体到中缅管道项目，管道建设项目经理部成立了中缅项目部（PMT），与中缅油气管道工程技术咨询项目部（PMC）一起共同管理和技术咨询 12 个标段的 9 家 EPC 承包商。

（2）PMC 承包商的选择

中缅管道选择了中国石油天然气管道工程有限公司（以下简称"CPPE"）作为 PMC 承包商。CPPE 公司是以长输管道工程、油气田地面工程、大型油（气）储库工程、滩海油气开发陆上终端工程、公用工程、市政工程等领域的咨询、勘察、设计、储运技术研究、项目管理、监理为主营业务的大型跨国工程勘察咨询设计企业，拥有国家最高等级的勘察设计资质。其作为国家行业指导设计企业，始终为中国管道勘察设计提供最前沿的技术支持，能够承担国内长输管道 70% 以上的勘察设计任务。CPPE 组建了中缅油气管道技术咨询项目部作为中缅油气管道的 PMC。

PMC 的主要工作内容包括：编制《施工图设计技术统一规定》、施工图设计进度管理、审查、批准施工图设计文件、进行隧道施工图设计与初步设计的符合性审查、甲方供资料管理，审查及批准乙方供物资采办技术文件、组织及审查设计变更、组织及参加重大技术问题的评审。

（3）EPC 承包商的选择

中缅油气管道的 EPC 施工承包商就超过 10 个，检测承包商 4 个，监理服务商 9 个，分别来自中国、缅甸、印度、阿联酋、德国等多个国家。在设计阶段，各 EPC 承包商按照设计计划，编制项目详细的四级计划，编制图纸文件清单计划、数据单文件清单提交计划，报 PMT 审批后执行。在采购管理阶段，项目采购工作一般由采买、催交和检验三个步骤，采购阶段项目管理工作的实质就是物资管理和控制，并通过对物资的有效管理和控制实施对项目的质量、进度和工期三大目标管理。在工程总承包项目管理模式下，施工过程是受控于设计和采购过程的，因为设计没有进行到一定阶段或者设备、主材料没有采购到位，是不可能进行施工的。但对于施工过程本身，它又是完全独立的，因为施工方要根据设计方制订的设计方案来进行加工设计，具体施工要以加工设计为蓝本。对于总承包项目，总承包商一般把施工分段承包给施工分包商。因此，总承包商在施工阶段的任务是对施工分包商的管理，对施工的关键环节进行有效控制。

三、油气管道国际合作存在的问题

（一）地缘政治问题

1. 中亚油气管道的地缘政治问题

美国一直以来对中国在中亚地区的介入持遏制态度，对中美油气合作采取打压政策。在 2003 年中海油并购北里海卡沙干油田时，遭到由埃尼—阿基普、艾克森—美孚、壳牌等七家国际能源公司组成的国际投资联盟的联合排挤，最终导致并购失败。目前，美国已经控制中亚里海地区 16% 的原油资源和 11.4% 的天然气资源，再加上美英合资公司在该地区的影响，美英两国已经掌握里海地区 27% 的原油资源和 40% 的天然气资源。

俄罗斯对中国与中亚的能源合作存在重大顾虑，将中亚地区视为南部边界的天然屏障。中亚优质低成本的油气资源输出可能与俄罗斯争夺国际市场，对俄油气出口、经济发展和国家复兴都不利。俄罗斯将能源外交视为振兴经济和重塑大国地位的主要方式，希望从单纯的原料供应者转变为国际能源市场的重要参与者。因此，俄罗斯努力掌控中亚的能源，以扩大自身在该地区的经济利益和加强政治影响力。俄罗斯通过建立"欧亚经济共同体"、推动能源一体化，对哈萨克斯坦等国的原油出口实施限制，鼓励中亚地区的能源通过俄罗斯管道过境。俄罗斯在中亚能源外交中的主要目标是利用传统影响和地缘优势来控制油气资源的开发和输出。

欧盟试图将中亚油气引向西方，成为我国与中亚油气合作的潜在竞争者。为实现能源供应安全目标，欧盟致力于多元化供应与运输路线。作为国际油气消耗大户，欧盟希望引入哈萨克斯坦、土库曼斯坦、乌兹别克斯坦的能源，以减轻对俄罗斯油气的依赖，并积极推动"欧亚能源走廊"计划，让里海周边国家参与。例如，意大利、德国、希腊、保加利亚等国分别参与了美国主导的巴杰线和俄罗斯主导的"北溪"和"南流"等管线建设。随着新兴大国，尤其是中国，参与中亚地区的能源开发，欧盟对能源安全的危机感不断增强。

2. 中缅油气管道合作的地缘政治

印度是世界第五大能源消费国，但其油气资源相对匮乏，自给率低，严重依赖能源进口。为了满足经济发展的能源需求，印度积极开展海外能源供应地的开发。在这一战略中，缅甸因其丰富的油气资源且距离印度近，成为印度能源外交和战略的重要焦点。近年来，印度加大了在缅甸能源投资和开发方面的力度，与中国在该地展开激烈的能源竞争与博弈，对中国的能源安全构成一定考验。中缅两国通过油气管道建设促进了双方在能源领域的深入合作，提升了中国在东南亚地区的影响力，挤压了印度在该地区的地位，引发了印度的不安。为应对这一局势，印度迅速采取政治、外交等手段接近缅甸，以牵制中国在缅甸的发展。

在中缅的能源合作中，美国以缅甸人权等问题为借口，批评中国与独裁国家进行石油交易，试图限制中国在缅甸的影响力。美国多次要求中国成为一个负责任的大国，并敦促中国向缅甸施加压力，使其处于进退两难的境地。美国对缅甸的政策和行动，不仅对中缅关系和中国国家安全产生了重要影响，也间接影响了中国油气运输通道的安全。同时，美国通过与印度的外交合作，试图限制中国在亚洲的崛起。在美国的支持和鼓动下，印度通过"东进"战略和能源外交，与中国在缅甸的能源领域展开了激烈的竞争和博弈，对中国与缅甸的能源合作利益和油气管道的安全造成了影响。

3. 中俄油气管道合作的地缘政治

日本一直将油气资源视为自身最高利益，并一直在积极寻求与俄罗斯的油气资源合作。2003年，中俄石油管道的"安大线"夭折，反映了中、日、俄三方在东北亚油气利益博弈中的结果。近年来，日本更加积极地寻求与俄罗斯展开天然气合作。2014年，日本和俄罗斯签订了液化天然气购销合同，约定至2019年，俄罗斯每年向日本供应225万吨液化天然气。自2015年以后，日本和俄罗斯高层进行了积极的互访，双方都表达了希望进一步加强油气合作的愿望。韩国位于东北亚，几乎完全依赖进口获取油气资源，近年来也一直在积极推动与俄罗斯的油气资源合作。2011年，随着中俄石油管道的成功修建，韩国向俄罗斯表示好意，希望加强韩俄之间的油气管道合作。截至2014年，韩俄两国在多次协商中初步达成了共同修建跨西伯利亚和跨朝鲜的半岛铁路干线的协议，同时也达成了修建"萨哈林1号"和"萨哈林2号"俄韩天然气海底管道的协议。

在中俄油气资源合作中，俄罗斯显得有些犹豫。一方面，俄罗斯担心中国可能借远东油气资源之机，在"中俄力量对比失衡"中提出"领土要求"或控制俄罗斯重要的经济部门，从而对俄罗斯远东地区逐步实行"经济殖民"。另一方面，俄罗斯也担心中国对远东地区进行"人口扩张"，因为远东地区与中国东北地区的人口数量对比悬殊，并且两地历史上存在着极好的民族情谊基础。

（二）管道天然气价格厘定问题

在国际天然气交易中，双方考虑到巨额的开发投资，通常会签署20—30年的长期合约，并加入照付不议条款。天然气长期合同常包含照付不议条款，这在大型能源项目中很普遍，其主要目的是降低投资风险，确保供应方在项目中获得稳定的收益，同时也是供应方在有限追索权条件下的融资手段。在一般的天然气交易中，供应方主要关注市场需求和市场价格两个风险。照付不议条款将前者转移给买方，使供应方只需处理市场价格风险，无论市场环境对供应商是否有利，都能每年获得稳定的收益。换句话说，即便市场价格降至低于合同约定价格水平，或者合同约定的气量远超买方需求，买方仍需按合同支付费用并接收货物。需要注意的是，照付不议条款规定的最低合同购买气量是可以根据实际情况进行调整的，例如供应方未能按约供气，或者供气不符合质量标准，或者买方由于不可抗力无法接收天然气。在这些情况下，买方无须支付相应的费用。

同时，天然气年购买量一般有约 10% 的浮动空间，价格由定价公式确定，并与国际油价挂钩，每三年根据国际市场情况进行复议。这种长期合同对投资者既有利又有弊。长期天然气合同能确保长期的天然气供应，特别是在偏远地区。此外，长期合同通常伴随基础设施建设，降低了建设成本，促进了地方的发展。然而，长期合同也存在一些风险，可能导致买方长期面临天然气供过于求的问题，或者在未来支付的气价高于市场水平，因此需要调整市场制度和销售方案。

因此，如果我国油气管道价格过度依赖长期合同和照付不议条款，可能增加投资者的负担，甚至导致市场失衡。缩短合同期限或者采用指数定价虽然可能增加价格波动，但有助于减少负担和相关风险。

（三）生态环境保护问题

管道工程的整个建设过程分勘察设计期、建设期和营运期 3 个阶段。在勘察设计期，主要进行实地调查、测量及地质勘探等活动，对生态环境影响轻微。在建设期，人员、机械活动最频繁。不仅要进行植被剥除、地表开挖、施工便道的挖高垫低、穿跨越河道、隧道钻掘、管道埋设，生态恢复，还要修建许多工艺站场，对周围环境影响最大。在营运期间对生态环境影响主要来自工程事故风险隐患。滑坡、地震、泥石流等地质灾害，海水、盐浸地、湿地对管线的侵蚀，人为机械破坏都会导致管线破裂、螺纹口断裂、闸门破裂以及管线放空，引起油气泄露，污染土壤、水系和大气环境。

首先，长输管道工程属于线形工程，通常要穿越复杂的地质环境，不同的气候带，多种生态类型，因此管道沿线的地形、地貌、工程地质与水文地质条件等会有所差异。例如，中俄管道沿线多年冻土区位于欧亚大陆多年冻土区南界附近，其属于生态系统保护型多年冻土——兴安型多年冻土。兴安型多年冻土温度高（从南向北，冻土温度为 $-1.8℃$ $--0.7℃$）、含冰量大（多年冻土上限附近，多年冻土最大体积含冰量达 80%—90%）且分布不连续（从南向北，多年冻土分布面积从 0—20% 到 60%—70% 间变化）；冻土热稳定性差，对冻土赋存环境（如茂密植被、有机土盖层等）扰动（如工程活动、垦殖、火灾等）非常敏感，这使得多年冻土保护变得更为困难。此外，管道穿越北方原始森林和湿地等，多年冻土退化问题可能会引发一系列冻土生态地质环境问题。例如，会引发森林和湿地的生态服役功能退化、水土流失、环境污染和生态系统异化与退化等。因此，需重点关注管道施工和运行热扰动带来的环境管护问题。

其次，长输管道工程建设所经地区较多，管沟开挖及施工作业带占用的土地面积较大。其中管沟开挖、施工作业带及施工便道为临时性占地，工艺站场的建设及修筑伴生公路为永久占地，对地表植被破坏严重。例如，中缅管道修建面临复杂的生态环境问题。第一，环境敏感点多：沿途地域山高林密，环境保护区、风景名胜区、水源地、宗教场所和墓地多，而且穿越瑞丽江、澜沧江（伊洛瓦底江）和怒江等多条国际河流，对环保设计提出更高要求。第二，地势险要，地质复杂：管道所经地区处于印度洋板块和欧亚板块碰撞结合部，地壳活动剧烈，沿线地质环境复杂，地质灾害类型众多，具有"三高四活跃"不良地质特点，即高地震烈度、高地应力、高地热，活跃的新构造运动、活跃的地热水环境、活跃的外动力地质条件、活跃的岸坡再造过程。第三，地质灾害点多，沿线 80% 以上为山区，滑坡、泥石流、塌等地质灾害多发、频发，地质灾害数量多、类型多，严重危害管道安全。

最后，跨国油气管道修建会改变土壤结构。管道开挖部分的土壤团粒结构和耕作层受到直接破坏，挖土堆放、弃土的混合和扰动改变了耕作土的性质。土体构型的破坏，将明显改变土体中物质和能量的运动变化规律，会降低表层土透气透水性，减弱亚表层土保水保肥性，进而影响农作物的生长发育和产量。同时地表植被遭破坏后地表填筑物对阳光热能的吸收量增加，对热量的反射率也随之变化，这将导致管道埋设地段地表热量平衡状态的改变。管道开挖、剥离土壤，会加速管道附近土壤的退化过程。土壤一旦退化，很难自然恢复。某些地区土壤多以沙土为主，土质疏松，在风力、水力及重力作用下，造成的土壤侵蚀也会随之加剧。土地退化和土壤侵蚀已成为日益严峻的生态问题。

四、油气管道国际合作的未来发展展望

跨国油气管道安全问题涉及经济、安全、外交等领域，是反映国家间关系的晴雨表。因此，中国维护跨国管道安全的策略谋划必须立足于他国特殊的投资环境，探索实现"双赢"的合作模式。

（一）强化文化沟通，着眼民生工程

首先，跨国管道所属国大多处于社会转型期，社会经济的某些管理体制仍不完善。在中国与这些国家进行能源合作时，应深入了解各国的历史、文化、政治、投资环境、法律体系等背景。在开展新的能源合作项目前，应充分考虑对方的市场风险、地质风险、政治风险、合作风险和税收风险等因素，以尽可能减少国家利益的损失。在政府引导、社会承办、群众参与的基础上，建立文化交流与互动的平台，推动中国与跨国油气管道所

属国经济与文化的融合。对于跨国油气管道所属国，应借助文化交流的有利时机，展现中国的和平外交理念和负责任的大国形象。此外，还应注重加强与各国民间组织和社会团体的沟通与交流，以赢得社会舆论的支持。

其次，中国的能源企业在与跨国油气管道所在地区的能源合作中，不仅需要当地的资源，更需要通过双方在能源领域的合作中建立友谊，提高中国在当地的国际形象与影响力。同时，要尽可能地帮助当地居民提高生活水平。在资源开发的同时，要完善资源所在地区的基础设施建设，并解决当地居民的就业问题。加强当地居民的就业培训，提升居民的整体素质，帮助他们走上致富的道路。

最后，中国主导跨国油气管道建设的落实与推进，不仅需要各国政府的支持，还需要民众的支持与配合。要加大在相关地区合作的宣传力度，强化民众的知情权，推动民间外交的实施，增加民众对中国的信任度。这确保了跨国油气管道建设和运营的顺利进展，并继续深化中国与中亚、俄罗斯以及缅甸等国的能源合作。

（二）构建安全稳定的跨国油气管网安全管理体系

由于油气管道项目的建设周期长、投资大、风险多，存在不确定因素和突发紧急情况，因此宜采取区域性或国家间的双边与多边合作机制，加强国际互利合作，建立长期稳定的石油天然气安全保障机制。

首先，中国与国际油气管网沿线国家共同规划和建设跨国管道，确保管道的合理布局和高效运行。同时，在储气调配设施建设等领域，通过加大合作力度，可以提高整个管网系统的灵活性和可靠性，满足不同国家和地区的能源需求。并且还要通过技术交流和共同研发，推动油气管道建设技术的创新和进步，提高管道的安全性和环保性能。

其次，通过建立公平合理的利益分配机制和风险共担机制，确保合作各方都能从中获益，从而形成稳定的合作伙伴关系。这种全方位、多层次的能源合作格局，不仅有助于保障能源供应的安全，也能促进区域经济的共同发展和繁荣。

最后，通过应用物联网、大数据、人工智能等现代信息技术，实现对油气管道的实时监控和智能管理，及时发现和处理各种安全隐患。同时，建立应急响应机制和危机处理流程，确保各国在面对突发事件时，能够迅速有效地采取措施，减少损失和影响。

（三）加强跨国油气管道建设运营的生态环境管理

与跨国能源管道运输相关的环境管理制度导致了能源公司结构和管理的变化，以适应环境保护的要求。为此，许多石油公司颁布了公司内部的环境政策或行动指南等，对风险预防原则日益重视。当能源企业在环境脆弱地区实施的能源开发项目未能达到相关的环境保护标准时，该项目可能被推迟实施甚至取消，对正在进行的能源开发项目则可能被暂时中止甚至吊销许可证。因此，环境保护问题已经成为，也将继续成为影响能源开发利用，包括跨国能源管道运输的重要因素之一。

首先，加强对林业生态系统的保护。在施工道路方面，应尽量利用林业项目区内现有的道路，若需要新修施工道路，应尽量缩短其长度；采用人工开挖管沟的方式；针对林业项目区内需要特别保护或珍贵的树种，可在施工前安排人员对其进行移栽；对整个施工用地面积进行严格控制，减少林木的砍伐量等。

其次，加强对野生动物的保护措施。优良的植被生长条件是野生动物生存的基础，因此在管道工程建设完成后，应进行树木或草木种植工作，改善项目区域的植被条件，为野生动物的生长与繁衍创造一个良好的环境；在河流穿越施工中，应避免施工活动所产生的污水或汽油等污染物进入河流，以减少对水生生物的影响。

最后，加强土壤保护措施。在土壤项目区内，应将施工带宽度严格控制在规定的标准值内，减少土壤表层裸露的面积，避免水土流失现象；在管道工程建设完成后，需组织有关人员清理施工活动中产生的废防腐材料等，避免因这些材料的难降解性对土壤环境造成影响；在管道工程建设前，需对项目区内的土壤土质情况进行勘察，以明确表层熟土的厚度，计算各层土壤开挖量，并划定堆放点，在管道下沟作业完成后，分别填回深层生土和表层熟土，以保证土壤内部的营养含量。

参考文献

[1] 陈小沁. 俄罗斯亚太能源战略评析——基于远东油气管道项目的视角 [J]. 东北亚论坛，2021，30（02）：100-112＋128.

[2] 谢明华，杨明珠. "一带一路"油气通道建设的地缘政治和安全风险 [J]. 探索，2016（02）：63-69.

[3] 曹峰，郦白珂，孙仁金，等. 基于国家能源安全的海外油气管道战略研究 [J]. 国际经济合作，2015（04）：33-38.

[4] 陈茵. 中缅油气合作：进展、动因、挑战与前景 [J]. 思想战线，2012，38（02）：135-136.

[5] 王涛，胡德胜，姜勇. 中国油气管道法律政策与《能源宪章条约》的兼容性研究 [J]. 中国人口·资源与环境，2019，29（06）：20-30.

[6] 沈玉良，彭羽. "一带一路"倡议下基础设施标准合作机制研究 [J]. 经济体制改革，2022（06）：28-35.

[7] 辜胜阻，王建润. 深化丝绸之路经济带能源合作的战略构想 [J]. 安徽大学学报（哲学社会科学版），2016，40（05）：142-148.

能源转型背景下的能源化工产业国际合作研究

张文彬[1]　闫艺丹[2]

（1. 西安财经大学 管理学院，2. 西安财经大学 经济学院 陕西 西安 710100）

摘　要： 能源化工产业对一国的工业经济发展至关重要，产业不同环节竞争力测度和比较结果直接关联现有油气产业链合作位势引致的合作方向和潜力。本文对世界主要国家的能源化工产业贸易竞争力进行比较分析，测算各国有机化学品、合成树脂、合成橡胶和合成纤维四种产业贸易竞争力指数、国际市场占有率、显性优势比较指数，并进行比较。通过测算得出，中国有机化学品、合成树脂、合成橡胶和合成纤维的贸易竞争力指数和显性优势比较指数较低，与其他比较优势高的国家和地区相比还存在较大差距；中国这四种产业的国际市场占有率均最高，在国际市场贸易竞争力方面越来越强。最后基于以上结论，提出提升中国能源化工产业国际竞争力的相关政策建议：依托"一带一路"建设，构建能源化工国际产能合作新战略；充分利用国内超大市场和资本规模优势，构建能源化工创新驱动战略，助推能源化工产业转型升级。

关键词： 能源转型；能源化工产业；国际合作

引　言

能源是经济和社会发展的重要物质基础，是一个国家经济发展的生命线，是关乎一个国家综合国力强盛的关键性因素。能源安全是国家资源和经济安全的重要组成部分，充足的能源储备、能源进口渠道多元化对能源资源相对匮乏的国家来说至关重要。根据国际能源署预测，我国未来能源需求仍将保持增长[1]。我国的能源安全和能源合作面临着逐年增高的对外依赖度，尽管现阶段我国通过大力发展新能源、开展煤炭清洁化利用和煤化工替代部分油气需求等措施在一定程度上缓解了能源短缺问题，但对国际油气资源的依赖短时间内不可能发生改变，增加能源进口依然是保证我国能源供应的现实途径，这就要求我国基于国家能源安全的考虑，通过能源国际合作，实现我国能源行业的高质量、可持续发展[2]。同时，能源国际合作也是共同应对生态环境问题的重要内容和应有之意，化石能源自身存在的弊端和特殊固有属性已经影响到全球的生态环境并对人类社会的可持续发展造成一定的威胁，面对这一严峻挑战，各国需要加强国际协作，共同应对[3]。

2014 年 6 月国家主席习近平同志在中央财经领导小组第六次会议上提出推动能源消费革命、能源供给革命、能源技术革命、能源体制革命和全方位加强国际合作重大战略思想（简称"四个革命，一个合作"），为我国能源发展改革进一步指明了方向。"十四五"现代能源体系规划明确提出，要构建开放共赢能源国际合作新格局，以共建"一带一路"倡议为引领，积极参与全球能源治理，坚持绿色低碳转型发展，加强应对气候变化国际合作，实施更大范围、更宽领域、更深层次能源开放合作，实现开放条件下的能源安全。"一带一路"沿线是全球化石能源最丰富的地区，也是我国主要的能源进口来源地，能源合作一直是"一带一路"建设的重要领域之一[4]。

2021 年是中国新一轮产能建设高峰年，在中国石化市场供需两旺以及国际宽松流动性背景下，大量资本也将进一步加大中国石化行业投资力度，行业发展基调和方向面临重大转变，以"碳中和"为政策导向的系列政策将深刻改变中国石化行业格局[5]。2022年是落实"十四五"规划和碳达峰、碳中和"1+N"政策体系构建完善的关键一年，中国能源产业在世界能源格局重新调整、能源价格波动、总体供应紧张等诸多挑战中，展现出强大的供给和消费韧性，为保障国家能源安全、建设能源强国、推进能源转型作出了巨大贡献[6]。党的二十大明确提出"加快规划建设新型能源体系"，这是当前乃至今后长时期内我国能源行业的重要任务。

能源化工产业是国民经济的重要支柱产业，经济总量大，产业关联度高，与经济发展、人民生活和国防军工密切相关，在我国工业经济体系中占有重要地位。现阶段我国能源化工产业经济总量位居世界前列，但从整体来看仍然大而不强，与发达国家相比，在技术创新、产业结构、绿色发展等方面仍有一定差距[7]。由于产业发展水平参差不齐、技术创新能力偏弱，我国化工行业存在结构性矛盾，原材料开采加工、基础化学品制造等传统产业在我国能源化工行业中占比较大，而高端能源化工产品占比不足，行业总体仍处于产业链和价值链的中低端。因此，加快推进能源化工产业结构高端化进程，促进产业结构向产业链高端上延伸，是全行业实现高质量发展面临的紧迫任务。

中国能源国际合作是"国内国际双循环并重"的高水平对外开放和国际合作，合理参与国际能源产能分工与合作，充分发挥超大规模市场和举国体制优势，保障我国能源产业链供应链安全稳定，是构建更高水平能源对外开放格局的研究重点和热点。本文基于现阶段世界主要国家的能源化工产业贸易竞争力现状，测算各国有机化学品、合成树脂、合成橡胶和合成纤维产业的贸易竞争力指数、国际市场占有率、显性优势比较指数，进而分析中国能源化工产业国际竞争力发展路径，为新时期"双碳"目标和"双循环"新发展格局背景下进一步深化国际能源合作和构建更高水平的能源对外开放格局提供经验参考和政策支撑。

一、能源化工产业贸易竞争力分析数据与方法

（一）主要数据

能源化工产业主要包括以烯烃和芳烃为主的有机化学品和以合成树脂、合成橡胶、合成纤维为主的三大合成材料。本文基于 HS2022 编码的 2015—2020 年贸易数据展开研究。所有数据均来源于联合国商品贸易统计数据库。研究范围包括以烯烃和芳烃为代表的有机化学品、合成树脂及其加工产品——塑料及其制品、合成橡胶以及合成纤维。

（二）研究方法

1. 贸易竞争力（TC）指数

对外贸易竞争力指建立在一国及地区国际竞争力基础上的保持对外贸易持续增长并获取利润的能力 [8]。贸易竞争力（TC）指数可度量一国某产品的国际贸易竞争力水平，计算公式如下：

$$TC_{ik} = \frac{X_{ik} - M_{ik}}{X_{ik} + M_{ik}} \tag{1}$$

其中，TC_{ik} 表示 i 国 k 产品贸易竞争力指数，X_{ik} 表示 i 国 k 产品出口额，M_{ik} 表示 i 国 k 产品的进口额。贸易竞争力指数即一国某产品的净出口额与进出口总额的比值，是从一国内部某产品的充盈程度上反映其国际竞争力的指标。贸易竞争力指数取值为 -1—1，值越大表示其国际竞争力越强，$TC < 0$ 表示一国产品稀缺，进口大于出口；$TC = 0$ 表示一国产品供需平衡；$TC > 0$ 表示一国产品充足，出口大于进口。

2. 国际市场占有率（MOR）

国际市场占有率（MOR）指一国某产品的出口额与世界该产品出口总额的比值，是从一国某产品的国际占比视角度量该产品贸易竞争力的指标，可反映一国某产品在国际贸易中的地位 [9]。计算公式如下：

$$MOR_{ik} = \frac{X_{ik}}{X_{wk}} \tag{2}$$

其中，MOR_{ik} 表示 i 国 k 产品的国际市场占有率，X_{ik} 表示 i 国 k 产品的出口额，X_{ik} 表示世界 k 产品的出口总额。国际市场占有率取值范围为 0—1，数值越大，表示国际贸易

竞争力越强。*TC* 指数立足于国内视角利用一国进出口相对大小反映贸易竞争力大小，但无法反映该国在国际市场上的地位，不同国家之间缺乏可比性，*MOR* 则很好地弥补了这一缺点。

3. 显性比较优势（RCA）指数

比较优势指在竞争或合作过程中一方具有相对优势地位，常用显性比较优势指数度量。显性比较优势指数利用区位熵的思想，用一国某产品出口额占其出口总额比例与世界该产品出口贸易额占世界出口贸易总额比例的比值表示，可度量一国某产品在国际贸易中的专业水平与竞争强度[10]。计算公式如下：

$$RCA_{ik}=\frac{X_{ik}/X_i}{W_k/W} \tag{3}$$

其中，RCA_{ik} 表示 i 国 k 产品的显性比较优势指数，X_{ik} 表示 i 国 k 产品的出口额，X_i 表示 i 国所有产品的出口总额，W_k 表示世界 k 产品的出口总额，W 表示世界所有产品的出口总额。显性比较优势指数取值大于等于 0，数值越大表示在国际贸易中的比较优势越明显，$0 < RCA < 1$ 表示一国某产品出口比例小于世界总体比例，说明该国此产品在国际贸易中处于相对劣势地位；$RCA > 1$ 表示在国际贸易中具有相对优势。

二、能源化工产业国际竞争力现状

（一）有机化学品国际竞争力分析

丰富的油气资源可以为有机化学品生产提供低成本的原材料，石油、天然气资源丰裕的国家和地区在有机化学品生产和贸易方面具有先天的优势，而油气资源贫瘠的国家和地区则处于相对劣势。有机化学品的贸易竞争力（*TC*）指数最大的 10 个国家和中国的情况如表 1 所示。可以看到，特立尼达和多巴哥、文莱达、科威特、沙特阿拉伯 4 个国家的有机化学品贸易竞争力指数位居前四，其 *TC* 指数年均值都在 0.7 以上，其中位于北美洲的特立尼达和多巴哥的有机化学品贸易竞争力指数最高，始终高于 0.92。中华人民共和国外交部 2020 年对特立尼达和多巴哥与文莱概况的更新数据显示，特立尼达和多巴哥为世界最大天然沥青产地，重要液化天然气、氨肥、甲醇生产国，为英语加勒比地区重要石油输出国。天然沥青湖面积约 47 公顷，已探明储量 1200 万吨。已探明可开采天然气储量 4361 亿立方米，石油储量为 7.3 亿桶。能源产品产值约占国民生产总值的 40%，能源出口约占出口总收入的 80%，是加勒比地区重要的石油输出国。文莱是个以原油和天然气为主要经济支柱的国家，原有和天然气占整个国家国内生产总值的 50%。已探明原油储量为 14 亿桶，天然气储量为 3900 亿立方米。中国的有机化学品贸易竞争力指数由 2015 年的-0.05 增长至 2020 年的 0.11，出现了正增长，虽然贸易竞争力指数仍然较小，但已经实现了有机化学品由进口国向出口国的改变，有机化学品出口增多，初步具备了产业竞争优势。

表 1　TC 指数最大的 10 个国家和中国的情况

地区	国家	2015 年	2016 年	2017 年	2018 年	2019 年	2020 年	年均值
北美洲	特立尼达和多巴哥	0.94	0.92	0.96	0.96	0.94	0.94	0.94
亚洲	文莱	0.81	0.83	0.81	0.79	0.59	0.78	0.77
亚洲	科威特	0.74	0.70	0.70	0.78	0.74	0.70	0.73
亚洲	沙特阿拉伯	0.71	0.71	0.67	0.74	0.73	0.69	0.71
欧洲	爱尔兰	0.68	0.67	0.67	0.75	0.73	0.62	0.69
亚洲	卡塔尔	0.80	0.68	0.53	0.59	0.63	0.63	0.64
亚洲	阿曼	0.17	0.71	0.78	0.81	0.87	0.13	0.58
亚洲	巴林	0.55	0.40	0.45	0.50	0.42	0.33	0.44
亚洲	新加坡	0.46	0.47	0.43	0.42	0.28	0.23	0.38
欧洲	丹麦	0.35	0.34	0.28	0.34	0.41	0.39	0.35
亚洲	中国	-0.05	-0.02	-0.06	-0.06	0.00	0.11	-0.01

有机化学品国际市场占有率（MOR）最大的 10 个国家如表 2 所示。可以看出，与贸易竞争力指数不同，有机化学品市场占有率高的国家和地区更多集中在消费大国和发达国家。市场占有率位居前五的国家分别为中国、美国、爱尔兰、德国、比利时，特别是中美两国的有机化学品市场占有率均值都在 10%以上。中国的有机化学品市场占有率从 2015 年的 12.78%持续增长至 2020 年的 15.57%，年均值为 13.94%，中国有机化学品在国际市场贸易竞争力越来越强。美国的有机化学品市场占有率从 2015 年的 11.61%下降至 2020 年的 9.28%，年均值为 10.14%。此外市场占有率最高的 10 个国家的合计市场占有率超过了 65%。

表 2　MOR 最大的 10 个国家　　　　　　　　　　　　　　单位：%

地区	国家	2015 年	2016 年	2017 年	2018 年	2019 年	2020 年	年均值
亚洲	中国	12.78	12.90	13.77	14.12	14.51	15.57	13.94
北美洲	美国	11.61	10.38	10.04	9.52	10.04	9.28	10.14
欧洲	爱尔兰	7.64	8.47	6.60	7.83	9.10	11.12	8.46

地区	国家	2015 年	2016 年	2017 年	2018 年	2019 年	2020 年	年均值
欧洲	德国	7.26	6.99	6.85	6.34	6.52	6.68	6.78
欧洲	比利时	2.97	6.12	5.71	6.83	5.92	5.61	5.53
亚洲	韩国	5.46	5.48	6.28	5.99	5.36	4.20	5.46
欧洲	瑞士	5.15	5.60	5.25	4.60	5.39	6.77	5.46
亚洲	日本	5.36	4.88	4.95	4.47	4.56	4.08	4.72
欧洲	荷兰	4.32	4.17	4.57	4.56	3.90	3.62	4.19
亚洲	印度	3.38	3.44	3.75	4.20	4.66	4.76	4.03
	合计	65.93	68.44	67.79	68.47	69.96	71.69	68.71

有机化学品显性比较优势（RCA）指数最大的 10 个国家和中国的情况如表 3 所示。可以看出，显性比较优势高的国家同样集中在油气资源富集国家。显性比较优势位居前五的国家分别为文莱、特立尼达和多巴哥、爱尔兰、瑞士、斯威士兰，特别是排名前三的国家，其显性比较优势指数均高于 3。其中文莱的有机化学品显性比较优势指数最大，年均值为 3.22，从 2015 年的 3.20 增长至 2020 年的 3.30。中国的有机化学品显性比较优势指数长期位于 0.9 以上，2016 年甚至超过了 1，从 2015 年的 0.91 增长至 2020 年的 0.92，年均值为 0.96，初步具有比较优势，但与其他比较优势高的国家和地区相比还具有较大差距。

表 3 RCA 指数最大的 10 个国家和中国的情况

地区	国家	2015 年	2016 年	2017 年	2018 年	2019 年	2020 年	年均值
亚洲	文莱	3.20	3.25	3.29	3.12	3.18	3.30	3.22
北美洲	特立尼达和多巴哥	3.22	3.13	3.25	3.07	3.09	3.11	3.14
欧洲	爱尔兰	3.14	3.17	3.13	2.99	3.08	3.14	3.11
欧洲	瑞士	2.53	2.58	2.58	2.40	2.55	2.69	2.55
非洲	斯威士兰	2.51	2.55	2.56	1.82	2.67	2.79	2.48
北美洲	巴拿马	2.69	2.64	2.71	2.52	2.19	1.42	2.36
亚洲	塞浦路斯	2.58	2.41	2.21	2.10	2.09	1.92	2.22
欧洲	挪威	2.15	2.21	2.15	2.11	2.32	2.26	2.20
亚洲	科威特	2.03	2.11	2.18	2.29	2.25	2.18	2.17
亚洲	阿曼	2.00	2.44	2.29	2.02	2.22	1.21	2.03

续表

地区	国家	2015 年	2016 年	2017 年	2018 年	2019 年	2020 年	年均值
亚洲	中国	0.91	1.05	0.98	0.97	0.93	0.92	0.96

（二）合成树脂国际竞争力分析

合成树脂的贸易竞争力（TC）指数最大的 10 个国家和中国的情况如表 4 所示。可以看到，沙特阿拉伯、卡塔尔、韩国、新加坡 4 个亚洲国家的合成树脂贸易竞争力指数位居前四，竞争力指数都在 0.3 以上，特别是油气资源富集的沙特阿拉伯和卡塔尔，其合成树脂贸易竞争力指数在 0.6 左右，具有较大的国际贸易竞争力优势。但与有机化学品的国际竞争力比较优势相比，合成树脂的国际贸易竞争力比较优势相对较小。中国的合成树脂贸易竞争力指数由 2015 年的 0.00 增长至 2020 年的 0.15，年均值为 0.05，尽管贸易竞争力指数仍然比较小，与排名前 10 的国家的贸易竞争力指数相差较大，但中国的合成树脂贸易竞争力指数已经实现了初步的正向增长，合成树脂出口增多，贸易竞争力也在不断提高。

表 4　TC 指数最大的 10 个国家和中国的情况

地区	国家	2015 年	2016 年	2017 年	2018 年	2019 年	2020 年	年均值
亚洲	沙特阿拉伯	0.62	0.66	0.70	0.74	0.70	0.66	0.68
亚洲	卡塔尔	0.64	0.59	0.59	0.60	0.59	0.56	0.59
亚洲	韩国	0.48	0.47	0.48	0.49	0.48	0.47	0.48
亚洲	新加坡	0.34	0.32	0.31	0.29	0.26	0.28	0.30
亚洲	日本	0.24	0.25	0.25	0.21	0.22	0.26	0.24
欧洲	荷兰	0.26	0.25	0.25	0.23	0.20	0.20	0.23
欧洲	比利时	0.25	0.21	0.22	0.23	0.24	0.24	0.23
亚洲	泰国	0.20	0.18	0.19	0.21	0.23	0.17	0.20
欧洲	德国	0.16	0.16	0.17	0.14	0.15	0.16	0.16
亚洲	阿拉伯联合酋长国	-0.05	0.21	0.06	0.06	0.12	0.24	0.11
亚洲	中国	0.00	0.01	0.01	0.03	0.08	0.15	0.05

合成树脂国际市场占有率（MOR）最大的 10 个国家如表 5 所示。可以看出，合成树脂市场占有率高的国家和地区较多的集中在消费大国和工业发达国家。市场占有率位居前 5 的国家分别为中国、美国、德国、韩国、日本，特别是中国、美国和德国的合成树

脂市场占有率均值都在 10% 以上。与有机化学品国际市场占有率指数一样，中国的合成树脂国际市场占有率指数最高，年均值为 13.08%，从 2015 年的 12.26% 增长至 2020 年的 16.20%，合成树脂在国际市场贸易竞争力也越来越强。美国合成树脂国际市场占有率从 2015 年的 11.27% 下降至 2020 年的 9.8%，年均值为 10.70%。此外，市场占有率最高的 10 个国家的总计市场占有率超过了 60%。

表 5　*MOR* 最大的 10 个国家　　　　　　　　　　　　　　　　单位：%

地区	国家	2015 年	2016 年	2017 年	2018 年	2019 年	2020 年	年均值
亚洲	中国	12.26	11.79	11.97	12.43	13.83	16.20	13.08
北美洲	美国	11.27	11.11	10.61	10.40	10.70	10.15	10.70
欧洲	德国	10.11	10.51	10.79	10.24	10.00	9.80	10.24
亚洲	韩国	5.25	5.20	5.36	5.42	5.33	5.28	5.31
亚洲	日本	4.19	4.41	4.29	4.07	4.14	4.29	4.23
欧洲	荷兰	4.18	4.12	4.12	4.11	3.99	4.03	4.09
欧洲	意大利	3.47	3.57	3.57	3.53	3.52	3.44	3.52
欧洲	法国	3.38	3.42	3.67	3.51	3.43	3.29	3.45
欧洲	比利时	3.33	3.32	3.26	3.13	3.07	2.98	3.18
亚洲	沙特阿拉伯	2.84	2.79	2.90	3.25	3.10	2.73	2.94
	合计	60.28	60.23	60.53	60.09	61.12	62.18	60.74

合成树脂显性比较优势（*RCA*）指数最大的 10 个国家（地区）和中国的情况如表 6 所示。可以看出，显性比较优势位居前五的国家和地区分别为中国澳门、多哥、萨摩亚、黑山、塔吉克斯坦，特别是排名前三的国家和地区，其显性比较优势指数均值均不小于 2。中国合成树脂显性比较优势指数长期位于 0.85 以上，从 2015 年的 0.87 增加至 2020 年的 0.96，年均值为 0.9，初步具有比较优势，但与其他比较优势高的国家和地区相比还具有较大差距。

表 6　*RCA* 指数最大的 10 个国家和地区与中国的情况

地区	国家（地区）	2015 年	2016 年	2017 年	2018 年	2019 年	2020 年	年均值
亚洲	中国澳门	2.04	2.07	2.05	2.03	2.07	2.01	2.05
非洲	多哥	1.98	2.00	2.02	2.06	2.06	2.00	2.02
大洋洲	萨摩亚	1.86	1.99	1.93	2.09	2.08	2.06	2.00

续表

地区	国家（地区）	2015 年	2016 年	2017 年	2018 年	2019 年	2020 年	年均值
欧洲	黑山	1.89	1.99	2.01	2.01	2.01	1.98	1.98
亚洲	塔吉克斯坦	2.82	2.07	1.31	1.95	1.79	1.81	1.96
非洲	博茨瓦纳	2.01	2.01	1.97	1.90	1.85	1.91	1.94
非洲	布隆迪	1.86	2.05	2.04	1.88	1.72	1.87	1.90
北美洲	伯利兹	2.03	1.96	2.06	1.96	1.95	1.41	1.90
亚洲	黎巴嫩	1.85	1.87	1.85	1.94	1.93	1.79	1.87
欧洲	波黑	1.76	1.91	1.89	1.92	1.89	1.85	1.87
亚洲	中国	0.87	0.96	0.85	0.86	0.89	0.96	0.90

（三）合成橡胶国际竞争力分析

合成橡胶的贸易竞争力（TC）指数最大的 10 个国家和中国的情况如表 7 所示。可以看到，合成橡胶国际贸易竞争力指数较大的国家为科特迪瓦、泰国、印度尼西亚，主要位于非洲和亚洲，其贸易竞争力指数均值均在 0.5 以上，科特迪瓦的合成橡胶国际贸易竞争力指数最大，年均值为 0.76，其中 2015 年为 0.65，2016 年超过泰国之后稳居第一，2020 年达到 0.81。中国的合成橡胶贸易竞争力指数由 2015 年的 0.18 降至 2020 年的 0.17，除 2017 年外波动比较平稳，年均值为 0.14，相较于有机化学品和合成树脂，中国的合成橡胶贸易竞争力指数更大，但与其他国家相比，贸易竞争力指数仍然较小，贸易竞争力较低且发展较为缓慢。

表 7　TC 指数最大的 10 个国家和中国的情况

地区	国家	2015 年	2016 年	2017 年	2018 年	2019 年	2020 年	年均值
非洲	科特迪瓦	0.65	0.73	0.80	0.79	0.80	0.81	0.76
亚洲	泰国	0.71	0.70	0.73	0.70	0.72	0.73	0.71
亚洲	印度尼西亚	0.56	0.54	0.58	0.46	0.49	0.52	0.52
欧洲	马耳他	0.50	0.47	0.46	0.50	0.47	0.44	0.47
亚洲	韩国	0.47	0.49	0.47	0.49	0.45	0.42	0.47
亚洲	老挝	0.37	0.35	0.45	0.43	0.57	0.59	0.46
亚洲	斯里兰卡	0.33	0.34	0.39	0.42	0.46	0.51	0.41
亚洲	日本	0.42	0.42	0.38	0.39	0.38	0.34	0.39

地区	国家	2015 年	2016 年	2017 年	2018 年	2019 年	2020 年	年均值
欧洲	塞尔维亚	0.27	0.34	0.38	0.42	0.40	0.38	0.37
亚洲	马来西亚	0.34	0.33	0.30	0.34	0.33	0.50	0.36
亚洲	中国	0.18	0.15	0.05	0.14	0.18	0.17	0.14

合成橡胶国际市场占有率（MOR）最大的 10 个国家如表 8 所示。可以看出，与贸易竞争力指数不同，合成橡胶占有率高的国家主要集中在制造业大国和原料来源地。市场占有率位居前五的国家分别为中国、德国、泰国、美国、日本，特别是中国的合成橡胶市场占有率均值在 11% 以上。中国合成橡胶市场占有率一直位于第一，且远高于其他国家，其市场占有率从 2015 年的 12.32% 增长至 2020 年的 12.90%，年均值为 11.96%，中国合成橡胶在国际市场中具有较强的贸易竞争力。此外，合成橡胶的市场占有率最高的 10 个国家的合计市场占有率超过了 60%。

表 8　MOR 最大的 10 个国家　　　　　　　　　　　　　　单位：%

地区	国家	2015 年	2016 年	2017 年	2018 年	2019 年	2020 年	年均值
亚洲	中国	12.32	11.62	11.18	11.70	12.00	12.90	11.96
欧洲	德国	9.26	9.61	9.27	9.46	9.01	8.67	9.21
亚洲	泰国	7.54	7.60	8.82	8.22	8.34	8.95	8.24
北美洲	美国	8.27	7.82	7.28	7.35	7.16	6.39	7.38
亚洲	日本	6.23	6.08	5.58	5.59	5.61	4.88	5.66
亚洲	马来西亚	3.78	3.58	3.92	3.95	3.88	6.49	4.26
亚洲	韩国	4.14	4.27	4.21	4.17	3.95	3.71	4.07
亚洲	印度尼西亚	3.58	3.52	4.19	3.36	3.27	3.22	3.52
欧洲	法国	3.67	3.51	3.52	3.54	3.45	3.17	3.48
欧洲	波兰	2.70	2.83	2.83	3.06	2.85	2.93	2.87
	合计	61.49	60.42	60.79	60.40	59.52	61.31	60.65

合成橡胶显性比较优势（RCA）指数最大的 10 个国家和中国的情况如表 9 所示。可以看出，显性比较优势位居前五的国家主要在亚洲和非洲地区，分别为老挝、刚果（金）、斯里兰卡、科特迪瓦、缅甸，这 5 个国家合成橡胶的显性比较优势指数均值均高于 5。其中老挝的合成橡胶显性比较优势指数最大，年均值为 6.09，从 2015 年的 6.37 下降至 2020

年的 5.76。中国合成橡胶显性比较优势指数长期位于 0.76 以上，从 2015 年的 0.87 降至 2020 年的 0.76，2016 年最大为 0.94，初步具有比较优势，但与其他比较优势高的国家和地区相比还具有较大差距。

表 9 RCA 指数最大的 10 个国家和中国的情况

地区	国家	2015 年	2016 年	2017 年	2018 年	2019 年	2020 年	年均值
亚洲	老挝	6.37	6.44	6.33	6.38	5.26	5.76	6.09
非洲	刚果（金）	6.42	6.08	6.17	5.98	5.58	5.35	5.93
亚洲	斯里兰卡	5.80	5.74	5.72	5.83	5.95	5.24	5.71
非洲	科特迪瓦	5.02	4.95	5.18	5.88	6.01	6.13	5.53
亚洲	缅甸	5.24	5.08	5.21	5.37	5.33	5.86	5.35
亚洲	蒙古	1.89	5.15	3.66	5.56	2.17	4.68	3.85
亚洲	格鲁吉亚	4.41	3.85	3.69	3.84	3.35	3.46	3.77
亚洲	柬埔寨	4.45	3.74	3.86	3.56	3.14	3.10	3.64
欧洲	罗马尼亚	3.73	3.71	3.48	3.67	3.52	3.45	3.59
非洲	尼日利亚	3.96	3.38	2.71	2.59	3.35	4.60	3.43
亚洲	中国	0.87	0.94	0.80	0.81	0.77	0.76	0.83

（四）合成纤维国际竞争力分析

合成纤维的贸易竞争力（TC）指数最大的 10 个国家和中国的情况如表 10 所示。合成纤维贸易竞争力指数较大的国家为中国、奥地利、爱尔兰等，这 3 个国家的贸易竞争力指数均大于 0.5。与有机化学品、合成树脂和合成橡胶不同，中国的合成纤维国际贸易竞争力指数最大，年均值为 0.67，合成纤维也是中国在所有能源化工产品中最具国际竞争力的产业，中国的合成纤维国际贸易竞争力指数从 2015 年的 0.67 增长至 2020 年的 0.76，贸易竞争优势不断加强。其次为欧洲国家奥地利和爱尔兰，奥地利的合成纤维国际贸易竞争力指数从 2015 年的 0.58 增长至 2019 年的 0.61，2020 年下降至 0.57，爱尔兰的合成纤维国际贸易竞争力指数从 2015 年的 0.52 增长至 2020 年的 0.56。

表 10 TC 指数最大的 10 个国家和中国的情况

地区	国家	2015 年	2016 年	2017 年	2018 年	2019 年	2020 年	年均值
亚洲	中国	0.67	0.42	0.70	0.71	0.74	0.76	0.67
欧洲	奥地利	0.58	0.59	0.59	0.59	0.61	0.57	0.59

续表

地区	国家	2015 年	2016 年	2017 年	2018 年	2019 年	2020 年	年均值
欧洲	爱尔兰	0.52	0.50	0.51	0.52	0.50	0.56	0.52
亚洲	印度	0.50	0.50	0.49	0.38	0.34	0.32	0.42
亚洲	韩国	0.42	0.40	0.43	0.45	0.43	0.40	0.42
亚洲	日本	0.46	0.42	0.40	0.37	0.38	0.40	0.41
亚洲	泰国	0.28	0.27	0.31	0.30	0.29	0.25	0.28
亚洲	新加坡	0.24	0.18	0.26	0.30	0.32	0.22	0.25
欧洲	斯洛文尼亚	0.22	0.21	0.26	0.26	0.26	0.27	0.25
亚洲	马来西亚	0.21	0.10	0.15	0.17	0.22	0.15	0.17

合成纤维国际市场占有率（MOR）最大的 10 个国家如表 11 所示。可以看出，与贸易竞争力指数不同，合成纤维市场占有率高的国家更多地集中在消费大国和发达国家。市场占有率位居前五的国家分别为中国、韩国、印度、美国、日本，特别是中国的合成纤维市场占有率均值都在 30% 以上，远高于其他国家。中国的合成纤维市场占有率从 2015 年的34.96% 增长至 2020 年的 40.21%，年均值为 34.49%，中国合成纤维在国际市场贸易中竞争力很强。

表 11　MOR 最大的 10 个国家　　　　　　　　　　　单位：%

地区	国家	2015 年	2016 年	2017 年	2018 年	2019 年	2020 年	年均值
亚洲	中国	34.96	19.01	35.81	37.38	39.58	40.21	34.49
亚洲	韩国	5.67	6.90	5.41	5.54	5.19	4.79	5.58
亚洲	印度	5.14	6.24	5.08	4.70	4.67	4.13	4.99
北美洲	美国	5.12	6.27	4.73	4.59	4.53	4.43	4.94
亚洲	日本	4.62	5.36	3.93	3.79	3.80	3.77	4.21
欧洲	意大利	3.58	4.67	3.67	3.66	3.42	3.39	3.73
亚洲	印度尼西亚	3.93	4.76	3.59	3.43	3.54	3.01	3.71
亚洲	土耳其	3.39	4.34	3.46	3.42	3.30	3.56	3.58
欧洲	德国	3.68	4.68	3.28	3.20	2.91	3.15	3.48
亚洲	泰国	2.34	2.96	2.47	2.53	2.29	2.26	2.48
	合计	72.43	65.18	71.43	72.23	73.22	72.69	71.20

合成纤维显性比较优势（RCA）指数最大的 10 个国家和中国的情况如表 12 所示。可以看出，显性比较优势位居前五的国家分别为冈比亚、尼泊尔、巴基斯坦、埃塞俄比亚、塞内加尔，特别是排名前二的国家，其显性比较优势指数均值均高于 10。其中冈比亚的合成纤维显性比较优势指数最大，年均值为 14.65，从 2015 年的 13.32 上升至 2020 年的 16.90。中国合成纤维显性比较优势指数长期位于 1.22 以上，从 2015 年的 2.48 降至 2020 年的 2.37，年均值为 2.29，初步具有比较优势，但与其他比较优势高的国家和地区相比还存在较大差距。

表 12　RCA 指数最大的 10 个国家和中国的情况

地区	国家	2015 年	2016 年	2017 年	2018 年	2019 年	2020 年	年均值
非洲	冈比亚	13.32	13.66	14.38	15.10	14.51	16.90	14.65
亚洲	尼泊尔	11.19	12.48	13.41	14.17	13.57	12.97	12.96
亚洲	巴基斯坦	6.90	6.32	6.92	7.57	6.87	7.98	7.10
非洲	埃塞俄比亚	5.96	6.52	7.34	4.28	6.31	7.94	6.39
非洲	塞内加尔	4.58	4.66	5.98	5.98	5.61	7.17	5.66
非洲	莱索托	3.80	5.47	3.84	4.38	4.88	7.84	5.03
非洲	佛得角	0.00	13.70	14.49	0.00	0.00	0.00	4.70
亚洲	土耳其	3.45	3.55	3.61	3.56	3.24	3.43	3.47
非洲	斯威士兰	0.96	8.77	8.08	1.01	0.42	0.40	3.27
亚洲	印度尼西亚	3.26	3.14	2.72	3.15	3.20	2.93	3.07
亚洲	中国	2.48	1.22	2.55	2.58	2.55	2.37	2.29

三、结论与建议

本文对世界主要国家的能源化工产业包括有机化学品、合成树脂、合成橡胶和合成纤维四种产业的贸易竞争力进行比较分析，主要分为贸易竞争力指数、国际市场占有率、显性优势比较指数三个方面。

对于有机化学品国际竞争力，贸易竞争力指数较高的国家主要集中在北美洲和非洲，中国的贸易竞争力指数出现正向增长，初步具备了产业竞争优势。市场占有率高的国家和地区更多集中在消费大国和发达国家，中国的有机化学品市场占有率最高，在国际市场贸易竞争力越来越强，市场占有率最高的 10 个国家的合计市场占有率超过了 65%。显性比较优势高的国家同样集中在油气资源富集国家，中国的有机化学品显性比较优势指数与其他比较优势高的国家和地区相比还具有较大差距，初步具有比较优势。对于合成树脂国际竞争力，油气资源富集的沙特阿拉伯和卡塔尔的贸易竞争力指数较高，具有较大的国际贸易竞争力优势，中国的合成树脂贸易竞争力指数比较小，但已经实现了初步的正向增长，贸易竞争力也在不断提高。市场占有率高的国家和地区较多集中在消费大国和工业发达国家，中国的合成树脂国际市场占有率最高，在国际市场贸易竞争力越来越强。市场占有率最高的 10 个国家的总计市场占有率超过了 60%。中国合成树脂显性比较优势指数初步具有比较优势，但与其他比较优势高的国家和地区相比还具有较大差距。对于合成橡胶国际竞争力，贸易竞争力指数较大的国家主要位于非洲和亚洲，中国的合成橡胶贸易竞争力指数波动比较平稳，高于有机化学品和合成树脂贸易竞争力指数，但低于其他国家的贸易竞争力。市场占有率高的国家和地区主要集中在制造业大国和原料来源地，中国的合成橡胶市场占有率最高，均值在 10% 以上，远高于其他国家。市场占有率最高的 10 个国家的合计市场占有率超过了 60%。显性比较优势位居前五的国家主要在亚洲和非洲地区，中国合成橡胶显性比较优势指数较低，初步具有比较优势。对于合成纤维国际竞争力，与有机化学品、合成树脂和合成橡胶不同，中国的合成纤维国际贸易竞争力指数最大，贸易竞争优势也不断加强。市场占有率高的国家和地区更多集中在消费大国和发达国家，中国的合成纤维市场占有率均值远高于其他国家，在国际市场贸易中竞争力很强，市场占有率最高的 10 个国家的总计市场占有率超过了 70%。显性比较优势较高的国家主要集中在非洲和亚洲，中国合成纤维显性比较优势指数较低，初步具有比较优势，但与其他比较优势高的国家和地区相比还存在较大差距。

基于以上结论，为提升中国能源化工产业国际竞争力，提出以下政策建议。

第一，依托"一带一路"建设，构建能源化工国际产能合作新战略。深入推进实施"一带一路"倡议，支持国内企业参与海外资源的勘探与开发，重点推进油气资源开发、北美页岩气制甲醇和乙烯及下游衍生物、钾肥和轮胎生产基地建设，在有条件的地区实现就地加工转化，形成上下游一体化的战略合作产业链。鼓励骨干企业通过投资、并购、重组等方式获得化工新材料和高端专用化学品生产技术，强化技术消化，促进国内产业升级。2017 年 5 月 10 日，中国石油和化学工业联合会负责人在"2017 中国化工行业的全球机遇"战略研究报告新闻发布会上提出了中国化学工业实施"一带一路"国际构想。战略构想的核心是以化工园区建设为抓手，构建多条国际产业链。力争到 2025 年各化工园区初步建成，围绕发展特色产业建成一批大型石化和化工项目，按照循环经济建设的一体化产业链基本形成。

中国能源化工行业在推进"一带一路"国际产能合作，要坚持市场化原则、战略性原则、园区化原则、产业安全原则和互利共赢原则。以建设国内高端特色化工园区为起点，以建设中东、东南亚、中亚和俄罗斯石油化工、化肥、轮胎、煤化工、氯碱等化工园区为中间战略支点，以建设中东欧中高端特色化工园区为终点，在中国沿海—东南亚—中东—中东欧构建海上丝绸之路化工产业链，在中国中西部—中亚—俄罗斯—中东欧构建丝绸之路经济带化工产业链。

能源化工行业"一带一路"国际产能合作有几个战略重点：一是中东石化产业基地。选址伊朗查巴哈尔、巴基斯坦瓜达尔港等重要支点，建设石化产业园区，包括中国—伊朗石化产业园和瓜达尔港，以打造油气炼化一体化基地和能源通道；二是以皎漂港工业园区为龙头建设东南亚石化产能合作基地。充分利用中东和东南亚油气、钾盐矿、天然橡胶等我国稀缺资源，辐射东南亚、南亚、东北亚以及中国内地市场。三是中亚化工循环经济合作园区。进一步扩大中国基础化学品在"一带一路"沿线国家市场占有份额。四是中欧化工产业园区。

第二，充分利用国内超大市场和资本规模优势。中国虽不具有油气资源禀赋优势和有机化学品竞争力，却拥有超大的油气市场容量和丰裕的资本优势，通过市场让渡和融资合作实现主要油气国资源与中国市场和资本优势嵌入的产业链合作也被证明是有效的。例如，中国石化集团与科威特石油公司 50∶50 合资建设广东湛江炼化一体化项目，中国石化与沙特阿拉伯国家石油公司（沙特阿美）合资兴建的已投产的沙特延布炼厂项目等。

我国可以发挥在煤化工、轮胎、化肥、盐化工、农药、染料等领域的业务技术和生产经验优势，并充分利用国内超大市场和资本规模优势，加快国内优势产能与其他国家的合作，实现产品就地销售，开拓新兴市场。加大石化化工技术装备国际推广力度，推进石化化工企业、装备制造企业、工程设计企业开展业务合作，打造利益共同体，通过石化化工项目建设、重大工程技术装备总承包等方式，带动国产技术装备"走出去"。加快工程服务输出，支持有实力的企业在当地配套建设化工园区、物流基地，形成全方位对外合作的新格局。

第三，构建能源化工创新驱动战略，助推能源化工产业转型升级。一是完善以企业为主体，市场为导向，产学研用相结合的产业技术创新体系，加强产学研用纵向合作，强化工艺技术、专用装备和信息化技术的横向协同，大力推进集成创新，构建一批有影响力的产业联盟。在化工新材料、精细化学品、现代煤化工等重点领域建成国家和行业创新平台。围绕满足国家重大工程及国计民生重大需求，支持开展互联网"双创"平台建设，着力突破一批共性关键技术和成套装备。加快化工新材料等新产品的应用技术开发，注重与终端消费需求结合，加快培育新产品市场。二是借助制造业数字化，促进炼化产业优化升级。未来，加快数字化、智能化发展是炼油化工行业实现高质量发展的必然选择，无论是原油分子信息库，还是智慧供应链、物流能量管理与优化、设备运行优化系统和智慧加油站等，都可以借力数字化，促进炼化行业优化升级，进一步提升行业核心竞争力。三是建立石化和化学工业智能车间、智能工厂以及智慧化工园区标准应用体系，加快智能工厂和智慧化工园区试点示范。推动工业互联网、电子商务和智慧物流应用，实现石油和化学工业研发设计、物流采购、生产控制、经营管理、市场营销等全链条的智能化，大力推动企业向服务型和智能型转变。构建面向石化生产全过程、全业务链的智能协同体系。在炼化行业，重点推进原油调和、石油加工、仓储物流、销售服务供应链的协同优化。

参考文献

［1］International Energy Agency. World Energy Outlook 2020［M］. Paris：lEA Publications，2020.

［2］王珺，曹阳，王玉生，等. 能源国际合作保障我国能源安全探讨［J］. 中国工程科学，2021，23（01）：118-123.

［3］卢纯. 开启我国能源体系重大变革和清洁可再生能源创新发展新时代——深刻理解碳达峰、碳中和目标的重大历史意义［J］. 人民论坛·学术前沿，2021（14）：28-41.

［4］王婧. "一带一路"倡议下国际能源合作的风险及应对［J］. 中外能源，2023，28（04）：1-8.

［5］吕晓东，李超，肖冰，等. 世界和中国石化工业 2020 年综述及 2021 年展望［J］. 国际石油经济，2021，29（05）：47-52.

［6］戴宝华，王德亮，曹勇，等. 2022 年中国能源行业回顾及 2023 年展望［J］. 当代石油石化，2023，31（01）：2-9.

［7］李宇静，陈庆俊，赵云峰. 我国石化工业优化发展趋势［J］. 石油科技论坛，2017，36（02）：1-7.

［8］佟家栋，冯祥玉. 中国产业部门的低碳贸易竞争力指数测度与评估［J］. 经济学家，2022（03）：43-53.

［9］马慧莲，康成文. 我国数字贸易国际竞争力及其影响因素［J］. 中国流通经济，2022，36（11）：60-71.

［10］吴海文，张少雪，刘梦影. "一带一路"视角下中国与东盟贸易竞争力研究——基于改进的显性比较优势指数的分析［J］. 国际经济合作，2019（06）：53-61.

能源转型背景下的中国能源装备的
国际竞争力与合作研究

印　玺

（西安财经大学　管理学院　陕西　西安　710100）

摘　要： 能源装备制造业的高质量发展是能源经济发展的根基和"中国制造 2025"向智能转型、强化基础、绿色发展的必然要求。在能源转型的背景下，中国的能源装备市场规模与制造能力保持较快发展势头，也面临着更为激烈的国际竞争环境。通过梳理我国能源装备的合作现状，分析采钻设备和储能装备产品的竞争力以及对相关企业的竞争格局的把握，发现并总结其在海外业务拓展中存在的问题，可以为中国在能源转型阶段提升能源装备国际竞争力和进一步加强国际合作提供经验借鉴。未来，能源装备企业应当进一步扩大海外业务比例，采钻装备领域应有分区域、有重点地加强与"一带一路"沿线国家的合作，新能源装备领域则应积极拓展海外用户侧储能市场，提升集成化综合服务能力；积极拓宽融资渠道，探索适用于能源装备产业的投融资合作模式，通过开展第三方市场合作等新型合作方式打开多方共赢的新局；积极调整品牌运营思路，以核心企业为引领，通过参与以品牌和运营渠道为核心的国际合作，打造"走出去"新名片。

关键词： 国际合作；油气装备市场；储能电池；国际竞争力

引　言

2022 年以来，虽然全球油价在供应紧缺和经济衰退的可能性之中不断震荡调整，但是全球对油气能源的需求整体依然呈现增长的态势。在应对气候变化和落实碳达峰、碳中和目标推进下，各国纷纷出台政策措施推动能源绿色低碳转型，全球能源产业链加速重构。中国的能源装备市场规模与制造能力保持较快发展势头，在产业政策体系不断健全、装备制造和产业链日趋完备以及技术创新推动降低成本等有利条件下，中国的采钻装备在扩大"一带一路"沿线国家市场占有率的同时不断冲击着沙特等国家的钻井高端市场；新能源装备也迎来了"黄金时代"，我国光伏组件、风电关键零部件占到全球市场份额的 70%。[1]

早在 2015 年国务院《关于推进国际产能和装备制造合作的指导意见》中就提出通过整合优势资源，通过推动大工程机械、石油装备等制造企业的全球网络布局，鼓励具有品牌、技术和市场优势的企业之间开展国际合作，提升企业产品的品牌影响力。过去十年，在"一带一路"倡议的落地实施过程中，"一带一路"沿线国家作为全球化石能源最丰富的地区，也是我国主要的能源进口来源地，与"一带一路"的合作不仅带动了跨国能源基础设施互联互通，巩固了合作基础，也为构建了双多边合作交流平台奠定了重要的平台。[2] 在全球碳达峰和碳中和目标推进下，2021 年 9 月我国政府承诺"将不再新建境外煤电项目，并进一步扩大在光伏、风能等可再生能源，节能技术领域国际合作"，为推动新能源装备企业的国际合作指明了方向。[3] 在"十四五"现代能源体系规划中，我国提出要构建开放共赢能源国际合作新格局，以"一带一路"倡议为引领，坚持绿色低碳转型发展，聚焦实施更大范围、更宽领域、更深层次能源开放合作，推动形成互利共赢的国际合作。[4] 随着中国更广范围的能源国际合作和新能源产业重心进一步向中国转移，我国能源装备国际合作也必将迎来新的历史机遇。然而，面对着百年未有之大变局与错综复杂的国际能源形势，我国企业在开拓海外能源装备市场过程中依然面临着诸多挑战。在此背景下，本文首先梳理了我国能源装备产业国际合作的现状，其次基于全球能源装备产品的竞争力水平，测算了主要国家的油气钻机、储能电池领域产品的贸易竞争力指数、国际市场占有率和显性优势比较优势指数，进而分析了中国能源装备企业的国际竞争格局，最后探讨了我国能源装备产品的海外业务拓展的优势与不足，为能源转型背景下深化国际能源合作、推动中国更快从能源装备制造大国向制造强国转变、拓展更高水平的能源对外开放格局提供了必要的决策参考与政策建议。

一、我国能源装备产业的国际合作现状

（一）钻机与物探领域"垂直化"海外合作

钻机与物探领域的国际合作主要是从 20 世纪 90 年代逐步展开，从早期的零部件出口、项目招标，通过自主研发、技术突破在国际合作中经历了销售规模从小到大、从项目招标到项目合作、从销售产品/服务延伸到共同合作开发，逐步实现了与国际高端装备及技术服务市场的对接。

一方面，通过垂直化领域的深耕和市场拓展，聚焦服务领域专业性，项目规模由小

到大，合作深度不断延伸。钻机生产企业的海外合作途径主要以销售"走出去"布局为主，并通过成套产品的"装备＋服务"模式延伸海外市场。早在 2010 年斯伦贝谢公司就通过钻井平台采购的方式与宏华集团有限公司（以下简称宏华集团）展开合作，2020 年基于宏华集团在中东钻井的运营数据，又继续和宏华集团签订了 54 个月的钻机服务。宝鸡石油机械有限责任公司（以下简称宝石机械）自从 2009 年阿联酋国家钻井公司（ADNOR）获得的首批钻机出口合同开始，宝石机械合作不断深入，到 2015 与阿联酋国家钻井公司展开长期合作，签署累计合同额达亿元人民币，创造了中国高端重型石油装备出口合同额之最，在一定程度上也为国际项目管理长期运营积累了经验。东方地球物理勘探有限公司（以下简称东方物探）通过在物探垂直领域的深耕，重点占领阿曼等高端市场，在 2021 年东方物探在新签订的合同中，中东等重点区域占到 80％以上。在发展陆上国际业务的同时，东方物探还加快海上国际业务战略转型与合作，海洋节点（OBN）勘探市场占有率达 50％以上。2019 年东方物探先后与阿联酋钻井公司、雪佛龙尼日利亚、文莱壳牌开展了海洋节点（OBN）勘探项目合作。

另一方面，通过海外直接投资形式以企业分支机构、与当地企业建立合资企业，使企业在获取新技术和争取新市场方面具有更大的竞争力。宝石机械外布局重点在中东地区，主要建立了阿联酋、科威特、阿布扎比、沙特设立了 5 个海外服务中心。宝石机械在 2011 年就与巴西 BRCP 公司和巴西 ASPERBRAS 能源公司合作，共同出资成立了巴西宝石石油设备有限公司，就共同合作开发巴西陆海石油装备技术服务市场领域展开了合作。东方物探在 6 个国家设立有 18 个处理解释中心，并建立了中东、东非、中亚、东南亚等规模生产基地。2009 年东方物探与尚兰皇家壳牌石油公司（以下简称壳牌）合作出资，开展了世界级可控震源低频实验项目合作，该合作使东方物探在该领域技术处于全球领先位置。2011 年又通过与壳牌、道达尔能源公司和阿曼石油开发公司（PDO）的地震勘探项目合作，在掌握 PDO 地震勘探技术的同时引入了 HSE 管理，为进军国际市场奠定了基础。2018 年成立合资 CG 公司（Caspian Geo），为进入环里海区域市场海洋节点（OBN）市场布局，合资公司 2019 年先后与挪威石油、BP 公司等签署了里海海洋节点（OBN）项目。

（二）油服企业的产业链延伸合作

核心技术的掌控能力是油服公司的国际竞争力的重要体现之一。油服的国际合作主要通过产业链延伸布局，以更好地获取部分资源与技术。例如，中国海洋石油集团有限公司（以下简称中海油）一方面在澳洲、美洲、亚洲、非洲以及欧洲等区域均设有全资附属公司，负责相关区域的油田服务，另一方对产业链中的"短板"进行了补充。为了扩大对上游资源的掌握权，中海油与文莱石油服务公司成立合资公司，共同对文莱油气开采领域展开合作。技术上，先后通过收购挪威钻井公司 ASA，在 2008 年取得了高端钻井平台的技术优势。2014 年又在新加坡搭建新的研发中心，通过搭建综合性海外工业园扩大企业在海外研发制造、人才培养等方面合作优势。2021 年为进一步拓展智能化应用，中海油田服务股份有限公司（以下简称中海油服）欧洲子公司通过与康斯伯格海事和钻井设备供应商 NOV 在数字化领域展开技术合作，以提升海上钻井作业的能源效率。此外，民营油服企业海外布局开始不断活跃：通源石油通过收购安德森和美国石油服务公司（Cutters）等进军北美市场，打造集测井、录井、钻井、射孔、压裂等业务的布局，通过海外布局，海外营收占比大幅增加；杰瑞石油服务集团股份有限公司的海外合作思路与中海油服类似，一方面通过加拿大控股子公司 HITIC、杰瑞卢森堡公司印尼设立子公司等获得当地油气资源开发权，另一方面则是技术领域的合作，通过与美国霍尼韦尔公司、美国天然气压缩制造商爱里尔公司（Arie）和英国普莱克思公司（Plexus）展开合作，就方案集成、技术授权、技术合作和战略投资与设备开发合作领域进行了尝试。

（三）储能领域主要通过产业链渗透加强海外合作

由于储能环节是制约新能源消纳的重要环节之一，在我国风电和光伏装机量规模不断提升的大背景下，储能技术的运用与发展是调节供需平衡、减小风光间歇性和波动性的必经之路。电化学储能由于突出的综合性能和不断下降的成本，随着气候转型对新能源需求的激增，全球电化学储能产业链企业间合作领域不断扩大。[5, 6] 一方面，龙头储能零部件企业通过产业链渗透，融入全球知名企业的产业链生产环节。锂电材料领域，龙头企业已经逐步进入全球主要电池巨头产业供应链。除日系电池企业供应链相对封闭之外，其余锂电池供应链中国企业的供应地位越来越显著。例如，在三元前驱体领域，中伟新材料股份有限公司是 LG 化学的主要供应商，并同时也是鲜京创新公司（SKI）、三星 SDI 公司的供应商。在正极材料 NCM 领域，北京当升科技材料股份有限公司已经成为 LG 化学公司、三星 SDI 公司和鲜京创新公司（SKI）全球的全球供应商。龙头电池生产企业也通过探索与下游生产、制造企业的产业链海外合作，积极打造海外业务渠道。例如，宁德时代新能源科技股份有限公司（以下简称宁德时代）作为国内锂电龙头，2011年就开始布局储能产业，由于欧洲、美国市场是其海外业务发展的重心，截至 2022 年已与美国伊顿电源、加拿大阿特斯阳光电力、美国普威能源公司（Powin）、杜克能源等中下游客户建立了战略合作关系。由于分布式储能变流器/光伏逆变器领域下游市场相对分散，所以对销售更为依赖渠道。以锦浪科技股份有限公司、固德威技术股份有限公司为代表的企业，则主要是通过与当地用户侧销售商建立长期合作关系稳定海外渠道，销售渠道已经深入到美国、欧洲、印度、拉美市场。如锦浪与美国太阳长跑公司（SUNRUN）、英国最大的光伏经销商塞根公司（Segen）和巴西革新太阳能光伏公司（Renovigi）合作以期快速进入当地市场，固德威与澳洲一站仓公司（One stop warehouse）、荷兰经销商纳泰克（Natec Sunergy BV）、巴西 PHB 电子有限公司（PHB Eletronica Ltd.）等销售商合作通过渠道渗入进一步巩固海外市场。

另一方面，头部电池制造商通过海外设厂的方式拓展海外市场、积极响应市场需求。阳光能源分别先后在印度和泰国建有生产基地，2022 年产能达 20 吉瓦，在一定程度上可以规避部分关税和贸易壁垒，另一方面可以利用海外电池产能合作优势，迅速贴近海外市场。宁德时代在德国图林根生产基地在 2021 年已经投产，规划产能为 14 吉瓦时。欧洲设厂能够进一步贴近下游客户，形成基于海外的动力电池供应能力，以便更好地根据其客户在动力电池领域的订单需求调整研发方向。2022 年后续还计划将在印度尼西亚、美国等地建厂。国轩高科股份有限公司也先后在 2019、2021 年在东南亚印度和越南市场分别与印度塔塔科技公司（TATA）和越南电动汽车制造商芬快（VinFast）合资建厂，负责在当地的电池模块、电池组的研发与制造；2021 年国轩高科又通过收购博世集团在德国的工厂建立欧洲生产基地，与大众汽车签署合作协议，旨在欧洲打造从电池生产到回收的产业链；同年，国轩高科在美国通过与北美车企合作建厂的方式，以期满足在美国市场的需求。

通过前期多年的产业链渠道的沉淀与积累，部分储能龙头企业具备了提供更高集成度的综合方案合作能力。作为国内最大的集成商，阳光电源股份有限公司已经在全球交付重大储能系统项目超 900 个，在北美地区通过提供整体化方案步形成了工商业、电网侧储能及发电侧储能结合布局。先后为密苏里州的 1 兆瓦时/2.2 兆瓦时项目、马萨诸塞州 15 兆瓦时/32 兆瓦时项目、美国麻省 25 兆瓦时/100 兆瓦时项目和佛罗里达州 5 兆瓦时＋1.5 兆瓦时/3.836 兆瓦时大型光伏储能项目等提供储能系统整体解决方案。2019 年又负责为欧洲最大单体电池储能电站——门迪电站提供 100 兆瓦时/100 兆瓦时储能项目综合服务，提供包括电池、储能变流器（PCS）、电池管理系统等软硬件在内的一体化解决方案。此外，2021 年华为技术有限公司（以下简称华为）也成功与沙特最大储能项目——沙特红海新城项目（1300 兆瓦时）合作，通过提供包括 1300 兆瓦时储能系统、储能变流器、通信及管理系统等综合方案设计、电网仿真及相关设计咨询服务。此外，比亚迪股份有限公司（以下简称比亚迪）、新江南都电源动力股份有限公司（以下简称南都电源）等通过提供集装箱式储能系统，先后为英国储能项目、美国得克萨斯州风储项目、爱尔兰高曼地区大型锂电储能项目提供储能集装箱项目的集成与综合服务。

二、能源装备产品的竞争力与竞争格局分析

（一）能源装备产品的竞争力

1. 分析方法与数据来源

对外贸易竞争力指建立在一国及地区国际竞争力基础上的保持对外贸易持续增长并获取利润的能力。贸易竞争力指数（TC 指数）可度量一国某产品的国际贸易竞争力水平，计算公式如下：

$$TC_{ik}=\frac{X_{ik}-M_{ik}}{X_{ik}+M_{ik}} \tag{1}$$

其中，TC_{ik} 表示 i 国 k 产品贸易竞争力指数，X_{ik} 表示 i 国 k 产品出口额，M_{ik} 表示 i 国 k 产品的进口额。贸易竞争力指数即一国某产品的净出口额与进出口总额的比值，是从一国内部某产品的充盈程度上反映其国际竞争力的指标。贸易竞争力指数取值为 -1—1，值越大表示其国际竞争力越强，$TC<0$ 表示一国产品稀缺，进口大于出口；$TC=0$ 表示一国产品供需平衡；$TC>0$ 表示一国产品充足，出口大于进口。

国际市场占有率（MOR）指一国某产品的出口额与世界该产品出口总额的比值，是从一国某产品的国际占比视角度量该产品贸易竞争力的指标，可反映一国某产品在国际贸易中的地位。计算公式如下：

$$MOR_{ik}=\frac{X_{ik}}{X_{wk}} \tag{2}$$

其中，MOR_{ik} 表示 i 国 k 产品的国际市场占有率，X_{ik} 表示 i 国 k 产品的出口额，M_{ik} 表示世界 k 产品的出口总额。国际市场占有率取值范围为 0—1，值越大国际贸易竞争力越强。TC 指数立足于国内视角从一国进出口相对大小上反映贸易竞争力大小，但无法反映该国在国际市场上的地位，不同国家之间缺乏可比性，MOR 则很好弥补了这一缺点。

比较优势指在竞争或合作过程中一方具有相对优势地位，常用显性比较优势指数度量。显性比较优势指数（RCA 指数）利用区位熵的思想，用一国某产品出口额占其出口总额比例与世界该产品出口贸易额占世界出口贸易总额比例的比值表示，可度量一国某产品在国际贸易中的专业水平与竞争强度。计算公式如下：

$$RCA_{ik}=\frac{X_{ik}/X_i}{W_k/W} \tag{3}$$

其中，RCA_{ik} 表示 i 国 k 产品的显性比较优势指数，X_{ik} 表示 i 国 k 产品的出口额，X_i 表示一国所有产品的出口总额，W_k 表示世界 k 产品的出口总额，W 表示世界所有产品的

出口总额。显性比较优势指数取值大于等于 0，值越大表示在国际贸易中的比较优势越明显，$0 < RCA < 1$ 表示一国某产品出口比例小于世界总体比例，该国此产品在国际贸易中处于相对劣势地位；$RCA > 1$ 表示在国际贸易中具有相对优势。

本研究选取了世界主要国家 2016 年至 2022 年的能源装备数据，重点选择了油气钻井、钻井平台、锂电池和储能变流器为代表能源装备，以联合国商品贸易统计数据库中统计的数据为研究对象，并以贸易竞争力指数（TC 指数）、国际市场占有率（MOR）和显示性比较优势指数（RCA 指数）作为评价内容，分析了积累产品在全球的竞争力水平。

2. 中国油气开采装备的海外竞争力

油气开采设备主要包括油气钻机设备、钻井平台，随着我国装备制造的实力的不断增强，我国油气钻机和相关油气装备已逐渐成为成熟产品，油气钻采装备按照数量比例，油气钻机占比平均占比 70% 以上，是最为主要的油气开采装备。

通过贸易竞争力指数（TC 指数）可以看到，芬兰、中国、意大利、瑞典、奥地利五国的贸易竞争力指数位居前五，竞争力指数都在 0.6 以上。中国的贸易竞争力指数由 2016 年的 0.88 略有下降至 2022 年的 0.82，但依然保持了较高的竞争力。而莫桑比克、埃及、巴基斯坦、丹麦、布隆迪、巴拉圭等国，其贸易竞争力指数接近-1，几乎需要完全依赖进口。

在全球 100 多个国家和地区中，中国油气钻机的国际市场占有率如表 1 所示。可以看出，与贸易竞争力指数不同，油气钻机国际市场占有率高的国家更多地集中在消费大国和发达国家。

2021 中国油气钻机装备的国际市场占有率（MOR）为全球第一（2022 年数据库中暂未统计），销售额达 38922 万美元，平均国际市场占有率 14.8%。除中国外，2016—2022 年全球油气钻机国际市场占有率较高的国家依为意大利（13.5%）、美国（13.1%）、瑞典（11.8%）和德国（9.9%）。排名前五的国家国际市场占有率比较接近。而市场占有率最高的前 6 个国家的总计市场占有率超过了 70%。

表 1　2016—2022 年全球油气钻机的国际市场占有率（MOR）最高的 10 个国家

	国家	2016 年	2017 年	2018 年	2019 年	2020 年	2021 年	2022 年	总计
1	中国	25.2%	15.6%	16.7%	17.1%	13.0%	13.3%	NA	14.8%
2	意大利	12.8%	13.1%	12.7%	13.4%	13.9%	12.6%	17.4%	13.5%
3	美国	10.1%	13.7%	14.4%	13.2%	12.3%	10.4%	18.2%	13.1%
4	瑞典	7.5%	9.9%	11.7%	11.9%	12.5%	12.5%	17.3%	11.8%

	国家	2016 年	2017 年	2018 年	2019 年	2020 年	2021 年	2022 年	总计
5	德国	9.0%	9.8%	8.9%	9.1%	10.3%	9.4%	14.0%	9.9%
6	芬兰	3.7%	5.2%	6.9%	6.2%	7.6%	9.4%	12.9%	7.3%
7	奥地利	5.1%	4.4%	4.0%	3.2%	3.5%	5.0%	NA	3.7%
8	印度	2.5%	3.8%	3.7%	2.9%	2.8%	4.0%	NA	2.9%
9	法国	3.3%	2.6%	3.5%	3.8%	3.4%	3.3%	NA	2.9%
10	日本	2.9%	2.7%	2.1%	1.9%	1.7%	2.2%	3.3%	2.4%

显性比较优势指数（RCA 指数）统计表明，全球油气钻机比较优势较高的地区主要为欧洲发达国家，其中芬兰、瑞典 RCA 指数平均大于 10，具有高度的强贸易竞争力。中国的 RCA 指数从 2016 年的 1.89 下降至 2022 年的 0.72 左右，反映出钻机在中国的贸易产品中相对不具备比较优势。（表 2）

表 2　2016—2022 年油气钻机全球比较优势指数（RCA）较高的国家

	国家（地区）	2016 年	2017 年	2018 年	2019 年	2020 年	2021 年	2022 年	平均
1	芬兰	10.06	14.29	17.42	15.54	19.89	24.8	19.21	17.32
2	瑞典	8.45	11.1	13.37	13.66	13.81	14.12	11.22	12.25
3	塔吉克斯坦	6.01	13.54	0.72	0.92	5.4	6.61	6	4.74
4	奥地利	5.56	4.77	4.3	3.42	3.68	5.32	4.5	4.51
5	意大利	4.36	4.44	4.37	4.56	4.76	4.4	3.19	4.3
6	秘鲁	1.79	3.6	3.09	3.67	3.85	3.78	3.2	3.28
7	印度	1.49	2.27	2.18	1.63	1.76	2.18	1.85	1.91
8	南非	1.1	1	1.48	1.18	1.76	1.72	2.19	1.49
9	美国	1.09	1.48	1.64	1.48	1.48	1.27	1.13	1.37
10	赞比亚	0.67	0.93	2.83	0.91	1.13	2.21	NA	1.24
11	中国	1.89	1.16	1.27	1.26	0.86	0.85	0.72	1.14
12	德国	1.05	1.15	1.08	1.11	1.27	1.23	1.08	1.14
13	法国	1.07	0.85	1.17	1.24	1.19	1.21	1.02	1.11

2021 年中国出口的油气钻机销售额累计达 366811 万美元，中国前十大主要出口国家全部为"一带一路"沿线国家，分别是印度、俄罗斯、科威特、印度尼西亚、乌兹别克

斯坦、新加坡、越南、菲律宾和泰国，出口十国的总金额达220620万美元，占到全部中国钻机出口总额的60.1%。而竞争对手意大利、瑞典出口的主要市场则在美国、英国、法国、澳大利亚等欧美市场和部分南非、南美市场。反映出在钻机产品的价格和性能定位上，我国对"一带一路"沿线发展中国家相对更具有市场。

3. 电化学储能产品的国际竞争力

电化学储能产业链主要包括上游设备、中游系统集成及安装、下游终端客户。其中上游设备包括电池、PCS、BMS、EMS等多个部分，电池和PCS占成本比例最大。其中，电池是核心部分，占到了成本的67%；PCS是储能变流器，主要负责控制电池的充放电，进行直流和交流的转换，成本占约10%。

2022年中国锂电池的国际市场的占有率为全球第一，销售额达284亿美元，销售额占全球锂电池市场的46.4%，锂电池市场CR6>83.4%，市场集中度属集中寡占。除中国外，其他具有竞争力的出口国家主要集中在波兰（12.7%）、德国（9.4%）、匈牙利（9.4%）、日本（5.5%）和美国（2.6%）。对比国际市场占有率排名前十的国家，中国锂电池的 *RCA* 指数为2.42，说明在我国的所有出口产品中，锂电池是我国具有一定竞争力的出口产品。在市场占有率最高的五个国家中，中国锂电池 *TC* 竞争力指数0.76，反映出锂电池领域我国的绝对竞争优势。中国锂电池主要出口的10个国家主要分布在美国、德国、韩国、越南、日本、荷兰、印度、西班牙、斯洛伐克和波兰，出口额占到全球总出口额的69.9%。在锂电池制造领域，我国较竞争对手日本、韩国和美国而言拥有较为完整的产业链，在锂电池材料的正极、负极、电解液和隔膜领域国际市场占有率分别高达65%、42%、65%和43%，因此具有良好的竞争力。

如表3所示，除中国外，其他具有竞争力的出口国家。

表3　2022年锂电池全球十大出口国国际市场占有率（*MOR*）、*RCA* 指数和 *TC* 指数

	中国	波兰	德国	匈牙利	日本	美国	荷兰	捷克	马来西亚	墨西哥
MOR	46.4%	12.7%	9.4%	9.4%	5.5%	2.6%	1.4%	1.3%	1.2%	0.9%
RCA 指数	2.42	4.17	9.93	0.77	13.71	0.31	1.42	0.76	0.41	0.38
TC 指数	0.76	0.68	−0.28	0.7	0.33	−0.68	−0.19	−0.37	0.61	−0.53

此外在变流器市场中，2021年中国变流器销售额的国际市场的占有率为全球第一，销售额达279亿美元，销售额占全球变流器市场的37.4%，略低于锂电池市场。其他主要竞争力的出口国家与下游锂电池领域接近，出口优势国家主要集中在德国（11.5%）、美国（6.0%）、荷兰（4.3%）和日本（3.8%）。对比国际市场占有率排名前十的国家，中

国静止式变流器（包括逆变器）的 *RCA* 为 1.94，但低于锂电池的 2.42。反映出在储能产品制造领域，下游锂电池出口竞争力高于变流器（包括逆变器）。在国际市场占有率最高的五个国家中，中国锂电池 *TC* 竞争力指数 0.55，均高于竞争对手，反映出在变流器生产领域的绝对竞争优势。（表 4）

表 4　2021 年全球变流器（包括逆变器）十大出口国国际市场占有率（*MOR*）、

RCA 指数和 *TC* 指数

	中国	德国	美国	荷兰	日本	墨西哥	意大利	匈牙利	印度	波兰
MOR	37.4%	11.5%	6.0%	4.3%	3.8%	2.3%	2.3%	1.9%	1.7%	1.6%
RCA	1.94	3.77	6.31	0.5	9.42	0.27	2.31	1.15	0.58	0.67
TC	0.55	0.14	−0.5	−0.04	0.04	−0.23	−0.04	0.23	−0.09	−0.17

（二）能源装备企业的竞争格局

1. 钻机企业的国际竞争格局

目前中国能源装备企业在陆地钻机、钻井平台和固井等领域市场具有一定竞争优势。最大的陆地钻设备制造商中，宏华集团是中国最大的钻机成套设备生产企业，全球第二大陆地钻机生产商，其近 80% 的产品销往海外，主要覆盖北美、中东、南美、印度、俄罗斯及非洲等主要产油区。宝鸡石油机械有限公司是国内第二大陆地钻机生产企业。油气勘探服务领域的东方物探、中海油在全球油服领域行业优势也较为突出。其中，东方物探销售收入连续七年保持全球物探行业第一，规模超过全球总量的 40%。以中海油服为代表的龙头油服企业目前已经跻身全球油气技术装备服务市场前列。中海油服市场覆盖了东南亚、中东、美洲、欧洲和非洲等地区，并在中东地区突破了定向井服务市场。其钻井平台规模位居全球第一，固井排名全球第三，电缆测井紧随三大油服之后排名第四。由于国际钻井平台公司大多为重资产公司，随着 2016 年后油价持续低迷，不少公司面临重组危机，2020 年包括瓦拉里斯公司（Valaris）、海上油田服务集团（Seadrill Partners）、诺布尔钻井公司（Noble）等龙头钻探公司申请破产保护，中海油服在海上钻井平台服务的优势进一步显现。截至 2021 年 11 月，中海油服公司运营 43 座自升式钻井平台，14 座半潜式钻井平台，钻井平台规模行业领先。

但是在定向井领域，在全球范围内定向钻井技术基本被斯伦贝谢（Schlumberger）、哈利伯顿公司（Halliburton）、贝克休斯公司（Baker Hughes）国际油服巨头垄断，其市场份额占 65% 以上，其他国家只能高价从其手中购买设备或者服务。2015 年后中海油服定向钻井技术逐步实现自主替代，并打破欧美长期垄断局面。2021 年中海油服定向钻井业务收入 5 亿美元，约占据 6% 的全球市场规模，排名第四位，但与前三仍有较大差距。排名第三的哈里伯顿定向钻井业务收入为 12.6 亿美元，是中海油服的 2 倍之多，而斯伦贝谢定向钻井业务收入约 21.6 亿美元，是中海油服的 4 倍多。

2. 储能电池领域企业的竞争格局

近年来国际锂电池企业的竞争格局处于急速调整阶段，由过去日韩企业主导格局演变成了中国企业主导。由于动力电池和储能电池是锂电池应用发展最具潜力的领域，两者在技术上并无较大差别，只是由于应用场景不同在性能和寿命上有着不同的要求，因此中国企业在无论在动力电池市场还是储能电池市场都有着优秀的表现。

根据韩国 SNE 的研究，储能电池领域宁德时代从 2020 年的 14% 全球份额跃居到了 2021 年 25% 的全球第一，其次分别为比亚迪、三星 SDI 公司、LG 新能源和国轩高科股份有限公司，四家企业储能锂离子企业的占全球市场的近 73%，其余企业如派能科技、南都电源等也大部分为中国企业。动力电池市场也依旧被宁德时代、LG 新能源、松下、比亚迪、鲜京 On 公司（SK On）和三星 SDI 公司占据，六家企业占据了全球 84% 的市场份额。

此外，由于储能变流器（PCS）与光伏逆变器技术上同源，对于原有光伏逆变器企业而言储能业务属于增量业务，因此进入国际储能变流器行业的竞争的企业大多也为光伏逆变器厂商。中国光伏逆变器总计已占据超过 70% 的全球市场份额，优势企业包括阳光电源股份有限公司（以下简称阳光电源）、华为等。在全球市场中，阳光电源、科华数能科技有限公司、比亚迪、古瑞瓦特科技能源有限公司、上能电气股份有限公司和南都电池等依然是国际市场上具有一定的竞争力的中国集成商。

三、能源装备企业海外业务拓展存在的问题

（一）企业国际业务占比偏低，技术含量高、外溢性强的成套技术与产品"走出去"能力相对有限

近年来，随着"走出去"的步伐加快，企业海外合作逐步已经从项目承包拓展到更多元的产业合作领域，国际业务不断扩张。但是，由于中国能源装备企业大多尚处在"年轻"阶段，很多企业的历史不足 30 年，和国外的百年企业相比，企业运营管理未形成全球化格局，还停留在国际化布局的初级阶段[7, 8]。

首先，能源装备制造目标市场定位目前依然以国内市场为主，生产和市场大都放在了国内，尽管海外业务布局不断扩大，但是从海外营收规模和海外业务的增长性来看，与

国外龙头的企业差距还依然较大。中海油服 2017—2021 年海外业务在总营收的占比平均仅为 22.8% 左右,对比国际三大国际油服公司的海外业务,其业务营收的比例均超过 60%。中国石化中国大陆业务占比从 2019 年 71.8% 上升至 2021 的 77% 以上,而陶氏化学美国和加拿大业务仅占比 35.7%,海外其他地区占比 65.3%。国际业务占比偏低严重阻碍了中国企业"走出去"的国际影响力。

其次,技术含量高的成套装备产品和附加值高的全套方案与服务"走出去"能力偏低。以国际钻采设备和油服市场为例,国外企业布局较早,凭借着全面的产品线和成套解决方案占据着全球钻采设备 50% 以上的市场和 60% 以上的油服市场。我国石油钻采设备的常规产品基于较高的性价比具有明显的竞争优势,但是在高端产品如深水钻机、海洋钻井装备的自动化、智能化领域还较为落后;同样,锂电池电能基础原料市场供给接近饱和,但在中游储能集成领域全套服务的供给水平还有待提升。

(二)国内储能商业应用模式相对较单一,在进军海外市场时有一定难度

从储能市场应用场景来看,由于国内和海外储能市场商业应用在收益来源有差异。国内储能市场的盈利模式主要靠政策强制推行,如发电侧强制配储+补贴手段,而欧洲与美国等主要市场则是居民、工商业储能场景发展迅速,较为单一的商业模式使得国内企业在进军海外市场时需要重新定位。

国内由于储能市场应用的盈利模式较为单一,储能企业在国内表前端(发电侧和电网侧)以及表后端(居民与工商业)商业运营的经验无法复制到海外。从盈利模式而言,国内储能盈利模式主要由政策推动,即通过在发电侧解决弃电,进而提高发电收入以及参与调峰辅助服务获取补贴。由于光伏配储主流盈利模式收益率偏低(IRR 约为 6.64%)不及仅光伏发电,除强制外,企业没有自发配储意愿。同时,在表后端商业应用场景下虽然以工商业储能为主,但由于投资回报低,加之国内电网基础设施可靠性高、停电极少,居民电价较低,因此整体表后端储能市场也缺乏装机动力,2020 年国内表后端(工商业+居民)储能渗透率仅为 0.006%。因此国内市场还缺乏大规模表后市场企业商业运行的经验。另外,国内市场储能市场的发展主要以发电侧政策驱动为主,由于发电侧的终端企业对储能系统多为招标采购,因此储能企业或系统集成商无法运用其渠道和运营优势。因此,缺乏国内商业运营经验的国内储能企业在进军海外市场时,必然要经过较长时间的磨合适应国外商业市场环境。

另外,由于欧洲、美国等表后市场需求增长较快,中国企业相对不具备渠道与品牌优势。由于工商和居民端储能产品由于直接面临终端客户,对产品品牌口碑、维修、支持等增值服务具有更高的要求,通常具有先发优势的企业会具有更高市场优势。而中国

企业相对于海外品牌，由于不具备渠道与品牌优势，因此在产品趋势，顾客更偏好选择有口碑的海外品牌。例如，2020年全球户用储能电池出口排名前五的供应商中特斯拉公司、LG新能源先发优势明显，而中国的派能科技公司（Pylontech）、沃太能源公司（Alpha ESS）虽然产量大，但是从用户端品牌与渠道优势相对较弱。例如，中国派能科技公司主要为德国晟声储能服务商（Sonnen）生产贴牌产品为主，一些低端产品如宁波德业股份科技股份有限公司的储能产品，也是通过与美国太阳能电弧公司（Solar-Ark）贴牌合作方式得以进入美国市场。因此，长期来看这种代工/贴牌的盈利模式在进军部分户用端市场时还需要做出调整。

（三）技术获取渠道相对有限，跨国并购、海外项目的投资方式不够活跃

首先，由于能源装备领域企业的核心技术壁垒较高，除自主研发外，技术寻求型海外并购是帮助企业实现技术追赶超越的重要手段。由于技术寻求型海外并购可以省掉新建企业所需的烦琐手续和建厂的时间，并购后更好地能完善原有技术或者产生新的技术，是众多国外化工与装备技术企业外部获取技术提升的主要手段。但是，从目前我国企业获取技术的途径来看，国企以自主研发为主，设立海外全资子公司是目前我国油服和化工国企海外市场拓展的主要手段，技术寻求型海外并购业务开展相对有限。民营企业虽然有所突破，但受限于资金，技术海外并购和合资等手段开展相对缓慢。

其次，企业"出海"的投融资的渠道相对单一，缺乏丰富的海外并购经验。由于企业多角度制定海外合作战略的能力还不强，在金融、市场等资源方面的"组合拳"运用不够，海外投融资渠道多以股权投资和银行贷款为主，投融资方式较为单一。此外，在海外并购过程中，由于容易关心海外并购金额，而忽略了对并购公司的整合和对合资项目过程的管理，进而给企业在海外并购带来一定风险。例如，中海油服虽然成功收购挪威石油钻井公司ASA，但是由于后续爆出ASA偷逃漏税等问题使得企业海外声誉受损，同时还因海外业务管理不善存在安全隐患遭受与挪威国家石油公司的业务终止，导致中海油服的海外并购资产损失高达71亿。[9]

（四）国际合作的主要驱动主要以拓展海外市场和技术获取为主，缺乏管理和品牌导向

从我国企业目前的海外合作历程来看，无论是海外竞标项目还是设立子公司或是建立海外中心都是以占领市场、获取资源（人才、技术）等为目的，还缺乏以品牌运营和管理为导向的海外合作。通过品牌和管理为导向的国际合作，以获取国外知名企业的渠

道管理和海外市场知名度为目的，既可以节省企业塑造海外品牌的时间，也快速获取了进入目标海外市场的渠道，对后续制定国际化战略、加速提升我国企业"走出去"具有重大影响。在企业全球化的大背景下，缺乏品牌影响力势必将削弱能源化工装备技术企业"走出去"的国际竞争力。例如，宝石机械的"BOMCO"品牌虽然在中国具有一定影响力，但在国际石油装备竞争激烈的高端市场的进入却相对困难，2019 才超深井钻机首次突破进入科威特市场。而相较于国际知名度较高的企业如斯伦贝谢、LG 化学等，中国能源装备产品品牌知名度、美誉度仍有较大差距。

四、能源装备企业国际合作的提升策略

（一）重点推进"一带一路"能源装备产业链合作

从油气采钻装备的出口优势集中地区来看，"一带一路"沿线是我国油气装备的主要出口地区。由于"一带一路"沿线多数国家能源化工装备制造工业基础相对薄弱，需求基本涵盖了油气上、中、下游各个领域。因此，首先应对接"一带一路"沿线国家的发展战略，如蒙古的"草原之路"、哈萨克斯坦的"光明之路"、俄罗斯的"欧亚经济联盟"、越南的"两廊一圈"等，为推进能源装备与化工产业链合作创造投融资机会。其次，分区域、有重点地推进与"一带一路"沿线国家的合作。

对于"一带一路"资源优势较好、具有一定能源化工装备基础的俄罗斯、马来西亚和资源优势较好但欧美市场进入早、竞争相对激烈的沙特阿拉伯、阿联酋、阿曼、科威特等中东国家，我能源化工装备的国际合作的上游重点应集中在高端钻井设备，下游则主要应定位在大型一体化炼化项目的合作，用于提升当地化工产品链结构、发展中端及高端化学品。对于大部分中亚地区国家如乌克兰、哈萨克斯坦、乌兹别克斯坦等和伊朗、越南、缅甸、泰国等能源化工装备基础相对较弱的国家，可以通过"制造+服务"模式发挥现有输送装备、油气井管、钻井装备、采油装备、石化装备的完整产业链基础优势，以工程总承包带动产业链上下游配套"走出去"，通过提供整体方案，鼓励能源装备制造企业、油服企业、炼化企业抱团出海，集中力量拓展海外市场。

（二）以海外户侧储能市场为切入，差异化海外布局

从国际储能市场发展增量潜力来看，国际储能市场主要可以划分为两大类，一类是目前需求保持稳定增长的欧洲、美国、澳大利亚、日本、韩国等成熟市场的国家，另一类则是以印度、泰国、越南、缅甸等东南亚地区以及南非、埃及和部分拉丁美洲国家的新兴市场。

首先，积极拓展海外用户侧储能市场，拓展集成化综合服务模式。一方面，对于需求保持稳定增长的成熟市场国家，如欧洲的德国、英国、荷兰等国，应重点阳光电源、华为等企业为核心，积极拓展工商企业＋户用应用储能市场。相较于发电侧，用户市场端对专业性和价格相对不敏感，而渠道壁垒效应较为明显。在海外集中采购模式下，海外渠道可以主要通过长期与经销商或大型客户合作方式获得。以华为为例，由于前期的技术研发与客户资源渠道的积累，仅用了两三年时间就在国际逆变器市场占领了较高份额。因此，在拓展表后端海外市场时，一方面，重点通过与当地经销商、安装商和集成商展开长期合作关系，以海外渠道拓展为重点，逐步扩大海外市场的知名度与占有率。另一方面，企业需要根据各国终端用户的产品的需求，采取差异化竞争策略，深耕当地市场需求。通过提供多元化的产品、完善的海外售后服务体系，为用户端提供丰富的储能系统产品与服务。另一方面，在用户侧储能领域，企业在"走出去"过程中需要积极探索集成综合服务模式。由于我国目前储能系统集成商国内市场集中度偏低，除少数企业外，在海外有能力提供综合集成服务的企业相对较少，同时用户侧储能市场尚未充分开发，在服务模式上处于探索阶段。因此，在开拓海外市场时，集成服务商需要不断探索综合服务模式，以通过提供一体化方案提升产品附加值。通过提供光伏＋储能、储能电池、充电桩等领域在内的一体化方案，降低安装难度，为用户侧客户提供更好的体验。

其次，对于部分东南亚新兴储能市场国家和以美国、韩国为代表的前表需求主导国家，则以提升产品竞争力和打通产业链海外合作为重点，通过提供较低成本和标准化服务逐步拓展海外市场。一方面，通过上游材料及锂电池生产制造，积极融入与海外知名企业的产业链。另一方面，通过龙头企业如阳光电源、比亚迪带动拓展海外业务。通过海外建厂、海外投资和海外 ECP 项目等方式，提升企业在海外市场的应变能力。

（三）拓宽企业的国际投融资合作渠道

一方面，利用多边投融资平台积极，提升中国在发展中国家的投融资能力。积极借助亚洲基础设施投资银行、金砖国家新开发银行、丝路基金、亚洲开发银行、中非发展基金等融资平台，利用国家信用担保，降低企业在海外运营的风险，发挥杠杆撬动作用提升企业在海外地区的投融资能力。

另一方面，探索适用于能源装备产业的投融资合作模式，通过开展第三方市场合作等新型合作方式打开多方共赢的新局面。通过与第二方联合融资、共同投资、EPC＋第二方投资等方式与外方联合共建、合作共同开发第三方市场，整合各方资源及优势的同时，提高自身的产品和服务的水平。通过第三方市场合作不仅能够使参与方在资源、技术上实现互补，还能够保证将合作双方的竞争关系降到最低，同时在项目实施中各施所长形成配合，从而巩固双方的合作。例如，自 2015 年中法两国首次发表《中法第三方市场合作联合声明》以来，该合作模式经过多年发展先后已经有 14 个国家同中国签署了第三方市场合作文件。在中非、东南亚等地区就能源方面已经开展了一些尝试性合作，其中包括日本住友商事负责印尼煤电 EPC 合同下的土建工作和 BOP 部分的设计、采购与安装，三菱重工负责主机、发电机以及锅炉的设备和安装，而中国通用技术集团公司和美国博莱克威奇公司联合体负责为住友商事 EPC 项下辅机部分提供设备与安装服务。中国企业应积极利用第三方市场合作机制，推动能源装备和化工制造领域国际产业链相关利益方企业积极投入第三方市场开发，通过"技术＋市场"的联合开拓新的合作局面。

（四）推进品牌国际化进程

以核心企业为重点，积极调整品牌运营思路，通过参与以品牌和运营渠道为核心的国际合作，打造"走出去"新名片。随着"双循环"新发展格局的构建，品牌已成为当前国际竞争的焦点。我国"一带一路"倡议已逐渐被沿线多数国家所接受，作为全球第一制造大国，在能源装备技术领域已形成比较健全的产业链和集成能力。我国大型油气装备在全球范围的竞争优势主要来自整体性价比，因而在"一带一路"沿线发展中国家也具有较大市场，但是不能因此而忽略了品牌运营。

一方面，优势企业如宝鸡石油机械、中国石化集团等，应当率先在市场布局过程中，根据沿线国家特点制定符合企业产品和战略发展定位的品牌策略，并逐步形成客户差异品牌定位，增加品牌的黏性与附加值，将品牌的核心理念赋予产品要素之中，并通过"产品＋服务"准确传递给客户。另一方面，通过积极开展基于品牌推介与运营国际合作、组建品牌联盟，有效利用国际媒体资源以及参与具有全球影响力的活动，加深用户的品牌记忆，通过扩大中国能源装备与化工产品国际知名度，提升品牌附加值。最后，要重视企业形象的国际公关，通过企业海外形象的舆情监测和品牌形象评估，维护企业在国际的形象。

参考文献

［1］冯烽，熊昭. 装备制造业发展的国际经验及对中国的启示［J］. 经济学家，2023，（04）：56-66.

［2］中国石油集团经济技术研究院"一带一路"课题组."一带一路"油气合作成就、经验与展望［J］. 现代国际关系，2023，（10）：5-22＋146.

［3］李昕蕾，刘小娜. 碳中和背景下中日韩清洁能源合作嬗变［J］. 东北亚论坛，

2023，32（02）：80-97＋128.

［4］周茂，武家辉，李雨浓，等.共建"一带一路"与互联互通深化——基于沿线国家间的视角［J］.管理世界，2023，39（11）：1-21＋93＋22.

［5］孟凡生，于建雅.新能源装备智造发展影响因素作用机理研究［J］.科研管理，2019，40（05）：57-70.

［6］王亮.中国新能源装备产业集聚对技术创新的影响研究［J］.科学管理研究，2015，33（06）：60-63.

［7］王晓芳，谢贤君，赵秋运."一带一路"倡议下基础设施建设推动国际产能合作的思考：基于新结构经济学视角［J］.国际贸易，2018，（08）：22-27.

［8］张月月，王晓萍，冯仁光.中国装备制造企业跨越式升级的实现机制：数字技术赋能逻辑与路径［J］.科技进步与对策，2023，40（24）：92-100.

［9］桑一，刘晓辉.能源企业海外并购战略与风险识别分析——以中海油并购尼克森为例［J］.财务与会计，2014，（01）：20-21.

能源革命背景下的核能国际合作研究

胡留所

（西北大学 经济管理学院 陕西 西安 710127）

摘　要： 核能清洁高效，对于构建新型能源体系、保障国家安全具有重要意义。但核能在原料和技术方面要求苛刻，需要对外合作才能有效互补，形成稳定安全的核能运营，因而，研究核能的国际合作十分必要。本文在对中国核能产业进行基本分析的基础上，分析了当下核能国际合作的基本现状，总结了核能国际合作中引进来、深入互动和走出去三种模式，剖析了当前核能国际合作中的存在问题，并针对所存在的问题提出了相应的政策建议。面对全球核能技术的激烈竞争，中国还需要进一步加强基础研究，强化原始创新，不断精进自身的核能技术水平。在促进中国核能产业发展，保障中国能源安全，助力"双碳"目标实现的基础上，走出国门，实现更大范围上的价值。

关键词： 能源转型；核能；国际合作

引　言

自 1955 年 1 月 15 日，中国讨论并决定建设自己的核能产业已近 70 年。中国核能的发展从无到有，从全面"引进来"到自信"走出去"，离不开国际合作。核能在军事领域、能源领域以及医学领域的应用发挥了重要作用，对中国的国家安全、能源安全作出了突出贡献。在新发展格局下，能源革命推动着新型能源体系的形成和发展，而核能稳定、可靠、换料周期长，适于承担电网基本负荷及必要的负荷跟踪，可大规模替代传统化石能源。[1]核能作为能源体系的重要组成部分，其技术、装备、和安全标准需要保持国际化，以便于中国核能在世界能源体系中的引进和输出。因此，深入探讨中国核能国际合作，对于构建新型能源体系、保障国家安全具有重要意义。

"十三五"期间，面对错综复杂的国际形势，我国核工业始终秉持开放合作、互利共赢，积极贯彻国家扩大对外开放战略和"一带一路"倡议，坚持新发展理念，推动建立新发展格局，核能国际合作迈出新步伐。核电项目国际合作持续推动，采用 AP1000 和 EPR 技术的核电机组在国内顺利实现商运，巴基斯坦、英国在建核电项目稳步推进，华龙一号品牌国际影响力持续提升；核能产业链国际合作取得较大突破，海外铀资源开发、铀资源贸易对国内核电发展的保障能力不断提高；中俄、中法双边核能合作深度与广度持续提高，互利共赢合作格局不断巩固；国际核科技创新合作不断扩展，ITER 等重大科技项目取得重要成果，人才、技术、设备等科技创新要素的国际交互流动不断深化；积极参与核领域国家治理，为国际核能发展贡献中国方案和中国智慧。面向"十四五"，我国核工业坚定推动国际化发展，为进一步提升国际交流和合作水平奠定了坚实的基础。

能源十四五提出，要积极安全有序发展核电。在确保安全的前提下，积极有序推动沿海核电项目建设，保持平稳建设节奏，合理布局新增沿海核电项目。积极推动核电国际合作，加强核能科技创新，参与全球核能治理体系改革和建设。

一、中国核能发展概况

2022 年 8 月的第 29 届国际核工程大会开幕式上，国家核安全局相关人员介绍，截至 2022 年 6 月，中国大陆地区目前在运的商用核电机组一共有 54 台，其中 25 台由中国核能电力股份有限公司控制，26 台由中国广核电力股份有限公司控制，2 台由国家电力投资集团有限公司所控制，1 台由中国华能集团有限公司控制。

（一）中国电生产运行状况

从表 1 可以看出，在 2011—2020 年期间，核电装机容量的提升高于中国发电设备容量提升的增长幅度，对于保障能源供应起到了重要作用。2011—2020 年间，中国发电设备容量从 103680.11 亿千瓦·时提升到 193908.12 亿千瓦·时，增长了 87%。核电设备装机容量从 1257.21 亿千瓦·时提高到 4987.33 亿千瓦·时，增长了 2.97 倍，高于火电设备 64%、水电 37% 的增长水平，但低于风电 4.85 倍的增长水平。

表 1 2011—2020 年中国核电设备容量　　　　　　　　　　　单位：亿千瓦·时

年份（年）	发电设备容量	火电设备容量	水电设备容量	核电设备容量	风电设备容量
2011	103680.11	75494.62	22599.88	1257.21	3483.66
2012	108860.29	80297.94	21033.86	1263.81	4808.58
2013	118999.40	85625.09	24298.41	1485.04	6552.16
2014	131368.76	92083.31	27182.01	2031.77	7891.37

年份（年）	发电设备容量	火电设备容量	水电设备容量	核电设备容量	风电设备容量
2015	143630.43	99232.01	28446.94	2643.95	10244.89
2016	154594.50	105345.00	28970.57	3364.43	12656.53
2017	165486.15	109440.27	31029.18	3581.93	14760.76
2018	168719.80	111478.17	30059.00	4465.93	15661.30
2019	178554.51	117082.29	30693.65	4875.53	17632.84
2020	193908.12	123740.13	30963.43	4987.33	20400.66

数据来源：Wind。

核电装机容量的大幅提升来源于核电机组数量上的增加和技术上的提升。根据国家核应急中心数据，截至 2022 年 6 月，中国在运行的核电机组达到了 54 个，包括新型技术的应用机组华龙一号和 AP1000。①从核电机组建设单位来看，主要来源于中核集团、中广核集团和国家电投公司，而这三家公司中又以中核集团和中广核集团为主，国家电投进行建设的机组只有 2 台共 250 万千瓦的装机容量。②从核反应堆类型上看，在运的主要为压水堆型核反应机组，压水堆技术的改良版、华龙一号和 AP1000 机组则还未大规模推广。③从要额定功率设计上看，除最早的秦山核电站机组功率为 31 万千瓦，其他的机组均在 65 万千瓦以上，且主要机组达到了 100 万千瓦以上。

在核电建设的积极推进下，中国的核电发电量大幅提升。从表 2 可以看出，自 2010—2021 年间，中国的发电量持续增加，其中核电发电量从 747.42 亿千瓦·时增长到 4075.00 亿千瓦·时，增长了 5.45 倍。自 2011 年以来，核电发电增长率远高于总体发电量的增长率，为中国发电量的稳步增长起到了重要作用。

表 2　2010—2021 年中国核电发量及增长率

年份（年）	发电总量 （亿千瓦·时）	核电发电量 （亿千瓦·时）	发电总量增长率 （%）	核电发电量增长率 （%）
2010	42277.71	747.42	14.85	6.70
2011	47306.00	872.00	11.89	16.67
2012	49865.26	983.18	5.41	12.75
2013	53720.57	1115.01	7.73	13.41
2014	56800.84	1332.18	4.33	19.48
2015	57399.50	1713.78	1.05	28.65

续表

年份（年）	发电总量 （亿千瓦·时）	核电发电量 （亿千瓦·时）	发电总量增长率 （%）	核电发电量增长率 （%）
2016	60228.45	2131.78	4.93	24.39
2017	64529.00	2481.00	6.55	16.39
2018	69947.00	2950.00	8.40	18.87
2019	73269.00	3487.00	4.75	18.23
2020	76264.00	3662.00	4.09	5.03
2021	83768.00	4075.00	9.80	11.30

数据来源：Wind。

（二）中国的核电工程建设

截至 2022 年 6 月，中国在建核电机组 23 台，在建核电机组数为全球第二。"华龙一号""国和一号"等一批重大核电工程建设正在有序推进。目前，我国自主三代核电"华龙一号"机组进入批量化建设阶段，共有 10 台华龙一号机组在浙江、广西、广东、福建等地开展建设。在广东惠州，太平岭核电一期工程两台"华龙一号"机组建设正在有序推进，项目建设过程中，采用了大量新模式、新工艺、新技术，例如 1 号机组创新使用三维建模等智能核电建造技术，从开工到完成穹顶吊装用时 24 个月，创造了"华龙一号"穹顶吊装最短纪录。

1. 核岛工程建设

核电工程业务范围主要包括核电站核岛、常规岛、BOP 工程及其他与核电站相关工程。在核电建设投资总额中，建筑和安装总投资占比约为 20%。核岛工程是核电工程的核心部分，施工难度大、技术含量高，且要求承建单位具有核电工程承建资质。核电业主在选择承包商时，除去管理、技术、成本等因素外，更倾向于选择具有丰富核电建造经验的承包商。目前国内已建和在建的核电项目的核岛工程中绝大部分由中国核建旗下的成员单位五公司、二十二公司、二十三公司、二十四公司、华兴公司等承建。中国核建控股股东中国核工业建设集团，前身历经第二机械工业部、核工业部、中国核工业总公司，是我国国防军工工程重要承包商之一，是我国核电工程建设领域历史最久、规模最大、专业一体化程度最高的企业。

2. 常规岛建设

核电工程的常规岛和 BOP 工程建设市场，由于工程难度和特殊性不及核岛建设，目前国内参与竞争的企业较多，包括各大型建筑企业、火电建设企业等，市场竞争激烈。在核电站常规岛及电站辅助设施建造领域，主要竞争者包括中国核建（601611. SH）旗下的成员单位，中国能建（03996. HK）旗下广东火电工程总公司、浙江省火电建设公司，以及中国建筑（601668. SH）旗下第二工程局有限公司等国内电力建设企业。

3. 沿海为主、内地多停滞

2022 年 1 月 29 日，国家发改委、国家能源局正式发布《"十四五"现代能源体系规划》，其中提到了核电"十四五"规划目标，计划在 2025 年运行装机容量达到 7000 万千瓦。针对核电的选址上，规划要求在确保安全的前提下，积极有序地推动沿海核电项目建设，切实做好核电厂址保护工作。对于备受社会关注的内陆核电，规划中并未详细提及，而主要规划项目包括建成投产辽宁红沿河 5、6 号（5 号已建成投产）；山东石岛湾高温气冷堆、"国和一号"示范项目；江苏田湾 6 号（已建成投产）；福建福清 5、6 号（5号已建成投产），漳州一期 1、2 号；广东太平岭一期 1、2 号；广西防城港 3、4 号等核电机组。

目前全国已经有十余个省（区市）已经计划布局了内陆核电（表 3）。其中，湖北咸宁大畈核电站、湖南桃花江核电站和江西彭泽核电站等核电项目，都持续受到社会关注。但根据近年来的能源规划来看，内陆核电建设依然十分审慎，主要还在规划设计和厂址保护阶段。

表 3　中国内地正在筹建中的核电站

省（区市）	筹建中的核电站
湖南	桃花江核电站、小墨山核电站
湖北	大畈核电站、松滋核电站
江西	彭泽核电站、烟家山核电站、瑞金核电站
四川	三坝核电站
安徽	芜湖核电站、吉阳核电站
河南	南阳水电站
重庆	涪陵核电站
黑龙江	佳木斯核电站
贵州	贵州核电站
河北	海兴核电站

数据来源于：中国核电信息网，核电站一览（heneng.net.cn）。

（三）中国的核电产业

1. 核电产业全景

核电站是当今世界最复杂的工业系统之一，围绕核电站所形成的核电产业也非常复杂。围绕核电站所形成的核电产业链也十分复杂，设计到上、中、下游的多个环节（图1）。从纵向来看，核电产业主要在于上游部分，中下游部分较少。核电产业上游主要包括核电机械设备、核燃料以及相关工程的设计和建设部分，是核能产业最为复杂的部分。而中游主要指核电站的运营，而下游主要指核电形成电力后的并网消纳，以及在这一过程中的检修维护、乏燃料的处理。由于核能的特殊性，核电站一旦出现放射性事故，所造成的危害将显著超过常规电站，因此核电站对安全性、可靠性的要求极高。也正是基于这一原因，政府对核电行业设置了较高的门槛，在各个环节上均需要取得主管部门颁发的执照才能够开展相关业务。目前国内核电市场在工程、建造、装备制造、运营等各个环节均只有有限的参与者，基本以中核集团、中广核集团、国家电投及其下属单位为主。

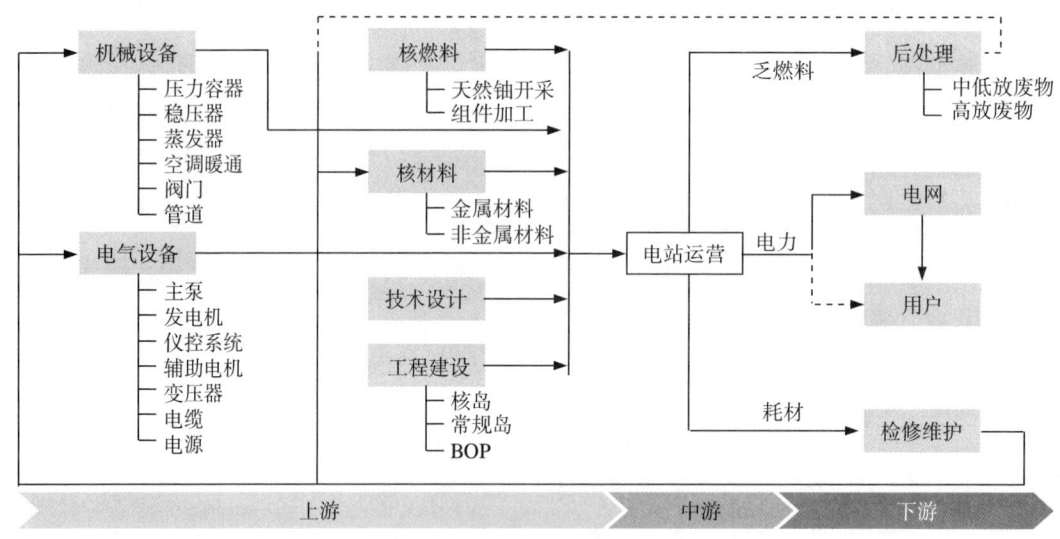

图1 核能产业链全景图

2. 核电项目的设计、建设与运营

由于国家对核电相关资质的限制，国内仅中国核电、中广核电力和国家电投三家公司具有核电投资运营商资格。国内在运及在建商业核电项目均由上述三家公司控股（石岛湾核电由华能集团持股50%，属示范项目）。国内其他四大发电中国华能集团有限公司、中国大唐集团有限公司、中国华电集团有限公司、中国国电集团公司均在积极布局核电业务，通过入股的方式获得核电项目管理经验并培养管理和技术人员。此外，核电项目所在省市的地方能投公司通常也是核电项目投资人之一。核电项目通常由上述三家

公司之一牵头成立业主公司作为投资、建造和运营的责任主体。

（1）核电项目设计

核电项目设计工作通常由工程公司所属的设计院，或者同一个集团所属的设计院来完成。目前国内具备核电工程设计资质的设计院均归属三大核电集团。工程公司的采购部门负责向国内外主要核电设备供应商进行采购，并控制质量和进度。工程建安活动通常由专业的工程承包商负责，主要有中国核建、中国能建以及中国建筑等，而核电工程公司负责工程管理职责。工程调试活动通常由工程公司所属的调试队伍，或者与业主公司组成联合调试队来完成。

（2）核电项目建设

在项目建造环节有"大业主""小业主"等不同的模式。"大业主"模式即业主公司自行负责工程项目管理、设备采购、机组调试等任务，仅工程设计与施工环节外包。"小业主"模式即业主公司与专业的核电工程公司签订工程总承包合同，由工程公司负责整个工程项目的设计、采购、建造和调试等任务，在项目竣工之后交由业主公司运营。"大业主"模式对业主公司的要求较高，需要业主公司维持一支数百人的工程管理团队，在工程建设完成后通常需要进行人员转岗分流。随着国内核电工程公司的发展，目前国内核电工程项目主要以"小业主"模式为主，核电项目运作主要流程如图2所示。核电工程公司成了核电建设的主力军，承担核电项目设计、采购、工程管理和调试等任务。由于核电产业的特殊性，核电工程建设市场为非完全竞争市场，行业内竞争企业数量有限。目前国内仅有三家具有核电工程总承包资质的工程公司，分别是中核集团下属的中国核电工程有限公司，中广核电力下属的中广核工程有限公司，国家电投下属的国核工程有限公司。中核集团下属的中国中原对外工程有限公司主要负责海外核电项目工程。

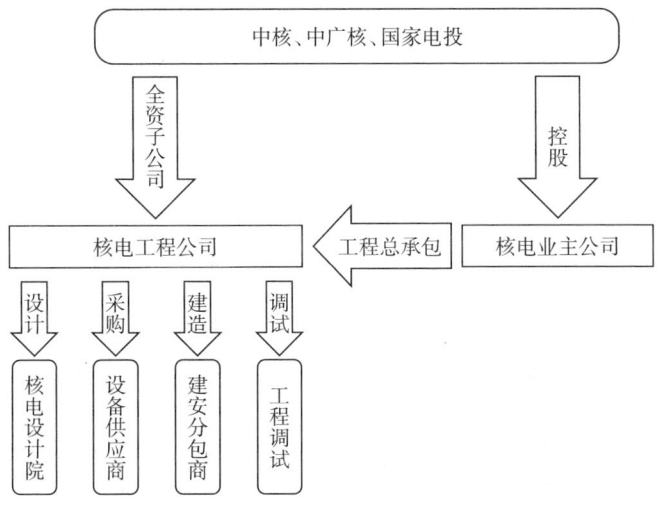

图 2 核电项目运作示意图

（3）核电运营

截至 2022 年 6 月，中国大陆地区在运的商用核电机组一共有 54 台，其中 25 由中国核电控制，25 台由中广核电力控制，3 台由国家电投所控制，1 台由华能集团控制。在建的 23 台机组中，也多由中国核电和中广核电力所承建，国家电投直接建设的相对较少。造成这一局面的最直接原因便是由于技术、资金所形成的高门槛。

考虑到核电建设风险分散和利益驱动，四大电力集团与地方国资积极入股核电。其中华能、大唐、华电与国电均积极入股核电项目。华能集团持有昌江核电 49% 股权和海阳核电 5% 股权，持有石岛湾核电（高温气冷堆示范项目）50% 股权，并通过该项目事实上获得了核电项目控股权。宁德核电为中广核电力与大唐发电合营公司，大唐发电持有宁德核电 44% 股权。华电集团通过华电福新持有福清核电 39% 的股权和三门核电 10% 的股权。国电集团目前仅持有海阳核电 5% 股权。华能集团与大唐集团在核电业务上走在了前列。浙能电力与粤电集团均持有较多的核电项目股权。浙江与广东是我国核电发展最早也是发展最快的省份，对应的地方能投公司也持有较多的核电项目股权。浙能电力持有秦山核电、秦山二期、秦山三期以及三门核电的股份，权益装机达 1866 兆瓦。粤电集团持有阳江核电和台山核电的股份，权益装机达到 1784 兆瓦。

核电项目的参与给相关企业带来了丰厚的回报，各公司运营环节保持较高的净利润率。国内在运及在建核电机组主要集中在中国核电与中广核电力两家公司。根据上市公司公布的财务数据，2021 年中国核电营收为 623.67 亿元，净利润为 140.55 亿元。2021 年中广核电力营收为 800.77 亿元，净利润为 156.84。从财务业绩上看，中国的主要核电公司在电力板块乃至整个能源板块都有着优异的表现，具有较强的竞争力，为核电企业的持续健康运营和中国核电产业的长远发展提供了坚实基础（表 4、表 5）。

表 4　2019—2021 年中国核电公司业绩表现（一）

证券代码	证券简称	营业总收入（亿元）			净利润（亿元）		
		2019	2020	2021	2019	2020	2021
000777. SZ	中核科技	12.66	11.67	15.58	1.36	1.05	1.20
000881. SZ	中广核技	70.22	66.52	79.99	1.41	2.93	3.64
601985. SH	中国核电	460.67	522.76	623.67	84.07	109.47	140.55
1816. HK	中广核电力	601.85	699.78	800.77	147.85	148.76	156.84

数据来源：Wind。

表5 2019—2021年中国核电公司业绩表现（二）

证券代码	证券简称	净资产收益率 ROE			总资产净利率 ROA		
		2019	2020	2021	2019	2020	2021
000777. SZ	中核科技	9.5948	6.9362	7.4874	5.8089	4.2822	4.4499
000881. SZ	中广核技	1.8066	4.6365	2.9278	1.2169	2.4665	2.8376
601985. SH	中国核电	9.5614	9.9496	10.9671	2.5055	3.0017	3.5520
1816. HK	中广核电力	11.7647	10.3334	9.9219	2.5024	2.4523	2.4581

数据来源：Wind。

二、中国核能的国际合作现状

（一）核电工程合作

中国具有核电开发权的三家主要企业，中国核工业集团、中国广核集团和国家电力投资集团都已经进行了国际化经营，成为中国核能"走出去"的主力军。三家企业在海外的核电工程涉及多个国家和地区，其中中国核工业集团起步较早，主要涉及巴基斯坦、伊朗、沙特、埃及、约旦、斯洛伐克、亚美尼亚等国家。中广核"走出去"的进程相对较晚，对外合作的重点放在中东欧、东南亚、西亚、非洲等区域。国家电力投资集团与2015年6月成立，是三家核电开发企业中最晚的，在对外合作中与土耳其和南非等国家和地区取得了一些成果。

从中国开展商用核电站建设以来，中国核工业集团走向海外的时间比较早，项目也比较多，重要的海外核电在建项目包括从1991年开始的中国核工业集团与巴基斯坦原子能委员会签署的恰希玛和卡拉奇核电站建设项目，2014年7月与阿根廷签署的阿图查核电站项目，2014年12月与阿尔及利亚签署的比林核电升级改造项目，2015年6月，与伊朗原子能签署的马克兰核电站项目。此外，中国核工业集团还与沙特、埃及、巴西等国家签署了核能合作协议。

中国广核集团在2013年后逐渐掌握了较为成熟铀资源开发和第三代核能技术ACPR1000，在走出国门的进程中，也发挥着越来越重要的作用。①中英合作：2013年，中国广核集团与法国电力集团就英国核电项目达成共识，其中欣克利角核电项目2号机组于2020年5月29日完成反应堆厂房基混凝土的浇筑，进入主体土建施工阶段。塞兹威尔核电项目向英国政府提交了项目开发许可令和核电厂址许可申请。布拉德韦尔核电项目于 7 月 1 日完成开发许可令第一阶段公众咨询，正在稳步开展项目可行性研究有关工作。华龙一号英国通用设计审查已进入第四阶段——详细审查阶段，目前进展顺利。②中罗合作：2015 年 11 月，中国广核集团与罗马尼亚国家核电公司就切尔纳沃德核电站3、4 号机组的开发运营签署了合作协议。

国家电力投资集团由 2015 年 6 月的中国电力投资集团与国家核电技术公司合并而成，在 2014 年就与美国西屋和土耳其国有发电公司签署了合作备忘录，积极推进在土耳其建设核电项目。2015 年，国家电投与南非核能集团就 CAP1400 项目的建设和应用签署了合作协议，共同探索中国核电技术在南非落地执行的可能性。

（二）深化核能产业链合作

1. 核能双边合作

中国在核能开发的进程中，高度重视国际合作，积极推进与其他国家共同和平利用核能的协定，双边核能合作持续深化。根据国家核安保技术中心的数据，截至 2019 年 12月，中国已经与 20 多个国家和地区签订了和平利用核能的双边协定（表 6）。

表 6   中外核能双边协定

序号	签约国家（地区）	签约时间	签约地点	文本来源
1	阿根廷共和国	1985 年 4 月 15 日	北京	核电相关法律法规汇编
2	阿拉伯埃及共和国	2002 年 1 月 23 日	北京	中华人民共和国条约数据库
3	澳大利亚联邦政府	2006 年 4 月 3 日	堪培拉	核电相关法律法规汇编
4	巴基斯坦伊斯兰共和国	1986 年 9 月 15 日	北京	中华人民共和国条约数据库
5	巴西联邦共和国	1984 年 10 月 11 日	北京	核电相关法律法规汇编
6	白俄罗斯共和国	2008 年 12 月 16 日	北京	中华人民共和国条约数据库
7	比利时王国	1985 年 4 月 18 日	北京	中华人民共和国条约数据库
8	大不列颠及北爱尔兰联合王国	1985 年 6 月 3 日	伦敦	中华人民共和国条约数据库
9	大韩民国	1994 年 10 月 31 日	首尔	中华人民共和国条约数据库
10	德意志联邦共和国	1984 年 5 月 9 日	波恩	中华人民共和国条约数据库
11	俄罗斯联邦	1996 年 4 月 25	北京	中华人民共和国条约数据库
12	法兰西共和国	1997 年 5 月 15 日	北京	中华人民共和国条约数据库
13	哈萨克斯坦共和国	2010 年 6 月 12 日	阿斯塔纳	文本待上传
14	加拿大	1994 年 11 月 7 日	北京	中华人民共和国条约数据库

序号	签约国家（地区）	签约时间	签约地点	文本来源
15	罗马尼亚社会主义共和国	1982 年 4 月 16 日	北京	中华人民共和国条约数据库
16	美利坚合众国	2015 年 4 月 13 日	北京	美国国务院官方网站
17	孟加拉人民共和国	2005 年 4 月 7 日	达卡	核电相关法律法规汇编
18	南非共和国	2006 年 6 月 21 日	开普敦	中华人民共和国条约数据库
19	日本	1985 年 7 月 31 日	东京	中华人民共和国条约数据库
20	瑞士	1986 年 11 月 12 日	北京	中华人民共和国条约数据库
21	沙特阿拉伯王国	2012 年 1 月 15 日	利雅得	文本待上传
22	泰国	2017 年 3 月 29 日	北京	文本待上传
23	土耳其共和国	2012 年 4 月 9 日	北京	文本待上传
24	西班牙王国	2005 年 11 月 14 日	马德里	核电相关法律法规汇编
25	伊朗伊斯兰共和国	1992 年 9 月 10 日	北京	中华人民共和国条约数据库
26	约旦哈希姆王国	2008 年 8 月 19 日	安曼	中华人民共和国条约数据库
27	越南社会主义共和国	2000 年 12 月 25 日	北京	文本待上传
28	阿尔及利亚民主人民共和国	2008 年 3 月 24 日	阿尔及尔	中华人民共和国条约数据库
29	欧洲原子能共同体	2008 年 4 月 24 日	北京	中华人民共和国条约数据库

数据来源：国家核安保技术中心。

2. 核燃料领域合作

核燃料是核反应堆中通过裂变或者聚变产生核能的材料，是核能利用的重要资源。中国虽然拥有着众多的在运和在建核电站，但与庞大的装机容量相比，中国的核电依然存在着严重的安全问题。从表 7 可知，中国近年来的铀产量在世界范围内处于中游水平的水平，相比哈萨克斯坦、澳大利亚和加拿大等国，中国的铀矿资源普遍有着储量小，品位低和分布散的特点。因此，在核燃料领域形成了有限的探明储量与巨大的需求之间的矛盾，成为中国能源安全的巨大威胁。

表 7 2013—2020 年从铀矿生产铀 　　　　　　　　　单位：吨

国家	2013	2014	2015	2016	2017	2018	2019	2020
哈萨克斯坦	22451	23127	23607	24689	23321	21705	22808	19477
澳大利亚	6350	5001	5654	6315	5882	6517	6613	6203

国家	2013	2014	2015	2016	2017	2018	2019	2020
纳米比亚	4323	3255	2993	3654	4224	5525	5476	5413
加拿大	9331	9134	13325	14039	13116	7001	6938	3885
乌兹别克斯坦	2400	2400	2385	3325	3400	3450	3500	3500
尼日尔	4518	4057	4116	3479	3449	2911	2983	2991
俄罗斯	3135	2990	3055	3004	2917	2904	2911	2846
美国	1792	1919	1256	1125	940	582	58	6
中国	1500	1500	1616	1616	1692	1885	1885	1885
乌克兰	922	926	1200	808	707	790	800	400
印度	385	385	385	385	421	423	308	400
南非	531	573	393	490	308	346	346	250
伊朗	0	0	38	0	40	71	71	71
巴基斯坦	45	45	45	45	45	45	45	45
巴西	192	55	40	44	0	0	0	15
捷克共和国	215	193	155	138	0	0	0	0
罗马尼亚	77	77	77	50	0	0	0	0
法国	5	3	2	0	0	0	0	0
德国	27	23	0	0	0	0	0	0
马拉维	1132	369	0	0	0	0	0	0
世界总计	59331	56041	60304	63207	60514	54154	54742	47731
世界需求百分率	91%	85%	98%	96%	93%	80%	81%	74%

数据来源：中国电力网。

中国主要通过国内生产、海外市场采购和投资开发海外铀矿资源等方式来解决核燃料的安全问题。近年来与俄罗斯、法国、西班牙、巴基斯坦、哈萨克斯坦等国的法马通公司、欧安诺集团、西屋电器公司、俄罗斯原子能工业公司等知名企业保持着密切的合作。在海外直接采购方面，中国自2000年起就开始从哈萨克斯坦、乌兹别克斯坦、加拿大等国进口铀资源。在海外铀矿开发方面，中国2012年在纳米比亚完成了湖山铀矿的100%股权收购，该铀矿资源储量位列世界第三，资源总量达28.6万吨八氧化三铀，可供20台百万千瓦级的核电机组使用40年。中国2019年又收购纳米比亚罗辛矿的68.62%的股权，该铀矿的资源储量位列世界第四，年产铀矿石 1500 多吨，占到全球铀矿产量的8%。此外，中国还相继参与购买开发了纳米比亚的海因里希铀矿，哈萨克斯坦的中门库杜克铀矿、扎尔帕克铀矿等。中国通过灵活的手段，在疫情和地缘政治波动的复杂背景下，不断地拓展铀矿资源开发、提炼以及乏燃料处理等领域的国际合作。

3. 核装备合作

核电作为技术含量较高的能源，其装备所涉及的设计、制造和运营也具有严格的要求。中国通过引进、消化、吸收和创新，已经掌握了第二代和第三代核电技术，设备的国产化率也逐年提升，正在向着更加安全高效的第四代核电技术装备迈进。在装备方面，三代核电设备中的超大型锻件、蒸发器、安全壳等已经实现了自主制造，但在一些关键部件的材料和技术研发设计上，还有国际先进水平存在着一定的差距。如百万千瓦级汽机转子焊接、压力容器内壁堆焊等，在技术和工装上还存在着进步的空间，部分核心高端核岛设备还存在着一定的进口依赖，需要保持着国际合作才能进一步的推动中国的核电自主化进程。

4. 核电运维服务

中国核电机组走向海外的过程中，出色地完成了巴基斯坦核电机组的换料大修和运行维护，保障了核电在巴方的安全高效运营，获得了巴方政府和人民的高度认可，为中巴核能的持续合作奠定了基础。为了推动中国核电国际合作中的服务质量和效率，中国努力进行运营模式创新，服务水平不断迈向新台阶。中核集团目前已经组建完成统一的海外运维服务管理平台，打通中国内部与外部的优势互补，实现核电机组全生命周期的运维服务机制。依托中国优质高效的服务平台，中国与原有的合作伙伴如巴基斯坦之间的核能合作不断深化，也将核能合作广泛地拓展到"一带一路"沿线国家和地区，为中国核能"走出去"提供了有力的支持。

（三）核科技创新合作

为了快速地实现核能利用技术的追赶和超越，中国各大核电企业积极参与国际原子能机构组织的技术交流与合作活动，在核燃料开发利用、核装备设计制造、模块化反应堆、事故处理等领域不断取得新进展。国际热核聚变反应堆计划是目前全球规模最大、影响最为深远的国际科研合作项目，2020 年 4 月 21 日，中核集团克服了新冠疫情等重重压力、按照国际标准，完成了国际热核聚变实验堆的 TAC1 安装任务，获得了习近平主席的致信祝贺。2021 年 5 月 19 日，习近平主席在中国同俄罗斯核能合作项目开工仪式上表示，要坚持创新驱动，深化核能科技合作的新内涵。中俄两国在核能技术上进行了深度合作，在核岛设计，参与仪控、电气、消防、通信等系统的联合设计，极大地推动了中国核能科技水平的提高。目前，江苏连云港的田湾核电站 7 号、8 号机组和辽宁葫芦岛的徐大堡核电站的 3 号、4 号机组已经正式开工，预计建成投产后，年发电量可达 376 亿千瓦·时，相当于每年减少 3068 万吨的二氧化碳排放。中国积极参与到核能国际组织的创新交流活动中，与核能强国保持紧密合作，不断地推动着中国核能迈上新台阶。[2]

（四）核领域国际治理

中国作为核能大国，一直在积极参与国际原子能机构的组织活动，按期提交和平利用核能的年度履约报告，遵守《核安全公约》《乏燃料和放射性废物管理联合公约》等，在核能安全开发利用的过程中，不断身体力行，分享成功经验，持续扩大核能领域的国际影响力。

中国核能利用起步相对较晚，在技术标准和法律法规等方面都相对被动地遵守和执行先行核能强国的既定规则。随着中国核能的崛起，原有的核能国际治理秩序也出现较多不适之处。针对发展中国家面临能源危机下的核能利用需要新的国际治理秩序，也需要在安全与和平利用之间寻找一个更加合适的均衡点。中国作为和平利用核能的发展中国家，已经在核能治理上取得了突出的成就，也积累了丰富的经验，并在"一带一路"沿线国家得到了成功的应用，对于其他发展中国家具有重要的参考作用。[3]

三、核能国际合作模式

（一）引进来模式：中法全面引进

随着社会经济的发展，国内用电量激增，建设高效电力系统的需求与日俱增。1978 年 12 月，中国从法国直接购买两座核电站设备。根据项目测算，建设大亚湾核电站的总投资达 40 亿美元，而当时全国的外汇储备还不到 2 亿美元。此外，中国还面临着技术、设备、人才和经验短缺的局面。

1979 年 5 月，美国国际核能公司负责人出访广州时提出一个富有建设性的方案——利用国内贷款在广东建核电站，将部分电量卖给香港换取外汇，再用外汇偿还核电项目建设的本币贷款。于是，形成了"借贷建设、供电创汇、外汇还贷、合资经营"的合作模式。该模式不但解决了中国核电起步阶段的资金和外汇短缺问题，还为中国合作、大陆与香港交流创造了平台。

在人才和管理方面，中国派出 100 多名人员远赴法国进行长达 5 年的培训，全面学习核电站的建设、运营技术和管理经验，为大亚湾核电站的顺利建设组建了专业的人才团队。1986 年，大亚湾开始面向全国征集核工业领域相关人才，参加大亚湾核电站建设。

至此，形成了中国最早的一批核电建设、运营人才梯队。这一过程中的参与者后来陆续成为中国核电产业的中流砥柱，推动了中国的核电事业发展。

经历了艰苦的谈判，1985 年 2 月 9 日，广东核电合营有限公司（中广核前身）成立，也创造了改革开放早期最大的中外合资企业。中国与法国的核电合作是中国核电事业的开端，也是中国全面引进核电技术和设备的典型代表。至 2022 年，中法核电合作将近 40 年，从当年的"法国为主，中国为辅"到后来的"中国为主，法国支持"再到现在的"中法深入合作，共同设计建造"，中法在核电领域从"师徒关系"走向对等的"战略合作"也见证着中国核电技术的吸收、消化和创新。[4]

（二）深入互动模式：中俄核能合作

2018 年 6 月 8 日，上合青岛峰会前夕，中国核电母公司中核集团就与 ASE 母公司俄罗斯国家原子能集团在北京签署《田湾核电站 7/8 号机组框架合同》《徐大堡核电站框架合同》和《中国示范快堆设备供应及服务采购框架合同》。这是迄今为止中俄最大的核能合作项目，合同总金额超 200 亿元人民币。根据合同约定，中俄将在田湾和徐大堡厂址合作建设 4 台 VVER-1200 型三代核电机组，双方将在中国示范快堆项目中开展设备供货和技术服务合作。

田湾核电站位于江苏省连云港市连云区，是中国与俄罗斯迄今为止最大的技术经济合作项目。其中田湾 1—4 号机组采用俄罗斯 VVER-1000 型核电机组，满足国际三代核电安全要求；5、6 号机组采用中核集团自主 M310+ 改进机型；田湾核电 7、8 号机组是中俄继合作建设田湾核电 1—4 号机组之后，在核能领域合作的又一重大项目，7、8 号机组采用的 VVER-1200 机型在 AES-91 和 AES-92 两种机型的实践基础上开发，是目前俄罗斯核电出口的主力机型。据了解，田湾 7、8 号机组参考田湾 1、2 号机组运行经验，增加了非能动安全系统的比例。8 台机组全部建成后，田湾核电站将成为中国首个以 VVER 机型为技术核心的大型核电能源基地。

根据合同，俄方对电站设计承担总体技术责任，其中核岛设计，参与仪控、电气、消防、通信等系统为中俄联合设计，俄方负责反应堆压力容器、蒸汽发生器、主循环管道、主泵、堆芯熔融物捕集器等 14 项核岛主设备以及部分核岛辅助设备的供货；在中方实施的设备采购、建安、调试过程中提供伴随服务。中方则负责电站总平面规划、常规岛和 BOP 设计，按双方合同分工，分阶段牵头或参与仪控、电气、消防、通信等系统的联合设计，负责核岛其余设备及全部常规岛和 BOP 设备供货，负责电站建设、调试等工作。

中俄能源合作是在中国核电技术有了长足进步的大环境下展开的，双方共同进行核电项目的设计、建设工作，相比早期的全面引进更好地满足了中国核电建设的具体国情，

开启了中俄"共同设计、互助创新、本土落地"的合作模式,对中国核电建设的技术和经验积累具有重要的推动作用。[5-6]

(三)走出去模式:中巴核能建设

巴基斯坦是中东与南亚的桥梁,也是中国"丝绸之路经济带"和"21世纪海外丝绸之路"的重要支点,长期受困于能源危机和电力匮乏。1991年12月30日,中国核工业总公司便与巴基斯坦原子能委员会签订了30万千瓦级核电机组合同,由中方全面负责建设恰希玛核电站,成为中国第一个商用核电站出口项目。中国按照国际标准为巴基斯坦陆续建成了C1-C4核电机组,核电机组自2000年以来相继投入商用,为当地提供了宝贵的电力资源。中国良好的建设和运营服务获得了巴基斯坦政府和人民的赞赏,也获得了国际原子能机构的认可,核电项目成为中巴友谊的象征、南南合作的典范,也为后续"华龙一号"的落地实施铺平了道路。

2015年8月中巴卡拉奇核电站项目,采用中国具有自主知识产权的"华龙一号"技术,由中核集团负责海外业务的中国中原对外工程公司承建,并组织了其他业务子公司的坚强力量。该工程是中国"华龙一号"首次走向海外,也是中国核能产业走出去的重要里程碑。

根据中核集团的对外公告,卡拉奇核电站的2、3号项目设备的国产率达到了96%,关键成套设备的国产率达到了100%。中国在发挥自主知识产权的优势下,还充分地考虑到了巴基斯坦的具体国情,在项目建设上吸收了伊斯兰建筑风格,尊重当地的文化和宗教信仰。在建设和运营的过程中,积极引入巴基斯坦当地的力量,将容积控制箱等71项217套设备交由巴方制造,为当地创造了巨大的经济价值。

至此,巴基斯坦已经建设投产了两座核电站,其中恰希玛核电站有4台机组在运,卡拉奇核电站有2台"华龙一号"机组在运,共计装机容量达到325万千瓦,全部由中国提供技术。鉴于良好的合作经验,巴基斯坦于2017年继续提出中国的核电合作计划,为中巴核能合作提供了持续性。作为中国核能走出去的典范,中巴核能合作所形成的"中方为主,巴方为辅"模式已经在"一带一路"沿线国家推广开来,为广大发展中国家提供了高效低碳、安全稳定的电力供应。[7]

四、中国核能国际合作的问题

(一)核电项目投资大、周期长

由于核电项目建设有着较高的技术门槛,项目投资成本高,在技术、资本等方面筑起了较高的门槛。根据国家能源局数据，中国目前在运的主要为二代或二代半核电机组，造价基本在 1.3 万元/千瓦·时到 1.5 万元/千瓦·时之间。第三代核电机组为了核安全和环保增加了大量的冗余成本，机组的造价在 1.6 万元/千瓦·时至 2 万元/千瓦·时。一台百万千瓦核电机组通常至少需要投资 150 亿元到 200 亿元，规划 6 台百万千瓦核电机组的核电项目总投资额通常在千亿元之上，即使分三期建设，每期投资额也在 300 亿元—400 亿元。而在国际上，三代核电机组的造价预算通常更高。相比之下，中国目前的核电技术和成本具有较强的国际竞争力。

核电建设项目较为复杂，前期设计和准备一般需要 3—5 年，建设需要 5 年左右，这期间发生的费用大多要由核电建设公司承担。核电项目要在并网后才能逐渐获得回报，考虑到电价的管控，核电项目投资期通常在 10 年以上，回收期也在 20 年左右。

因此，核电项目的投资方需要有足够的实力才能维持项目成功运作，通常以大型央企和地方国资公司为主。这也导致中国形成了以中国核电、中广核电和国家电投三家为主，地方电力公司积极参与的发展格局。虽然参与核电建设的公司大多进行了市场化改造，以上市公司的身份进行项目建设，但在核能国际合作中，仍然会因垄断和国资背景受到地缘政治的影响。

（二）自主技术少、认可度低

中国核能技术从全面引进到吸收、创新，经过了漫长的过程，已经实现了第三代核能技术的自主可控，第四代核能技术的国产比例也达到 95％以上。但是从世界范围来看，中国的核能技术还面临着专利封锁、自主技术不足的问题，在国际核能合作中的认可度还有待提高。

从核能技术的发展历程来看，中国的核能技术起步较晚，在商用发电领域还与核电大国的美国、法国等存在一定的差距。近几十年，国际核电巨头在技术进步的过程中，不断地在世界范围内构建自己的专利体系，给中国的核电发展和走出去造成了重重障碍。目前中国核能走出去的项目中，主要为"华龙一号"、CAP1400 和 AP1000，其中"华龙一号"和 CAP1400 为中国具有自主知识产权的技术，而大部分合作方要求的 AP1000 型号机组为国际标准的第三代技术，自主技术的核电机组占比不足 30％。面对发达国家成熟的核电技术，中国自主的核电技术品牌认可度还相对较低，在国际上的竞争力也较弱。

（三）国内外公众质疑

福岛核电站泄漏事件给核电的建设推广带来大了巨大的舆论压力，在很大程度上影响了国内外的核电建设进程，对中国的核能国际合作也产生了多重影响。

首先，民众对核电建设安全的担忧直接影响了中国当下的核电进程和选址布局。出于安全考虑，中国整体上放缓了核电项目的建设进度，叫停了内陆核电项目的建设。目前的核电建设项目都在沿海地区，内陆的多个核电选址仍在保护状态，尚未获得开工建设批准。一方面影响了内地的能源安全供应，另一方面导致中国缺乏内陆地区建设运营核电的成功案例，在国际合作中，缺乏业绩和数据支持。[9]

其次，国际民众出于对核能安全的考虑，对本国核能建设以及国际合作也更加审慎。一方面，需要并计划开展核电建设的国家和地区担忧核电的安全性而放缓了核电的建设进程，导致中国与之相关的核能合作被迫停滞或者取消，影响了中国核能走出去的脚步。另一方面，核电大国如德国等开始降低本国的核电比例，压缩了核能企业在国内的生存空间，迫使核能企业更多地参与国际市场竞争，加剧了核能国际市场的竞争激烈度。

（四）法律法规缺失错位

尽管中国核电"走出去"已经成为国家战略，但由于战略的执行期尚短，国内的法律法规和政策制度还有待完善，国际上专利壁垒和规则保护形成重重封锁，造成了中国核能国际合作进程中的发展障碍。[10]

从国内情况看，中国核能企业在进行国际合作的过程中，监管单位权责划分相对模糊，严重地影响了合作的效率。核能作为影响国家和国际安全的能源，面临着比普通能源更多的监管和审查。与此同时，在统计口径、外汇管制、信贷支持以及税收等方面的制度也无法充分的支撑起核能企业走出国门展开合作。

从国际情况看，核能领域已经形成了森严的专利壁垒和规则标准，作为后发国家进行核能技术创新以及推广应用，要在现有的规则体系夹缝中寻求生存空间十分困难。一方面核能技术的国际合作意味着巨大的市场竞争，在利益的驱使下，中国要面临与核电大国如美国、法国等国家进行博弈。另一方面，核能技术的国际合作会在一定程度上改变国际地缘政治格局。核能技术具有较高的能源安全和国家安全属性，中国积极开展核能技术的国际合作在一定程度挑战了发达国家所制定的地缘政治关系。[11]

五、中国核能国际合作的提升路径

（一）扩大自主创新与坚持对外合作相结合

中国核能技术发展的进步主要遵循着引进、吸收、消化和创新的路径，目前在技术专利和自主水平方面都有了较大的提高，顺利地支撑着中国核能产业的正常运转，目前还需要解决关键技术攻关的问题。作为核能大国，缺乏自主技术会带来致命的危机，而自主创新并非一蹴而就。中国核能的自主创新一方面要深化基础研究，一方面要结合中国具体国情。核能相关的基础学科发展需要科研院所的长期沉淀，也需要人才梯队的合理构建，理论发展与人才培养相结合才能推动中国核能基础的不断发展。此外，中国核能自主创新要从结合地方国情出发，一方面继续执行沿海为主的建设重心，另一方面充分的考虑内陆湖等选址，从能源和电力的供求两侧出发，共同推进中国核能技术的自主创新。在关键技术的合作研发上，可以充分地引进战略合作伙伴，针对中国核能建设中所面临的具体问题进行定向设计、研发，避免全面引进技术的"消化不良"与"不对症"现象。

（二）保持产业链的安全与完整

中国核能产业链在上游和中游还面临着较大的危机，而下游核电运维、并网用电等则相对完善。①上游的核燃料方面从铀矿的稳定供给到乏燃料的处理都需要进一步地提高。铀资源的稳定供应需要中国与哈萨克斯坦等国家维持稳定的采购关系，而乏燃料的处理则需要与英国和法国等国看齐。②中游的核电站建设上，中国虽然能独立地完成第三代核电站建设，第四代核电站自主水平也逐渐提高，但还要在关键技术和关键设备上进行攻关，提高关键技术的自主化水平。③在解决上中游关键问题的基础上，充分发挥下游运维优势，保障中国核能产业链的安全与完整。为"华龙一号"等自主品牌走出去提供支撑。[12]

（三）普及核能安全教育

我国的核能事业是在我国特色社会主义体制下一步一步发展起来的，经过30多年的努力，取得世人瞩目的成就，实现了由二代向三代核电的技术跨越，自主化三代核电技术及产业链的比较优势基本形成，具备了从"核电大国"向"核电强国"迈进的基础性条件。除了技术的迭代升级以外，核能的发展也离不开社会公众的理解、支持和参与，做好核能公众沟通工作已经成为我国核能事业安全高效可持续发展必不可少的重要条件。面对新的形势与任务，充分发挥党委领导、政府主导的社会治理优势，把握媒体融合与传播方式的深刻变革，坚持走有我国特色的核能公众沟通之路，为核能的安全普及提供充分的舆论和文化环境。[13]

（四）积极构建核能治理新秩序

面对以核大国为中心所构建的核能规则，仅遵守和执行现有的核能法律法规体系还不足以保障中国核能事业的长期稳定发展。中国作为发展中国家成功运用核能缓解能源危机，对二氧化碳减排等全球性气候问题作出了突出贡献，其成功经验值得广大发展中国家和发达国家所借鉴。中国应当结合自身在核能建设和运营过程中的成功经验，推动现有的核能规则修订，以及治理秩序的重构，为中国核能的长期发展以及成功经验的推广应用提供制度保障。[14]

参考文献

［1］吴放. 我国碳达峰、碳中和进程中核能的地位和作用［J］. 核科学与工程，2022，42（4）：737-743.

［2］王丛林，柴晓明，杨博，等. 先进核能技术发展及展望［J］. 核动力工程，2023，44（5）：1-5.

［3］赵洲. 论核事故风险及其全球治理［J］. 世界经济与政治，2011（8）：127-139＋159-160.

［4］王冰. 能源转型视域下的中法电力合作：特征、机遇与挑战［J］. 法国研究，2022（2）：19-33.

［5］李兴，韩燕红，陶克清. "一带一路"框架下中俄能源合作：成就、问题与对策［J］. 人文杂志，2023（4）：66-76.

［6］陈小沁. 俄罗斯清洁能源转型及中俄合作展望［J］. 太平洋学报，2022，30（6）：53-63.

［7］刘培，叶环瑞. 当代史研究视野下国际学界对中巴核关系误读现象的考察［J］. 南亚研究，2023（4）：109-129＋156-157.

［8］张帆. 核电走出去对技术企业创新指标的影响研究［D］. 上海：上海交通大学，2017.

［9］梁波. 中国核电业与"一带一路"国家合作战略研究［D］. 石家庄：河北经贸大学，2018.

［10］岳树梅，于良东. 推进"一带一路"核安全共同体构建的国际法思考［J］. 湖湘论坛，2023，36（1）：95-107.

［11］刘久. 论核损害责任国际法律机制的发展［J］. 法学杂志，2022，43（5）：106-119.

［12］王海洋. 后疫情时代我国核能产业发展的挑战与机遇［J］. 中国核电，2020，13（4）：537-543.

［13］方昊，张刚. 核能城市供热公众沟通问题的特征和建议［J］. 世界环境，2023

（2）：35-37.

　　［14］高望来. 核安全命运共同体：内涵、时代价值与中国的实践［J］. 国际问题研究，2023（3）：22-37＋138-139.

能源转型背景下的光伏产业国际合作研究

杜　欢　谢咏志

（西安财经大学 经济学院 陕西 西安 710100）

摘　要： 全球能源转型节奏加快，再次强调了可再生能源的关键作用。光伏产业链视角下，我国光伏业呈现产品供应稳步增长、技术水平加快迭代升级、智能制造推动产业迅速发展、光伏市场应用领域多元化的发展特征。通过对我国电力贸易、光伏产品贸易以及光伏投资的现状分析，发现当前我国光伏业国际合作存在以上、中游产品贸易为主，下游光伏应用占比较少，结构性矛盾突出的问题。行业门槛相对较低，仍旧需要加快核心技术开发，降低产业发展成本以及国际发展环境的变化给产业发展带来一定的不确定性的问题。光伏业国际合作未来发展需要促进中国光伏生产力与全球市场对接，扩大国内市场需求，借助"一带一路"深化光伏产业"走出去"，开拓"光伏业设计＋"等国际合作新形式，加强国际合作机制建设。

关键词： 能源转型；光伏产业；国际合作

引　言

全球能源危机为加快能源转型提出了新的紧迫性要求，再次强调了可再生能源的关键作用。中国作为世界范围重要的能源消费国，能源发展方向将对全球能源转型进程产生举足轻重的作用。新时代的中国能源发展，贯彻"四个革命、一个合作"能源安全新要求[1]，推动能源转型革命，建立多元供应体系，在国际合作方面强化与"一带一路"沿线国家的合作，共同促进全球能源可持续发展，大力推进多边和双边合作，构建多渠道多元化能源供给格局。随着全球对可再生能源的需求不断增加，能源转型成为全球范围内的关键议题[2]。在这一转型过程中，光伏产业作为清洁能源的主要代表之一，正扮演着举足轻重的角色。太阳能光伏技术以其可再生性、低碳排放和无污染等优势，成为推动能源可持续发展的关键技术之一。

可再生能源是我国完成"十四五"规划和碳达峰、碳中和"1＋N"政策目标的关键因素，在我国能源转型的背景之下，光伏产业的迅速发展为我国提供国际能源合作新路线，借助"一带一路"将能源合作向外拓展，《能源十四五规划》《可再生能源十四五规划》等国家重要能源领域文件的颁布，也助力保障能源安全，推进能源转型[3]。本文通过对中国可再生能源发展的现状分析，从光伏产业的合作优势、产品贸易现状出发，探究我国光伏产业国际合作存在的问题与未来的发展取向，为新时期能源转型背景下进一步深化光伏产业国际合作与构建稳定健全的能源开放格局提供可行方向与建议。

一、中国可再生能源发展态势

（一）可再生能源发展体量呈现规模化

可再生能源发展是我国推进能源革命、推动能源转型的重要举措。2021 年，我国可再生能源开发利用取得了明显成效。水电、风电、太阳能发电等装机规模均居世界前位，这使得能源结构不断优化，推动可再生能源逐步由能源增量补充演变为增量主体[4]。

2021 年，我国可再生能源新增装机 1.34 亿千瓦，占全国新增发电装机的 76.1%；可再生能源发电量稳步增长，达到 2.48 万亿千瓦·时，占全社会用电量的 29.8%。水电、风电、光伏发电和生物质发电量分别占全社会用电量的 16.1%、7.9%、3.9% 和 2%。同时，可再生能源持续保持高利用率水平。2021 年，全国主要流域水能利用率约 97.9%，较 2020 年同期提高 1.5%；全国风电平均利用率 96.9%，较上年同期提高 0.4%；全国光伏发电平均利用率 98%，较上年同期基本持平。

（二）强有力的政策导向推动可再生能源发展

可再生能源发展在推进能源革命进程中具有举足轻重的地位，国家在全方位保障可再生能源发展方面可谓下足了功夫，实行自上而下的政策驱动，推动产业发展形成规模，结合自下而上的市场动力，最终以有效"政府＋市场"的方式推动可再生能源围绕低碳转型继续前行。

在推动能源消费方面，2021 年《中共中央国务院关于全面推进乡村振兴加快农业农村现代化的意见》提到，实施乡村清洁能源建设工程。加大农村电网建设力度，全面巩固提升农村电力保障水平，发展农村生物质能源。在推动能源技术革命方面，2022 年 7 月科技部、国家发展改革委、工业和信息化部等 9 部门近日印发《科技支撑碳达峰碳中和实施方案（2022—2030 年）》，统筹提出支撑 2030 年前实现碳达峰目标的科技创新行动和保障举措，并为 2060 年前实现碳中和目标做好技术研发储备。在能源金融保障方面，

2021年发改委、财政部、中国人民银行、银保监会、国家能源局五部门联合印发《关于引导加大金融支持力度促进风电和光伏发电等行业健康有序发展的通知》,其中提出金融机构按照商业化原则与可再生能源企业协商展期或续贷。按照市场化、法制化原则自主发放补贴确权贷款,对补贴确权贷款给予合理支持等系列指导方向。各类政策、通知的下发,为能源革命的推动、能源结构优化,可再生能源产业跨越式发展带来了重要的制度保障作用,也为可再生能源的进一步升级发展奠定基础。

(三)"一带一路"发展建设为能源国际合作发展持续助力

《能源十四五规划》《可再生能源十四五规划》等国家颁布的重要能源领域文件中,均提到重视"一带一路"倡议在能源国际合作方面应扮演重要角色,充分发挥桥梁纽带作用。

2013年"一带一路"倡议的提出,旨在推动人类命运共同体的建设,推动全球区域经济的融合发展,开展在能源等领域的深入合作。以"五通"建设为载体,依托于"一带一路"倡议,中国的能源国际合作已经取得了丰硕成果。大批能源合作项目建设落地,在光伏、风电、水电等领域已与全球超过100个国家开展了合作,在共建"一带一路"沿线国家和地区可再生能源项目投资额每年均维持在20亿美元以上。如2021年,由中国通用技术集团所属中国机械进出口(集团)有限公司(中机公司)投资兴建的匈牙利考波什堡100兆瓦光伏电站项目在考波什堡市举行投运启动仪式。考波什堡光伏电站项目总投资额为1亿欧元,于2019年6月开工建设,并网运行后预计每年可发电1.3亿千瓦·时,节约4.5万吨标准煤,减少12万吨二氧化碳排放。以此不断促进能源国际合作多边、双边机制的不断完善,能源政策、技术的持续交流,深度参与全球能源转型变革,形成"一带一路"能源合作的"大合唱"[5]。不仅如此,以区域发展为目标,形成全国一盘棋,国内各区域也应乘势而上,抓住"一带一路"所提供的便捷机会,在我国能源发展的重要领域关键问题上献计献策。

二、中国光伏业发展特征与合作优势

(一)中国光伏业发展特征

光伏产业是基于半导体技术和新能源需求而融合发展、快速兴起的朝阳产业,也是实现制造强国和能源革命的重大关键领域[6]。2021年,在全球疫情时有反复、全球经济形势严峻、国际贸易摩擦时有发生的大背景下,中国光伏业以高质量发展为要求,立足碳达峰碳中和,不断优化产业结构、推进技术创新,沿着光伏产业链加快提高光伏产品质量与开拓光伏市场的步伐，为我国能源"十四五"高质量发展奠定良好基础。光伏业上游为产品原材料，主要包括硅片、银浆、纯碱等；中游分为光伏电池板及光伏组件；下游为光伏的应用领域，以光伏电为核心。以光伏产业链视角看，我国光伏业发展呈现出以下特征。

1. 产品供应实现稳步增长

2021 年，我国光伏业主要产品产量保持一定增长速度，整体供应平稳。在光伏主要产品方面，据相关数据显示，2021 年我国光伏组件、硅片、多晶硅、电池片产量分别为 182 吉瓦、227 吉瓦、50.5 万吨、198 吉瓦，相比 2020 年分别增长 46.1%、40.7%、28.8%、46.9%。随着我国光伏发电技术不断进步，2021 年中国光伏玻璃产量为 5.94 亿万平方米，同比增长 8.6%；中国光伏玻璃产能为 7.66 亿万平方米，同比增长 7.3%。

2. 技术水平加快迭代升级

从产业化技术方面看，主流企业加大在产品研发中的投入，提效降本优势突出。硅片大尺寸、薄片化技术加快进步，2019 年隆基推出 166 mm 硅片，较 M2 硅片面积高出 12.2%，同年中环继续推出 210 mm 硅片，表面积比 M2 硅片提升了 80.5%。2020 年《关于建立光伏行业标准尺寸的联合倡议》发布，隆基、晶科、晶澳、阿特斯等 7 家企业共同建议将 182 mm×182 mm（M10）的硅片作为标准减少资源浪费，促进光伏产业的健康发展。

近年来，各大光伏企业相继推出更高效率的电池产品，以 N 型电池技术为主流趋势。2021 年，隆基先后七次打破光伏电池转换效率世界纪录，其中 N 型 TOPCon 25.21%、P 型 TOPCon25.19%、N 型 HJT26.30%。2021 年 3 月，隆基在 M6 全尺寸单晶硅片上创造了无钢 HJT 电池 25.40% 转换效率的新世界纪录，PERC 转换效率被推高至 24.06%。

3. 智能制造推动产业发展迅速

近年来，为加快信息技术与产业的深度融合，深切发挥 5G、数字信息技术、人工智能等新一代信息技术的广泛推进作用，我国光伏业不断提高"智能含量"，在产业智能制造、智能运维、智能调度等方面的水平逐步提升，助力光伏成为主力能源。2020 年六部门联合公布首批智能光伏试点示范项目和企业名单，共计 22 个项目和 19 家企业上榜，2021 年共计 20 个项目和 18 家企业上榜，可见智能光伏试点示范初见成效。2022 年，华为智能光伏荣获英国标准协会（British Standards Institution，BSI）颁发的产品碳足迹核查意见声明书，这是 BSI 颁发的全球首份逆变器产品碳足迹声明。

4. 光伏市场应用领域多元化

随着全球加快应对气候变化，光伏市场需求持续增加，2021 年，以光伏电站为主要内容的市场应用领域不断多元化。以光伏发电大型基地建设为依托，近 5 年来光伏装机容量、发电量均呈现增长态势。2021 年我国光伏发电量为 3259 千瓦·时，相较 2020 年增长 25.11%，光伏装机容量 3.06 亿千瓦·时，相较 2020 年增长 20.95%。其次充分利用分布式光伏，"光伏+"不断拓展，如光伏+交通项目。早在 2018 年广州就建成了当时国内最大地铁光伏电站，该项目光伏发电将引入地铁线网，在满足车辆段全年用电的前提下，剩余部分供其他线路使用。除此外还有"光伏+农业""光伏+医院""光伏+仓储物流"等内容，应用场景的多元化推动光伏消费的同时也一定程度保障了光伏消纳，调整优化了能源消费结构，为进一步构建高质量能源体系铺平道路。

（二）中国光伏业的国际合作优势

1. 产能、产量优势居全球领先

基于中国光伏企业产品技术的不断升级，中国光伏产品在技术与质量方面遥遥领先，虽受世界经济低迷、疫情影响导致全球光伏制造端规模增减速度存在差异，但并不影响全球光伏制造业重心不断东移。2021 年多晶硅、电池片、硅片及光伏组件无论是产能还是产量均呈上涨态势，且中国在全球市场中占据较大份额。2021 年，我国在光伏主要产品方面，据相关数据显示，光伏组件、硅片、多晶硅、电池片产量分别为 182 吉瓦、227 吉瓦、50.5 万吨、198 吉瓦，产量上相比 2020 年分别增长 46.1%、40.7%、28.8%、46.9%。从全球市场份额看，2021 年我国多晶硅、硅片、光伏组件及电池片分别占全球市场产量的 79%、97%、82%、88%。

2. 光伏发电价格持续下降，成本优势显著

据相关数据显示，我国光伏电发电价格及成本持续下降。平准发电成本（Levelized Cost of Electricity，LCOE）通常用于衡量光伏电站整个生命周期的单位发电量成本，并可用来与其他电源发电成本对比。在全投资模型下，LCOE 与初始投资、运维费用、发电小时数有关。2019 年，全投资模型下地面光伏电站在 1800 小时、1500 小时、1200 小时、1000 小时等效利用小时数的 LCOE 分别为 0.28、0.34、0.42、0.51 元/千瓦·时。2021 年，全投资模型下地面光伏电站在 1800 小时、1500 小时、1200 小时、1000 小时等效利用小时数的 LCOE 分别为 0.21、0.25、0.31、0.37 元/千瓦·时。2019 年，全投资模型下分布式光伏发电系统在 1800 小时、1500 小时、1200 小时、1000 小时等效利用小时数的 LCOE 分别为 0.25、0.30、0.37、0.45 元/千瓦·时。分布式光伏发电系统在 1800 小时、1500 小时、1200 小时、1000 小时等效利用小时数的 LCOE 分别为 0.19、0.22、0.28、0.33 元/千瓦·时。据 IRENA 发布的可再生能源发电成本数据显示，2021 年新投产的太阳能光伏、陆上和海上风电项目的全球加权平均成本有所下降。2021 年投产的新公用事业规模太阳能光伏项目的全球平均能源成本（LCOE）同比下降 13%，从 0.38 元/千瓦·时降至 0.34 元/千瓦·时。可

见我国光伏发电成本低于全球平均水平，在成本上具备一定领先优势。

3. 具备较完整的产业链，相关企业数量不断增加

目前，我国可再生能源产业已形成较为完整的上、中、下游产业结构，且不断延伸，当前储能产业也正在朝着规模化进发。从光伏业看，我国是全球少数具备从上游产业原材料生产、中游组件安装、下游光伏电站投资运营的全能型国家。中国企业拥有全球60%到70%的光伏产业链资源。

以光伏业企业数量看，近年来该行业企业注册量持续增加。2016年我国新增光伏发电企业2万家，2020年新增光伏发电企业2.8万家，同比新增32.9%。据最新数据，2021年新增光伏发电企业6.1万家，主要集中在产业链中下游，整体光伏市场产业链呈金字塔形结构。从全球范围看，当前产业链6个环节所涉及企业数量依次大幅增加，是全球发展新能源必不可少的重要资源。

4. 借助"一带一路"，国际合作格局进一步扩展

随着中国高质量发展的进程不断加快，高质量的对外开放是重要的路径选择。借助于"一带一路"倡议的提出与发展，中国可再生能源高质量国际合作迎来新契机。在新的发展格局下，我国在"一带一路"相关项目中可再生能源项目的比例呈扩大趋势，积极扩大光伏、风电等绿色可再生能源在"一带一路"相关国家的应用。

截至2022年1月，我国已与147个国家、32个国际组织签署200多份共建"一带一路"合作文件，以发展中国家为主，大部分为能源工业基础相对薄弱的国家。据世界银行数据显示，截至2018年底，"一带一路"沿线国家中仍有约48.6%未完成电力全覆盖，可见未来能源市场的广阔，以此为契机拓展更大的合作空间。美国企业公共政策研究所发布的数据显示，2014—2020年，中国在"一带一路"项目中可再生能源投资占比大幅提升了近40%，超过了化石能源投资。2020年，无论是投资额还是项目数量上，我国在"一带一路"国家的投资方向均以能源为首要。从能源投资结构看，2017年可再生能源项目投资占总投资的比例仅35%，2020年提升至56%。其中，太阳能项目投资比例占23%。相关报告预测显示，2030年我国参与"一带一路"沿线国家光伏发电项目潜力为226.56—679.69吉瓦。

三、中国光伏业国际合作现状

近年来，我国光伏业发展迅猛，2016年呈现出爆发式增长，2021年光伏装机容量达3.06亿千瓦，同比增长20.95%，发电量为3259千瓦·时，同比增长25.11%。良好的产业基础及规模化的生产为我国光伏业的国际合作及进一步打开国际市场奠定了坚实基础。国际合作是以产业在国际区域的不同分工及比较优势为起点，各国发挥比较优势选择产业链中的一环。从光伏业产业发展角度看，当前合作以产品贸易为主、投资为辅[7]。

（一）光伏产品贸易现状

1. 电力贸易现状

电力作为能源的重要形式，是在当前全球绿色低碳背景下重要的经济发展基础。2021年，全球电力出口贸易额达616.9亿美元，2017—2021年年均贸易额增长率为13%。按照电力出口贸易额的多少，2021年全球前五位的出口国分别位德国贸易额81.2亿美元，法国贸易额72.1亿美元，瑞士贸易额36.6亿美元，西班牙贸易额31.1亿美元，比利时贸易额27.7亿美元，中国则排在第十三位，出口贸易额为15.3亿美元。2021年，全球电力进口贸易额达647.6亿美元，2017—2021年年均贸易额增长率为15%。依据电力进口额的多少，2021年全球前五位电力进口国首位为意大利，贸易额达64亿美元，其次为德国，贸易额达55.6亿美元，第三位为法国，贸易额达39.9亿美元，第四位英国，贸易额达39.6亿美元，第五位为瑞士，贸易额达36.4亿美元。以上数据充分说明欧洲在全球电力贸易中的重要地位。中国则排在第三十六位，进口额为24.8亿美元。

我国成为全球主要的电力出口国，与我国本身的资源禀赋息息相关。近10年来，我国电力出口贸易量呈波浪形，但贸易额却成增长趋势，可见近年来电力价格的走高。进口方面无论贸易量还是贸易额，均成一定的下降态势。从我国的电力贸易伙伴看，俄罗斯是我国最大的电力出口商，2021年电力出口占我国进口额的73.1%，其次为缅甸，占比18.5%，第三位为朝鲜，占比6.8%。

2. 光伏产品贸易现状

光伏产业链包括硅料、铸锭（拉棒）、切片、电池片、电池组件、应用系统等6个环节。上游为硅料、硅片环节，中游为电池片、电池组件环节，下游为应用系统环节。目前，大部分光伏企业的产品集中在硅片、电池片和电池组件。

多晶硅是单质硅的一种形态。多晶硅具有较大的化学活泼性，且具有半导体性质等特性。几乎能与任何材料作用，是极为优良的半导体材料，硅质的纯度与其导电性成正比，纯度越高导电性越佳。2016—2021年中国多晶硅产量在不断增加，2021年中国多晶硅产量为50.5万吨，同比增长28.83%，产能约52万吨/年，同比增长23.81%。虽然我国多晶硅产量、产能逐年增长，但仍未能满足我国光伏业的需求，更多依赖于进口。2021年中国多晶硅进口数量为11.42万吨，出口数量为1.04万吨，进口数量远大于出口数量（表1）。2021年多晶硅进口金额为20.40亿美元，出口金额为0.25亿美元（表2）。从贸易地区分布看，2021年我国多晶硅主要进口地区有德国、马来西亚、日本等地。2021年，我国多晶硅最大的进口来源于德国，进口量为51316.04吨，进口金额为97631.66万美元。我国第二大多晶硅进口来源国为马来西亚，进口量为29726.58吨，进口金额为

56675.18 万美元。第三位进口来源于日本，进口数量为 15411.14 吨，进口金额为 21561.34
万美元。由德国的进口数量是马来西亚的 1.72 倍（表3）。

表 1　2016—2021 年中国多晶硅进出口量

年份	进口数量（万吨）	出口数量（万吨）
2016	14.03	0.72
2017	15.89	0.63
2018	13.96	0.18
2019	14.45	0.12
2020	10.08	0.25
2021	11.42	1.04

资料来源：世贸中心。

表 2　2016—2021 年中国多晶硅进出口额

年份	进口额（亿美元）	出口额（亿美元）
2016	22.3	0.88
2017	25.06	0.86
2018	20.01	0.28
2019	12.63	0.09
2020	9.54	0.13
2021	20.4	0.25

资料来源：世贸中心。

表 3　2021 年中国多晶硅主要进口国家（地区）数量及金额

国家（地区）	进口数量（吨）	进口金额（万美元）
德国	51316.04	97631.66
马来西亚	29726.58	56675.18
日本	15411.14	21561.34
美国	4810.69	9622.83
韩国	4096.29	7331.57
挪威	1906.54	1553.94

资料来源：世贸中心。

电池片是光伏发电核心部件，制作原材料以硅片为主。近年来我国太阳能电池产量呈显著递增趋势。2021 年，我国太阳能电池产量为 23405.41 万千瓦，相较 2020 年增长 42.1%（表 4）。伴随着我国光伏业的爆发式增长、技术的不断突破，我国电池片也由进口国成为世界主要的出口国。2015 年我国电池片进口量为 9.83 亿个，出口 6.33 亿个，2021 年进口 5.65 亿个，出口 32.01 亿个（表 5）。据 PV Infolink 数据显示，2022 年上半年全球前五位电池片出货排名分别是通威股份、爱旭股份、润阳股份、中润光能、捷泰科技。前五名厂家均为中国企业，2022 年上半年总出货量约 59 吉瓦，对比去年同期增幅约 60%。通威股份电池出货量自 2017 年以来，已连续五年全球第一。

表 4　2015—2021 年中国太阳能电池产量及增速

年份	产量（万千瓦）	增速
2015	5683.04	22.7
2016	7680.97	17.8
2017	9453.87	30.6
2018	9605.34	7.7
2019	12862.07	26.8
2020	15728.64	30.3
2021	23405.41	42.1

表 5　2015—2021 年中国太阳能电池进出口数量统计情况

年份	进口数量（亿个）	出口数量（亿个）
2015	9.83	6.33
2016	9.84	7.74
2017	11.37	9.49
2018	9.81	11.14
2019	5.39	24.53
2020	3.92	27.22
2021	5.65	32.01

资料来源：世贸中心。

电池片与光伏玻璃、其他封装材料等共同封装形成太阳能电池组件，组件再与逆变器、支架等共同构成光伏电站发电系统。2017—2021 年，我国电池组件无论产量还是产能不断上涨。2021 年，电池组件产量 182 吉瓦，同比增长 46.07%，产能为 350 吉瓦，同比增长 59.09%（表 6、表 7）。

表 6 2017—2021 年中国光伏组件产量及增速

年份	光伏组件产量（吉瓦）	增速（%）
2017	76	—
2018	85.7	12.76
2019	98.6	15.05
2020	124.6	26.37
2021	182	46.07

资料来源：中国光伏行业协会。

表 7 2018—2021 年中国光伏组件产能

年份	产能（吉瓦/年）	增速（%）
2018	130	—
2019	170	30.77
2020	220	29.41
2021	350	59.09

资料来源：中国光伏行业协会。

2021 年，我国电池组件进口量为 74337 吨，出口量为 6287714 吨，足见我国在世界组件市场中的重要地位。根据 Infolink 供需数据库统计，2021 年全球组件出货排名前十位由高至低分别为隆基、天合/晶澳、晶科、阿特斯、东方日升、韩华 Q cells、第一太阳能 First Sloar、尚德以及正泰。而隆基继 2020 年后继续蝉联出货量榜首，测算内外销组件出货总量远超第二名 10 吉瓦以上，TOP 5 厂家基本组件出货皆在 10 吉瓦以上。从出口市场看，欧洲仍是我国组件出口第一大海外市场，2021 年光伏组件出口欧洲 45.3 吉瓦，同比增长 54%，份额占比 45.03%。其次出口印度 10.9 吉瓦，份额占比 10.83%，同比增长 94%，第三位出口国为巴西 10.4 吉瓦，同比增长 129%，份额占比 10.34%。出口欧洲市场的数量远超第二位印度 4 倍，足见欧洲市场是我国光伏组件出口的重要区域（表 8）。

表 8　2021 年中国光伏组件出口市场分布情况

地区	数量（吉瓦）	占比份额（％）
欧洲	45.3	45.03
印度	10.9	10.83
巴西	10.4	10.34
日本	6.2	6.16
澳大利亚	5.6	5.57
韩国	1.2	1.19
墨西哥	1.3	1.29
越南	0.7	0.70
其他	19	18.89

资料来源：世贸中心。

（二）光伏电站项目投资

1. 光伏电站的主要投资模式

目前国际上光伏发电项目的主流合作模式共有 7 种，分别为 EPC、项目管理承包（PMC）模式、设计—建造（DB）模式、平行发包（DBB）模式、施工管理承包（CM）模式、建造—运营—移交（BOT）模式及公共部门与私人企业合作模式（PPP）。不同的项目合作模式具备的优缺点略有不同。上述合作模式都是在不同的条件下，经过市场运作和检验而形成的，但合作模式不是固定不变的，上述 7 种合作模式都可以在特定的条件下进行调整，也以经过创造提出全新的合作模式，唯一的准则就是要符合各方利益的诉求，满足特定的条件。

2. 我国光伏电海外投资现状

据 IEA 统计数据显示，2020 年全球电力需求下降 2％，但与此相反的是可再生能源发电量提升了 7％，光伏发电量提升了 20％。随着全球经济复苏的脚步，全球电力需求量、可再生能源装机量定将有所提升，全球光伏市场增速将进一步加快。

2000—2019 年这 20 年间中国在海外的能源投资总额为 2513 亿美元，其中"一带一路"发展中国家为 1834 亿美元。从能源结构看，仍是以石油为主，投资额 880 亿美元，占总额 35％，太阳能类投资额为 41 亿美元，占比 1.6％。从投资区域来看，中国在欧洲、中亚地区能源投资最多，投资额为 756 亿美元，其次是亚洲投资额为 665 亿美元、拉丁美洲投资额为 584 亿美元、非洲投资额为 508 亿美元。从投资国来看，俄罗斯的能源投资最多，投资额为 415 亿美元，其次是巴西，投资额为 393 亿美元，第三位为巴基斯坦投资额为 225 亿美元。

我国光伏电海外投资以"一带一路"沿线国家为主，逐步形成"一带一路"为主线，多渠道发展的格局。自 2015 年起，中国成为世界最大的光伏和风电装机国，目前拥有世界上最多的光伏和风电装机。2020 年，中国仍是太阳能光伏市场的引领者，全国新增 48.2 吉瓦，较 2019 年的 30.1 吉瓦增长了 60%，集中式光伏电站 32.68 吉瓦、分布式光伏 15.52 吉瓦，新增量位居全球第一，占全球新增比例 38%，占亚洲地区新增量的 62%。

中国在可再生能源领域的投资已位居世界前列，中国企业"走出去"的规模和能力也在显著提升，参与方式愈加多样，参与程度逐渐加深。中国能源企业主要以股权投资、金融支持、工程总承包（EPC）为主要形式参与海外光伏电项目。据绿色和平数据显示，自 2014 年起，中国企业以股权投资形式在"一带一路"沿线国家投资建成或规划中的光伏项目总装机约 9214 兆瓦。南亚和东南亚则是中国光伏海外投资的主要区域。全球能源电力短缺仍是困扰经济发展的问题之一，全球多国面临电力危机，根据世界银行数据显示，该地区目前是全球用电普及率最低的区域之一，印度、巴基斯坦、缅甸、斯里兰卡等亚洲国家，近期也有超过 10 亿人饱受不时停电的困扰。巴基斯坦是目前中国企业以股权投资参与风电、光伏项目规模最大的国家，未来仍有很大的可再生能源装机空间。

四、中国光伏业国际合作存在的问题及发展趋势

（一）光伏业国际合作存在的问题

1. 以上、中游产品贸易为主，下游光伏应用占比较少，结构性问题突出

中国目前占全球制造能力的 97%，高于 2010 年 80% 的份额，这得益于产业规模经济以及供应链整合、创新和政府支持。2021 年，全球光伏装机容量新增突破 175 吉瓦，中国光伏装机容量为 54.88 吉瓦，占据全球市场约 1/3 份额。中国光伏产品拥有全球 70% 的产能，是光伏产品制造大国，但这与仅占据全球 30% 市场的实际情况存在巨大差异。以产业国际合作之视角，表明合作较为集中于产业上游，而下游不足。在光伏业下游的电力应用中，投资扩展相对较少，衔接的电力市场也是以电力贸易为主，中国光伏产业国际合作布局存在结构性的问题显而易见，未来全光伏增量市场的重点在海外、在国际市场[8]。

2. 行业门槛相对较低，仍旧需要加快核心技术开发，降低产业发展成本

全球低碳转型期中，光伏装机量必然大幅增长，中国此前也向全世界发出"双碳"承

诺。"十四五"时期中国的可再生能源在一次能源消费增量中占比将超过 50%，风电和太阳能发电量实现翻倍。在此背景下光伏业发展潜力巨大，必然吸引众多投资者进入该行业。但以光伏业的整体产业链环节看，除上游硅料需要的建设周期较长外，不能较快获利，其他环节则相对进入门槛较低。

光伏业的核心竞争力在于发电效率，即如何提高电池的发电效率。这对于当前全球光伏企业来说，无疑是一种压力与动力。硅片的大尺寸化、电池片技术效率的迭代更新便是关键。虽然我国光伏业在电池片、组件方面具有绝对优势，但作为领头企业还需要承担技术更替的沉没成本以及新投入研发的机会成本。而新的投资者以前期发展作为铺垫，随时可能弯道超车。与此同时，我国可再生能源补贴的逐步退坡，也对光伏业的国内市场造成一定影响，光伏业未来发展对国际市场的黏性也可能继续提升，这对于中国企业来说也将是个不小的挑战。随着产业发展国际环境的不确定性增强，国际企业间的竞争只会不断加剧。中国光伏企业仍旧需要加快核心技术开发，降低产业发展成本。

3. 国际发展环境的变化性给产业发展带来一定的不确定性

国际经济产业的发展离不开稳定的国际社会环境、连贯的国际政策的支持。在经济稳定的背景下，中国"光伏制造＋国际市场"成为我国光伏产业长足发展的坚实后盾。但全球百年未有之大变局，中国面临的不仅是内部市场有效需求的不足，国际市场中限制中国光伏产能供应的外部因素也在增长。

在全球贸易保护主义和投资保护主义日益抬头的背景下，传统依靠中国光伏产能供应国际大市场的合作模式的风险大幅度上升。我国光伏业 80%以上的硅料依赖进口，80%以上的产品依赖出口，形成了对全球产业链依附性发展格局。我国光伏业是典型的出口导向型产业，原料和销售市场主要都在国外，也就是"两头在外"的全球市场格局。近年来，我国一直遭受全球各国的双反调查。据商务部数据，截至 2018 年，中国连续 23 年成为遭遇反倾销反补贴调查最多的国家。双反造成的最直接的不利影响便是光伏产品产能过剩，影响企业预期，无益于产业的全球化良性发展。

（二）光伏业国际合作未来发展取向

1. 促进中国光伏生产力与全球市场对接，扩大国内市场需求

中国光伏业国际合作需要以优化中国光伏业在国际市场中的结构为主要目标，推进中国光伏业生产力与全球市场对接，积极延伸产业链，促进中国光伏产能与光伏国际市场进入投资、贸易及服务的匹配与重组。

截至 2021 年底，光伏组件、硅片、多晶硅、电池片产量分别为 182 吉瓦、227 吉瓦、50.5 万吨、198 吉瓦，产量上相比 2020 年分别增长 46.1%、40.7%、28.8%、46.9%。从

全球市场份额看，2021 年我国多晶硅、硅片、光伏组件及电池片分别占全球市场产量的 79％、97％、82％、88％。2021 年我国多晶硅、硅片、电池、组件制造产值突破 1030.9 亿美元，光伏产品出口额超过 280 亿美元，创历史新高。从出口国家来看，对前十出口市场的光伏产品出口额约为 138 亿美元，同比增长 29％，占光伏产品出口总额的 66.4％。2021 年，全球光伏累计装机 942GW，中国光伏累计装机 306GW，占全球比重的 32.48％，光伏国际投资额 7000 亿美元，中国光伏投资额 2200 亿美元，占全球比重的 31.43％。

换言之，近 70％的光伏市场在海外。数据表明，深化光伏业国际合作需要在优化产业布局，扩大产业相关投资为目标，进一步拉长产业链，加快储能产业的发展，完善光伏业发展的相关配套，以此倒逼国际市场的拓展。

2. 借助"一带一路"深化光伏产业"走出去"

近年来，中国可再生能源国际合作主要以光伏、水电、风电为重点。其中，光伏、风电国际合作范围更广。截至 2022 年 1 月，我国已与 147 个国家、32 个国际组织签署 200 多份共建"一带一路"合作文件，其中非洲地区国家占比 1/3，其次为亚洲地区。随着"一带一路"建设的深入推进，可再生能源产业"走出去"由点到面，地域覆盖面逐步扩大。"一带一路"倡议是一种全方位的能源合作机制，根据协同效应（Synergy Effects）和产业集群效应（Industrial Cluster）理论，一定空间范围内产业高度集中的整体产生的效益大于所有独立个体效益的总和，创新油气、水电、光伏、核能等多种能源通道运行机制，形成互为补充的多元化能源通道协同运行机制，比单一的运行机制更稳固，运行效率更高。

中国企业参与"一带一路"相关的新能源国际合作中，必须坚持差异化合作方式，在不同的区域及国别市场采取不同的市场策略。地缘政治是影响能源合作绕不开的重要因素，在后续光伏业国际合作中，中国还应继续借助"一带一路"其他合作内容，加强国际合作中的风险防范机制建设，尽量减少由地缘政治因素所带来的不利。东南亚地区、整个亚太地区都应是中国企业开展国际新能源合作时的聚焦点，这将成为中国新能源产业的主要发展区域，而向来与中国在国际关系中表现良好态势的，如北非、拉美等，则是我们拉长新能源产业链，培育新经济增长点的重要区域。

3. 开拓"光伏业设计+"等国际合作新形式，加强国际合作机制建设

中国电力设计是中国可再生能源走出去的另一个重点。纵览当前中国光伏业投资项目模式，如中国电建尼日利亚 NASS 光伏储能电站项目、中国建材波兰 150 兆瓦地面光伏电站等大型投资项目均是以 EPC 为主的合作模式，其他投资合作模式仍有待深挖，这也属于光伏投资发展的阶段性。后续如何在巩固 EPC 项目合作模式的基础上完成 EPC 转型升级，向海外 BOT 或 PPP 模式转变将是合作的主要重点。BOT、PPP 项目合作模式的

主要特点就是项目的实施落地是以政府项目为平台，开拓 BOT、PPP 合作模式借助当地政府的力量，通过加强海外光伏业项目的资源整合，以具体项目设计为抓手，不仅有助于整合、打通光伏能源产业链，更有益于上层合作通道的建设，为未来的国际能源合作打造优良的发展环境。

参考文献

［1］徐菁蔚. 深化能源"四个革命、一个合作"扎实推进碳达峰碳中和［J］. 中国集体经济，2023，（31）：21-32.

［2］邹才能，何东博，贾成业，等. 世界能源转型内涵、路径及其对碳中和的意义［J］. 石油学报，2021，42（02）：233-247.

［3］杨宇. 中国与全球能源网络的互动逻辑与格局转变［J］. 地理学报，2022，77（02）：295-314.

［4］石儒标，高鹏飞. 中国可再生能源发展领先全球［J］. 生态经济，2023，39（11）：9-12.

［5］付文利. 碳中和目标下的"一带一路"新能源合作契机［J］. 当代石油石化，2021，29（10）：38-42.

［6］丁嘉铖，孔德明，肖宸瑄，等. 产业链视角下全球光伏产业贸易格局演变特征研究［J］. 世界地理研究 2024（07）：1-19：1-19.

［7］田原，李晓星. 加快我国绿色能源国际合作的对策［J］. 中国外资，2021，（21）：72-74.

［8］陈长，徐潇玉. 中国光伏产业国际合作现状和趋势研究［J］. 中外能源，2023，28（02）：21-26.

中国风电产业链国际合作简析

郝佳馨

（西北大学 经济管理学院 陕西 西安 710127）

摘　要： 全球气候变暖，极端天气频繁发生，清洁能源、新能源成为发展趋势。风电作为清洁能源的重要组成部分，无污染、可再生、成本相对低，迎来发展优势。风电产业的技术壁垒高，国际产能合作特征明显，探究中国风电产业链国际合作现状，尤为关键。研究发现，风电产业上游原材料、零部件多依赖于国外进口，尚未实现国内自产自足。中游塔筒、风电机组已基本实现国产替代。下游风场运营起步较晚，尚未形成规范化发展模式，仍在经验摸索阶段。

关键词： 风能；风电产业链；国际合作

引　言

随着全球气候变暖，各类极端天气事件频繁发生，全球安全与发展面临严峻挑战。气候变化是全球性问题，目前全球约73%的碳排放来源于能源领域，能源紧密关系着人类社会和未来发展。为应对气候变化带来的威胁，习近平主席在第七十五届联合国大会上提出中国"二氧化碳排放力争于2030年前达到峰值，努力争取2060年前实现碳中和"。"十四五"规划纲要中也再次明确"双碳"目标，这给我国能源结构转型和清洁能源产业发展带来重大机遇。我国油气资源相对匮乏，大力推广新能源、可再生能源，开发清洁高效节能环保技术是满足工业、农业和居民生活的需要，是降低油气等化石能源对外依存度的必然选择，也是转变粗放的发展方式、提高能源利用效率、降低二氧化碳排放强度、实现经济社会可持续发展的内在要求[1-3]。风电作为清洁能源的重要组成部分，具有无污染、可再生、成本相对低等优势，目前已超过核电成为我国第三大电源。风电具有广阔的发展空间和市场前景，将成为我国能源结构转型的中坚力量。因此，深入研究风电产业发展现状意义重大。

从现有研究看，国内外学者主要从政策解读、国际合作、市场结构等角度深入分析风电产业发展。政策解读方面，高伟[4]认为风电产业政策促进了产业规模快速提升和技术升级，却没能实现国家层面技术追赶效应，研究研发资助政策在"政府—企业—研发团队"三层面传导中扭曲过程，研发资助对于风电产业规模的促进作用大于创新投入，研发资助会激励企业创新投入。李秀[5]采用创新系统功能分析方法对新疆风电产业及政策现状进行系统分析，发现新疆风电产业政策目标、行为主体、政策强度发生变化时，风电产业内行为主体需根据政策变化，对产业创新资源流动、风电市场培育、企业能力提升等方面做出相应的调整，才能适应当前政策的发展方向。赵彦云[6]通过对上网电价补贴政策的文本量化分析，解读不同资源区和省份实施风电上网电价政策的实施情况和产业效应，发现风电上网电价政策产生了显著的产业效应，政策实施时间、政策数量对风能资源丰富区的风电产业发展影响较大，政策相似度对风电发展模式不完全成熟地区的风电产业发展影响较大。刘玉新[7]从行政管控、发展规划、价格和财税政策、空间布局和科研支撑等方面比较总结中国海上风电产业在宏观调控、技术创新、项目经济性、空间布局、运维保障等方面面临的问题，提出以海洋资源节约集约利用为本，以自主创新为动力，持续完善政策措施和管理制度，通过适度补贴、产业融合促进海上风电产业可持续发展的思路。国际合作方面，郑宇[8]从政策工具和产业链对中国、美国、英国与德国四个国家的海上风电技术推进政策进行比较，发现我国海上风电技术研发侧重政企合作而忽视了企业间、行业与企业间的合作，各部门协调机制未建立且各职能部门间的责任界定不明晰。韩梦瑶[9]通过分析中国跨境风电项目的建设模式发现，中国可再生能源项目落地并网取决于东道国的政策制度安排、建设运营模式、设备供应体系以及电价收购协议，跨境风电项目的梯度转移也为中国独立开发商开展风电投资、实现风电项目的梯度转移提供了政策制度优势。市场结构方面，吕鑫[10]通过风电产业链发展情况及风电产业发展的政策、需求、供给与技术创新因素，指出2020年风电产业景气度均呈向上趋势，平价上网与技术突破双重助力产业降本增效，陆上风电进入抢装周期，海上风电规模化发展，市场需求旺盛，订单多向龙头企业聚集，强者恒强局面显现。马健瑞[11]发现我国风电设备行业属于寡占型行业，目前我国风电设备行业仍存在大规模企业较少、核心竞争力不强、核心技术面临"卡脖子"困境、融资难度较大，龙头企业的市场势力处于较强状态，提出应加大政策措施的引导支持力度，大力推动风电设备国产化进程，提高科技创新能力，加强企业内部治理。

总体看，学术界对风电产业链的关注较少，较多集中于风电产业政策解读以及市场结构研究。风电产业是一个涉及众多领域的产业，其中风电产业链是风电产业的核心，也是风电产业发展的重要基础和保障。同时，风电产业由于其技术壁垒，多数原材料、原部件依赖于国外进口，了解风电产业链开展国际合作的模式与现状，并在此基础上，剖析我国风电产业链未来发展的路径，是尤为关键的。因此，本文在已有研究的基础上，对我国风电产业链国际合作现状进行深入分析，总结我国风电行产业链的发展特点及存在的主要问题，从国家层面和行业层面提出针对性政策建议，以期为推动我国风电产业高质量发展、助力"双碳"目标实现提供参考借鉴。

一、中国风电发展现状

（一）风电发展规模概况

风能作为一种清洁的可再生能源，已成为世界公认除水电之外，最具有大规模商业开发价值的可再生能源。我国陆上风能资源丰富，沙漠、戈壁、荒漠地区面积较为广阔且风光资源相对充足，建设大型风电场可以有效提升资源利用率和开发效率。陆上风电主要分布在"三北"地区以及内陆局部地区，"三北地区"包括东北三省、内蒙古、甘肃、青海、西藏和新疆等省（自治区），风电场地形平坦，交通便利，是中国最大的连片风能资源区，有利于大规模开发。内陆局部地区风能资源也很丰富，呈岛状分布在河南、湖北、湖南、重庆、江西、云南，贵州以及其他省的山谷、高山、湖泊。"十三五"期间，中国风电加快发展，"三北"地区成为风电开发的重点，大规模风电跨区消纳，建立经济合理的跨"省区"和跨"区域电网"的风电并网网络，有效实现"弃风"区域风电的跨区外输，成为中国风力发电发展的主要方向。

我国电力来源主要为火电，风电、水电、光伏电的占比依旧较低。截至 2022 年，我国风电装机容量约 3.65 亿千瓦，同比增长 11.2%，为同期水电（5.8%）、火电（2.7%）、核电（4.3%）中增长最快的能源类型（表1）。从增速来看，风电、光伏电等新能源装机增速已显著高于火电。风电作为能源转型和降低碳排放的重要方式之一，新能源确定性需求持续抬升。"十一五"期间，我国风电产业快速崛起，全国风电并网装机容量累计达 3100 万千瓦，连续 5 年翻番增长，因其电网适配率问题使得行业弃风率高企，运营商投资经济性不高，国家电价补贴陆续退坡。"十二五"期间，随着风电建设规划趋于规范，以及电网调度能力加强，实现 3420 万千瓦的高装机量，弃风率从 2011 年的 16.2% 下降至 2014 年的 8.0%。"十三五""十四五"期间，随着《关于有序放开发用电计划的通知》与《关于建立健全可再生能源电力消纳保障机制的通知》政策出台，风电消纳问题得到改善，弃风率快速下降，基本维持在 5% 以内。"十三五"期间风电装机量及占比高速增长，从 2015 年，风电累计并网装机为 3297 万千瓦，到 2022 年底风电累计并网装机已达 3763 万千瓦，风电发电量从 2015 年的 1863 亿千瓦·时增长至 2022 年的 6867 亿千瓦·时，年均增长率达 20.48％。风电成为我国电力供应的重要方式之一。

表1　2022 年中国电力能源分布

	风电	火电	水电	光伏	核电
装机容量（亿千瓦）	3.65	13.32	4.14	3.93	1.2
同比增长（％）	11.2	2.7	5.8	28.1	4.3
占比（％）	14.3	43.8	16.1	15.3	2.2

（二）陆上风电发展概况

2010—2021 年，我国陆上风力发电新增装机容量呈现不稳定上升趋势，分别在 2015 年、2020 年达到小高峰，年均增长率达 4.35％。"十二五"期间，我国陆上风电新增装机容量增速超过 11％，2015 年补贴退坡，爆发我国风电行业第一轮抢装潮。随着风电技术的发展，发电成本逐步下降，2015 年我国风电新增装机量达 3040 万千瓦，同比增长 32.17％。"十三五"时期，我国风电行业进入补贴退坡期，并于 2016 年、2018 年、2019 年再次分批下调上网电价，我国风电新增装机容量增速明显放缓。2019 年国家发改委发布的《关于完善风电上网电价政策的通知》提出，自 2021 年 1 月 1 日开始，新核准的陆上风电项目全面实现平价上网，国家不再补贴，因此在最后的补贴窗口期爆发了第二次风电抢装潮。根据国家统计局数据，2020 年国内陆上风电新增装机量 5400 万千瓦，同比增长 106.11％。

受到补贴退坡影响，2019 年招标规模高增，达到历史最高的 65 吉瓦，导致了 2020 年的陆上风电抢装。2020 年风电项目招标偏少，为 3100 万千瓦，风机价格随之下降，3 兆瓦风机从 2020 年初的 4040 元/千瓦跌至 2021 年 9 月的 2410 元/千瓦，中广核云南曲靖风场招标，更是创下了 1880 元/千瓦的历史低价，下降原因包括抢装后风电需求透支下滑、风机行业价格战等。但随着风机价格腰斩，风电站装成本大幅下行，可观的风电项目收益率反而刺激了国内潜在需求。2021 年 1—10 月的风电公开招标规模达到了 52 吉瓦，逼近了历史最高水平，2020 年弃风率已经降至 3％，2021 年依旧保持在低位，随着特高压、配网和储能设备的持续完善，可以继续缓解"三北"地区的限风问题，弃风率有望持续下行。

（三）海上风电发展概况

相较于陆上风电，我国海上风电发展较晚，且增加了海缆、基础桩、海上工程等零部件及步骤，施工难度较大，造价普遍较高，长期以来需要依靠电价补贴维持投资回报率。但海上风电先天优势明显，海上风电资源丰富、发电效率高、距负荷中心近、土地资源占用小、大规模开发难度低，并且海上风电稳定性高、风速大、易消纳，离岸海上风速通常比沿岸高出 20%，且相比陆上很少有静风期，发电时间更长。同时，对风电设备而言，陆地地形复杂、粗糙度高，不同高度的风速常常相差很大，导致风电设备易损坏，而海上风电就很少有此类风险，海上风力机可以提供风速更大、更为稳定的电力来源。另外就我国来说，我国海岸线长，风力资源丰富，且东南沿海地区经济发达，用电量大，发展海上风电更利于就地消纳，减少运输过程中的电力损耗。

近几年海上风电发展迅速，2021 年我国海上风电异军突起并网容量 14.5 吉瓦，累计装机规模达到 26.4 吉瓦，2013 年中国海上风机累计装机容量仅有 0.4 吉瓦。我国东南沿海省份海风资源优越，地质条件较好，且毗邻广东、江苏、浙江等国内最重要的用电负荷地区，资源禀赋与发展诉求相契合，适宜建造风电场，长期增长空间较大，潜在可开发资源丰富。根据中国气象局风能太阳能资源中心发布的《2020 年中国风能太阳能资源年景公报》，2020 年我国近海主要海区 100 米高度层年平均风速约为 8.3 米/秒，年平均风功率密度约为 832.2 瓦/平方米，显著高于陆地 100 米高度层的 5.7 米/秒和 221.2 瓦/平方米。另外根据国家发改委能源研究所发布的《中国风电发展路线图 2050》报告，我国水深 5—50 米海域的海上风能资源可开发量为 5 亿千瓦，50—100 米的近海固定式风电储量 2.5 亿千瓦，50—100 米的近海浮动式风电储量 12.8 亿千瓦，远海风能储量 9.2 亿千瓦，潜在可开发资源量较大。

二、中国风电产业链国际合作开展

（一）风电产业链划分

风电产业链由三部分组成，上游原材料及零部件、中游风机组装和下游风场运营（图 1）。上游原材料包括玻纤碳纤维（用于叶片生产）、环氧树脂（用于叶片生产）、钢材、铜、永磁材料（用于发电机制造）等。中游风机核心零部件包括有发电机、主轴及轴承、叶片、齿轮箱、铸件、塔架等，这些零部件除了关键轴承需要进口以外，其他风机零部件厂商基本可以供应自给，国内零部件厂商专业性较强。风机整机厂商将零部件整合成风电机组，并出售给下游风电运营商。

（二）风电产业链国际合作现状分析

1. 风电产业上游

（1）原材料环节

随着全球风电产业的快速发展，特别是海上风电的崛起，风电机组大型化趋势愈发明显，对风电用材料性能带来更大挑战。叶片作为风力发电机组的输入端，其使用材料性能直接决定风力发电装置的输出功率，叶片的原材料国际合作开展尤为关键。叶片的主要原材料为基体树脂、增强纤维、芯材等高分子材料构成。基体树脂在风电叶片主材中价值量占比最高，达49%，是作为整个叶片的材料"包裹体"，与增强纤维、芯材一同构成叶片的基础壳体，原料主要以环氧类聚合物为主。我国环氧树脂国内匮乏，长期依赖国际进口，2021年中国环氧树脂的进口量位于世界第一，进口量达31.59万吨，进口额高达14.60亿美元。

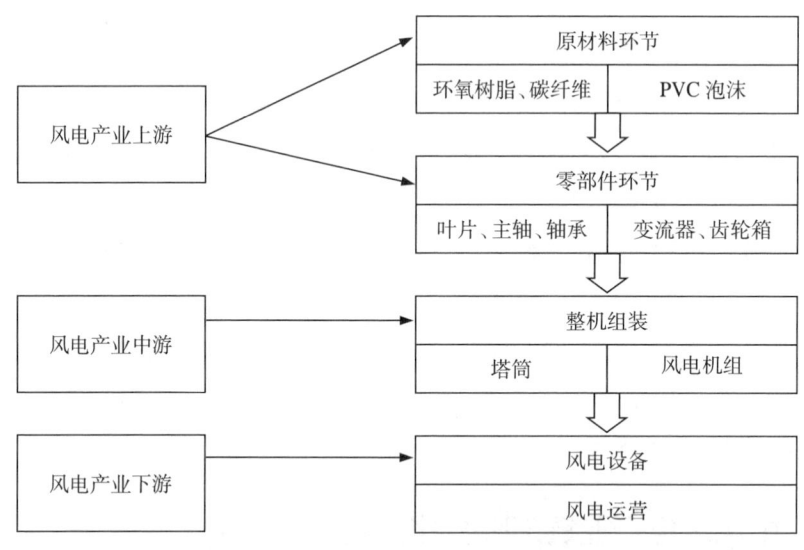

图 1　风电产业链

碳纤维也是叶片结构的重要构成部分，可以为叶片结构提供足够的刚度和强度。风机大型化趋势大丝束碳纤维"性能＋成本"双重优势凸显，采用碳纤维的120米风轮叶片可以有效减少总体自重达38%，成本下降14%。碳纤维技术门槛较高，产能及市场长期被日本、泰国、韩国、葡萄牙，马来西亚等国占据。从2021年聚丙烯腈基碳纤维原丝全球贸易情况来看，日本、泰国、韩国、葡萄牙，马来西亚聚丙烯腈基碳纤维原丝出口量占据全球市场份额高达85.68%，其中，日本为聚丙烯腈基碳纤维原丝出口第一大国，出口量达6.57万吨，出口额高达3.37亿美元，占据全球市场30.92%。其次为泰国、韩国，分别占据全球聚丙烯腈基碳纤维原丝出口量的20.42%、14.69%，是聚丙烯腈基碳纤维原丝制造强国。中国聚丙烯腈基碳纤维原丝排名全球第六，2021年出口量达1.53万吨，占全球贸易总额的5.20%，我国高端碳纤维进口依存度较高，曾在2019年达67.2%，近年随着自主技术突破我国产能不断提高，对外进口碳纤维呈现逐年下降趋势，2018年聚丙烯腈基碳纤维原丝进口量为6.22万吨下降到2021年2.15万吨，对外依存度逐渐下降。

芯材是风电叶片关键材料之一，在叶片的前缘、后缘以及腹板等部位，采用夹层结构来增加结构刚度，防止局部失稳，提高整个叶片的抗载荷能力。叶片芯材通常为巴沙木和PVC结构泡沫单独使用或混用，在叶片主材中价值量占比达11%。巴沙木原产地南美洲厄瓜多尔，是目前人类所知木材中密度最小的木材，其独特的类蜂窝状细胞结构拥有轻质、高强的特点，是风机叶片结构夹芯的理想材料，但单一地区的轻木产量难以满足全球风电产业的需要。PVC结构泡沫材料是指通过物理发泡剂和化学发泡剂，将聚合物制造成具有可制成结构件的泡沫材料，其吸水性低、隔音绝热效果好，是具有高强度和低密度领域的理想材料，用来作为风电叶片的夹芯结构来增加刚度、减轻重量。从全球PVC泡沫供应格局来看，供应商主要以欧洲、美洲国家为主，德国PVC泡沫出口量位处全球第一，2021年出口量达到11.25万吨，出口量占全球份额达13.19%，出口额为6.48亿美元，占全球份额13.91%。处于第二梯队的国家有美国、比利时、荷兰、意大利，PVC泡沫出口量均高于5万吨，占全球份额达15.19%。处于第三梯队的国家有波兰、匈牙利、俄罗斯、奥地利、墨西哥、爱尔兰、罗马尼亚、法国、加拿大，PVC泡沫出口量均高于2万吨，占全球份额达32.00%。目前我国多数风电叶片用PVC泡沫以进口为主。国内芯材制造企业能够直接制造PVC原板的企业较少，多从事后期加工，PVC结构泡沫行业壁垒高，国产替代空间较大。2015—2021年，PVC泡沫板进口量呈现"小幅度下降"趋势，在2016年达到进口量的高峰，进口PVC结构泡沫45495.21吨，2017—2021年进口量出现微弱下降趋势，2017年进口量为19053.66吨，2021年进口量下降为16729.42吨，年均下降率为3.20%。

（2）零部件环节

叶片是风机的核心零部件，是决定风能利用率的关键，在风机成本中，叶片、齿轮箱、发电机是成本占比最高的三种零部件，分别为24%、19%和7%。叶片主要由复合材料组成，包括环氧树脂、玻纤、碳纤维等。在风机大型化轻量化背景下，意味着需要更长的叶片，更大的受风面积，可以捕捉更多的风能。海上风电的快速发展，打开低风速市场，对于海上风机容量增加，海上风电需要叶片比陆上风电叶片更大，对其重力和强度都提出了更高的要求，叶片技术发展面临尺寸增加和轻量化、高强度材料的新要求。目前80—90米长的叶片玻纤用量在25—40吨，玻纤和碳纤维占比持续增长。从全球叶片进口贸易情况来看，2021年全球叶片进口贸易总额达到56.03亿美元，全球叶片进口量排名前20的国家占据全球市场份额76.30%，其中，美国叶片进口量为全球第一，叶片进口量达1.87万吨，进口总额达13.41亿美元，占全球叶片进口贸易总额的18.27%。位居第二的国家是土耳其，占到全球叶片进口贸易总额的2.16%，墨西哥、中国、德国、英国、波兰、法国、巴西等国叶片进口总量的46.09%。中国处于叶片进口量排名第四，进口量 1.03 万吨，进量占全球份额 10.13%，进口额达 11.84 亿美元（表2）。

表2　2021年全球叶片进口量前十排名

进口量全球排名	进口国	进口量（万吨）	进口量占全球进口份额（%）	进口额（亿美元）	进口额占全球进口份额（%）
1	美国	1.87	18.42	13.41	18.27
2	土耳其	1.64	16.21	1.58	2.16
3	墨西哥	1.21	11.95	5.68	7.73
4	中国	1.03	10.13	11.84	16.13
5	德国	0.82	8.12	5.22	7.11
6	英国	0.72	7.15	1.89	2.57
7	波兰	0.32	3.12	1.41	1.92
8	法国	0.21	2.12	2.01	2.74
9	巴西	0.18	1.78	1.34	1.83
10	泰国	0.17	1.71	0.70	0.95

　　主轴主要在风电整机中用于连接风叶轮与齿轮箱，将叶片转动产生的动能传递给齿轮箱，是风电整机的重要部分，主要原材料为钢锭。从2021年全球主轴出口贸易情况来看，全球主轴出口贸易总额达到367.40亿美元，全球叶片出口量排名前15的国家占据全球市场份额67.02%。中国主轴出口量为全球第一，2021年主轴出口量达45.03万吨，占全球主轴出口贸易总额的16.39%，出口总额达43.88亿美元，占全球主轴出口贸易总额的11.94%。处于第二梯队的国家有德国、墨西哥、日本、美国，占全球主轴出口贸易总额的43.25%。主轴在我国已实现国产替代，形成以金雷股份与通裕重工的双寡头竞争格局。主轴体积小、重量轻、技术简单，也容易运输，金雷股份具备了风电主轴从原材料制备到成品的全产业链生产的能力（表3）。

表3　2021年全球主轴出口量排名表

进口量全球排名	出口国	出口量（万吨）	出口量占全球出口份额（%）	出口额（亿美元）	出口额占全球出口份额（%）
1	中国	45.03	16.39	43.88	11.94
2	德国	28.14	10.24	54.13	14.73
3	墨西哥	26.25	9.55	30.20	8.22
4	日本	23.07	8.40	47.02	12.80

进口量 全球排名	出口国	出口量 （万吨）	出口量占全球出 口份额（%）	出口额 （亿美元）	出口额占全球出 口份额（%）
5	美国	14.23	5.18	27.57	7.50
6	韩国	9.30	3.39	12.55	3.42
7	波兰	7.15	2.60	9.49	2.58
8	意大利	6.48	2.36	11.85	3.23
9	印度	4.09	1.49	2.12	0.58
10	葡萄牙	3.89	1.41	1.36	0.37
11	捷克	3.69	1.34	4.12	1.12
12	土耳其	3.63	1.32	5.63	1.53
13	奥地利	3.46	1.26	5.43	1.48
14	法国	3.23	1.17	4.73	1.29
15	泰国	2.54	0.92	6.80	1.85

风电轴承是风机所有运动部位的枢纽，苛刻的载荷和恶劣的运行条件，需要承受的温度、适度和载荷变化范围很大，是风电机组中的薄弱环节。风电轴承技术壁垒高，长期被海外企业垄断，（表4）主轴轴承行业被海外厂商高度垄断，世界轴承被瑞典斯凯孚（SKF）、德国舍弗勒集团（Schaeffler）、美国铁姆肯公司（TIMKET）、日本精工株式会社（NSK）、恩梯恩公司（NTN）、美蓓亚公司（Minebea）、不二越株式会社（NACHI）、捷太格特公司（JTEKT）八大跨国轴承集团占据，约占全球市场70%的份额，国内企业市场份额不到10%。从需求端看，全球轴承行业欧洲总需求约占25%，美洲占20%，亚洲已占到全球的50%。中国目前已经成长为全球最大的轴承消费市场，占比超过30%。在我国风电行业高景气背景下，全球八大跨国轴承公司均已在中国设立公司，并不断加大在华投资力度，建立了多家轴承生产工厂，并在中国设立了区域总部和工程技术中心。截至目前，八大跨国轴承集团在华共有60余家生产企业。我国虽已是世界轴承生产大国，但还不是世界轴承生产强国，主轴承的工作环境差、制造难度大，我国风电主轴承国产化率仍然较低，轴承行业的产业结构、研发能力、技术水平、产品质量、效率效益都与国际先进水平存在较大差距。近五年我国轴承出口总金额已超过进口总金额，但出口单价显著低于进口单价，形成了"低端出口，高端进口"的整体局面。2020年，我国轴承进出口总额为92亿美元，其中，出口创汇48.34亿美元，同比下降9.14%；进口用汇43.66亿美元，同比增长19.78%。圆锥形滚子轴承进口量逐年攀升，从2006年进口量为

0.92 亿美元，在 2020 年圆锥形滚子轴承进口量高攀，达 7.052 亿美元，到 2021 年达 8.10 亿美元，年均增长率为 15.57%。

表 4　2021 年全球轴承出口量与出口额排名

进口量全球排名	出口国	出口量（万吨）	出口量占全球出口份额（%）	出口额（亿美元）	出口额占全球出口份额（%）
1	日本	8.78	22.95	7.94	20.57
2	德国	4.53	11.85	7.63	19.75
3	印度	4.09	10.69	2.12	5.50
4	韩国	3.66	9.56	1.76	4.55
5	罗马尼亚	2.13	5.57	2.82	7.31
6	法国	2.11	5.50	1.75	4.55
7	美国	1.97	5.16	2.52	6.54
8	波斯尼亚和黑塞哥维那	1.43	3.74	0.59	1.54
9	意大利	1.18	3.07	1.27	3.29
10	保加利亚	1.12	2.94	0.55	1.42

2. 风电产业中游

（1）塔筒

塔筒技术壁垒较低，风机大型化趋势下，塔筒高度上升明显，单位价值量趋于稳定。从全球塔筒出口量排名来看，中国为风电机组全球第一出口国，出口量高达 6.38 万吨，与排名第二的德国差距明显（德国风电机组出口量为 1.01 万吨），其次为意大利、新加坡，出口量均超过 5000 吨，新加坡、韩国、美国、马来西亚、荷兰、土耳其、阿拉伯联合酋长国塔筒出口量均超过 1000 吨，全球塔筒出口量排名前 10 名的国家占据全球总市场份额的 92.07%，形成寡头垄断格局。我国塔筒产能丰富，在风机大型化的趋势下，未来叶轮直径、塔筒高度都有望达到 200 米级别，深远海趋势下，海风基础市场空间广阔，根据不同海床条件、水深，基础结构分为单桩式、导管架式和漂浮式，基础用量将明显提升。假设海风基础 100 万千瓦平均用量由 20 万吨上升到 25 万吨，预计到 2025 年国内海风基础需求将达 375 万吨，按 8000 元/吨计算，市场规模将达到 300 亿元。

（2）风电机组

风电机组在风电产业链中占据重要作用，我国风机行业起步较晚，多数整机企业都是早期从欧洲引进先进的风机技术，再通过多年的吸收和自主研发，实现了国内自主风机品牌的构建。全球格局来看，我国风机行业起步较晚全球风机竞争格局较为分散，国内较为集中。前五位的维斯塔斯、金风、通用电气医疗系统（中国）有限公司（GE）、远景、西门子歌美飒可再生能源有限公司市占率分别为 15%、13%、11%、10% 和 8%，共占比为 57%。2021 年全球风电机组进口量美国位居全球第一，其次是德国，处于第二梯队的国家有法国、意大利、丹麦、日本，进口量高达 10 万吨以上，第三梯队的国家为波兰、捷克、中国、印度、西班牙、巴西，进口量高于 5 万吨，印度尼西亚、瑞典、罗马尼亚、奥地利、荷兰、斯洛文尼亚位于最后一个梯队。从全球风电机组出口量排名来看，中国为风电机组全球第一出口国，出口量高达 208.23 万吨，与排名第二的德国差距明显（德国风电机组出口量为 21.81 万吨），其次为意大利、印度，出口量均超过 10 万吨，日本、波兰、巴西、法国、西班牙、匈牙利、土耳其风电机组的出口量均超过 5 万吨。

随着国内外资品牌市占率逐步下降，中国厂商市场份额进一步提升。我国基本完成风机的国产化。2019—2021 年风电装机前十名均为国产主机厂，集中度较高，2021 年金风科技（直驱）、远景能源（双馈）、运达股份（双馈）为市场占额 47.4%。根据中国可再生能源国际合作数据，2021 年中国风机机组出口多至 22 个国家。出口整机商分别有金风科技、远景能源、明阳智能、运达股份、中车株洲所、东方风电，其中金风科技是全国风机出口量最大的制造商，其风机出口量占全国风机出口总量的 50% 以上。

3. 风电产业下游

风电产业下游主要为风电场开发运营，主要竞争点在于风资源获取能力、开发能力、融资能力，而非行业技术与运营经验，尚未实现国际合作。我国风电开发商多为专业的大型发电集团，以及资金实力雄厚的传统行业集团。我国风电运营商主要分为三类：一是大型中央电力集团，设立专项部门从事风电项目开发，主要有国家电投、大唐集团、华能集团、华电集团和中国电力投资集团，占据了风电市场一半的份额；二是其他国有能源企业，如中海油、中广核新能源、华润电力、三峡新能源与中节能风电等；三是其他风电运营企业，包括民营企业与外资企业，所占规模较小。风电运营商为助力实现碳达峰目标，各风电运营商制定"十四五"时期企业目标，国家能源集团计划"十四五"时期新能源新增装机 12000 万千瓦，在 2025 年实现可再生能源新增装机 7000 万—8000 万千瓦；华能集团计划到 2025 年清洁能源占比 50% 以上，发电装机达 3 亿千瓦左右，新增新能源装机 8000 万千瓦以上；华电集团提出"十四五"力争新增新能源装机 7500 万千瓦目标，非化石能源装机占比力争达到 50%，非煤装机（清洁能源）占比接近 60%。国家电投集团计划 2023 年实现碳达峰，到 2025 年实现电力总装机 2.2 亿千瓦，清洁能源占比 60%。为了实现企业制定的"十四五"期间新能源新增装机目标，各大发电企业纷纷启动风电机组采购招标工作，相较 2020 年，企业并标规模整体保持了增长。国家能源集团、国家电投、华电集团、华能集团来标规模较大，均超过 3000 兆瓦，其中，大唐集团、华电集团、华能集团相较 2020 年开标规模大幅增长，从 2020 年的 46.7 兆瓦、680 兆瓦、690 兆瓦上升至 2021 年的 664.5 兆瓦、4644.7 兆瓦、4380.3 兆瓦，增长规模分别是 617 兆瓦、3964.7 兆瓦、3690.3 兆瓦，增长幅度翻番。（表 5）

表 5　风电运营商开标情况

风电运营商	装机规模（兆瓦）		增长规模（兆瓦）	增长幅度（%）
	2020	2021		
国家能源集团	2410	3437.9	1027.9	42.65
国家电投	3438.5	3557.9	119.4	3.47
三峡新能源	2212.5	404	−1808.5	−81.74
华电集团	680	4644.7	3964.7	585.04
华能集团	690	4380.3	3690.3	534.83
华润新能源	659.5	1192.5	533	80.82
中广核新能源	1846.8	1273.6	−573.2	−31.04
大唐集团	46.7	664.5	617.8	1322.91

三、结论与建议

风电产业的技术壁垒高，国际产能合作特征明显，探究中国风电产业链国际合作现状，尤为关键。研究发现，上游原材料、零部件多依赖于国外进口，尚未实现国内自产自足，中游塔筒、风电机组已基本实现国产替代，下游风场运营起步较晚，尚未形成规范化发展模式，仍在经验摸索阶段。

研究启示：第一，加强核心技术攻关，大力发展技术创新。风电大型化的趋势下，风电叶片越来越长，仍存在结构力学、气动弹性力学等方面的技术问题有待解决。在海上风电方面，水深、海浪冲击等方面的变化比较大，须加快开展漂浮式基础等前沿技术的研究。在风热方面，用风能直接来产生热，可以大大降低成本，发展风热可以为工业提供蒸汽和热量，冬季为广大北方地区供热，从而提供一种没有污染的新供能方式，有必要推进风热科学技术研究。重点突破 10 兆瓦级及以上大容量海上风电机组、漂浮式海上风电机组及平台、高压柔性直流设备及平台，高压海缆、轴承、大型钢构，海上风电安装施工船舶、全生命周期整体方案解决，以及智慧海上风电场、智能运维服务、储能装备等核心高端产品。

在技术创新领域，一方面，以重大科技创新工程和重大基础研究项目为纽带，持有基础风电企业成立创新创业共同体，促进"政产学研金服用"创新要素的有效集聚和优化配置，引导企业向附加值高的领域转型；另一方面，积极开展海上风电国际合作，以合资形式吸引国外知名企业到国内设厂，引进其高端技术和专业人才，积极学习借鉴外国经营模式，以及配套服务企业融入产业链条，加强关键和核心技术的独立创新和联合创新。另外，鼓励政策性银行为入驻项目，设立基础设施建设基金和股权投资计划，从多角度鼓励企业创新技术研发的积极性，以科研经费支持的方式，解决风电企业面临的关键核心技术缺乏、原创性与自主性创新成果较少等发展瓶颈，推动中国风电产业向全球产业链上游攀升，掌握和熟悉部分先进适用技术，在一些重点领域发挥创新牵引作用，进而推动本地区风电产业结构升级与优化。

第二，海上发电迎来机遇期，大力发展海上风电。面对严峻的能源危机和结构性失衡问题，国际形势持续加码，驱动能源格局发生重大转型，光伏、风电等绿色能源占比大幅上升。英国、美国、德国及欧美等众多国家也相应地出台了多项政策及指导措施，积极推动风电产业能源发展。相比陆上风电，海上风电先天优势凸显。海上风电资源丰富、发电效率高、距负荷中心近、土地资源占用小、大规模开发难度低等优势，海上风电迎来发展机遇。发展海上风电应遵循"统筹布局、创新技术、拓展方式、搭建平台、计划＋示范"的发展思路。

统筹布局，做实做细产业发展规划。准确掌握海上风能资源和海底地形地貌基础数据，并确保数据的时效性和准确性。坚持高起点规划和全面性布局，统筹安排海上风电产业发展的时序和区域，产业布局应避免对国防安全、海上交通运输、临海临港工业和渔业生产等造成严重影响，同时避开自然保护区和生态文明试验区等独具保护价值的海域。在细化海上风电产业发展规划的同时，将海上风电变电站选择、电力负荷预测、海底电缆布局，接入系统电压等级和回路数以及备选接入点等内容体现在中长期电力和电网规划中。

提高电力消纳能力，通过提高电网调度能力和改善电源结构等多种方式，提高可再生能源电力消纳量，为未来大规模开发海上风电提供充分的准备。可以从技术角度不断提高海上风电供给侧和电力需求侧的电量预测精度，充分考虑多种波动性电源的发电特征，统一制定海上风电和火电的发电计划。另外，考虑各省区自然资源分布和调峰电源的特点，因地制宜地配套设计相当容量的调峰电源，并为满足海上风电运行中的调峰填谷需求，扩大资源配置范围，借助已建成的特高压电网，在临近省份范围内设计调峰填谷方案。

搭建海上测试保障平台，整合已有技术人才力量，构建符合海区特征且国际认可的海上风电开发、测试和评估技术标准，使装备的商业化开发有据可依，并建设包含海上风电测试功能的海洋可再生能源测试平台，形成服务产业化需求和标准化的独立第三方认证机构，是产业链延伸发展的重要环节。

参考文献

［1］KLING M M, ACKERLY D D. Global wind patterns and the vulnerability of wind-dispersed species to climate change［J］. *Nature Climate Change*, 2020, 10: 868-875.

［2］LIU L B, HE G, WU M X, et al. Climate change impacts on planned supply-demand match in global wind and solar energy systems［J］. *Nature Energy*, 2023, 8(8): 870-880.

［3］YANG F, SUN L G, WANG J L. Monthly variation and correlation analysis of global temperature and wind resources under climate change［J］. *Energy Conversion and Management*, 2023（285）: 116992.

［4］高伟, 吴昌松, 乔光辉. 风电产业研发资助政策的传导效果实证研究［J］. 中国软科学, 2017（11）: 54-65.

［5］李秀, 吴正平, 赖洋. 新疆风电产业与政策发展现状及其关系研究——基于创新系统功能视角［J］. 科技管理研究, 2020, 40（19）: 214-222.

［6］赵彦云, 李倩. 风电上网电价政策地区差异及其产业效应［J］. 资源科学, 2021, 43（1）: 12-22.

［7］刘玉新, 郭越, 黄超. 中外海上风电发展形势和政策比较研究［J］. 科技管理研究, 2023, 43（8）: 65-70.

［8］郑宇, 张慧明. 海上风电技术政策: 基于 X-Y 维度的国际比较研究［J］. 中国科技论坛, 2017（10）: 177-185.

［9］韩梦瑶, 刘卫东, 刘慧. 中国跨境风电项目的建设模式, 梯度转移及减排潜力研究——以中巴经济走廊优先项目为例［J］. 世界地理研究, 2021, 30（3）: 490-500.

［10］吕鑫, 祁雨霏, 董馨阳, 等. 2020 年光伏及风电产业前景预测与展望［J］. 北京理工大学学报: 社会科学版, 2020, 22（2）: 20-25.

［11］马健瑞, 赵蕊. "双碳" 背景下促进我国风电设备行业发展研究［J］. 经济纵横, 2022（7）: 42-49.

能源转型背景下中国能源体制革命进展研究

宋振东

（西安财经大学 管理学院 陕西 西安 710100）

摘　要：在能源转型背景下，分析中国能源体制革命中法治体系、管理体系、市场体系和价格机制等方面的现状和存在的问题，从能源市场结构和市场体系建设，能源商品属性和价格机制，以及能源监管机制和法制建设稳步推进三个方面总结了中国能源体制革命取得的成效，并指出当前能源体制改革，特别是电力和油气体制改革的机遇和挑战。最后，提出了推进能源体制革命的思路，包括创建现代化能源市场体系，强化能源法制与监管体系和完善能源市场价格机制等方面，以促进中国能源体制的进一步改革和发展，提高能源利用效率和可持续性，保障国家能源安全和经济社会发展。

关键词：能源体制改革；能源市场体系；能源监管和法制；能源价格机制

引　言

当前世界正处在新一轮能源转型的关键时期，这一转型表现为从传统的化石能源主导逐步转向清洁能源为主导，从高碳排放的能源消费模式向低碳乃至零碳转变。随着新能源技术进步、环境保护压力增大以及国际社会对气候变化问题关注度提升，能源结构的调整和优化成为各国共同面临的紧迫任务。中国作为世界上最大的能源消费国和二氧化碳排放国，在保障能源安全的同时，积极顺应全球能源转型趋势，努力探索适合本国国情的新型能源发展道路。

在新时代背景下，中国国家领导人高度重视并持续推动能源体制革命。习近平总书记在不同场合多次强调能源安全的重要性，并明确指出中国能源体系必须向清洁、低碳、高效、可持续的方向转型。中央全面深化改革委员会以及国家发改委等部门在一系列重要会议中，如《关于深化能源体制改革的若干意见》等政策文件中明确提出，要通过深化改革，构建适应能源转型发展的现代能源市场体系，打破行业壁垒，实现能源资源优化配置，确保能源供应的安全稳定。[1]

面对国内外复杂多变的能源形势以及实现"双碳"目标的战略需求，推进能源体制革命具有深远的历史意义和现实紧迫性。一方面，能源体制革命是破解能源供需矛盾、促进能源结构调整、提升能源利用效率的重要手段；另一方面，它也是培育和发展新兴产业、拉动经济增长、增强国家能源安全保障能力的有效途径。通过深化能源领域的市场化改革，建立健全公平、公正、公开的能源市场体系，可以充分激发市场主体活力，引导社会资本投入绿色低碳领域，从而为实现经济社会全面绿色转型提供有力支撑。

一、中国能源体制现状与问题

（一）能源法治体系

1. 发展现状

（1）能源法律体系框架初步形成

中国已成功构建起初步的能源法律体系架构，这一架构奠基于《宪法》的原则指导，并以《能源法》为核心统领，构筑了一个涵盖广度与深度兼具的多层次法规网络。这一举措标志着中国政府在推进能源领域深化改革、保障可持续发展方面的重要战略步骤。该体系整合了诸如 1996 年的《煤炭法》、2009 年的《石油天然气法》、1984 年的《原子能法》、1995 年的《电力法》（后经修订）、2007 年修订版的《节约能源法》、2005 年出台的《可再生能源法》，以及相关能源储备法规等一揽子具体单行法律法规，共同构成了全面规范中国能源开发利用和管理的坚实法制基础。

（2）执法成为能源管理的重要内容

中国能源管理执法见成效。严格政策与执法使全国能源消费增长受控，增长幅度降约 40%。中国在全球能源结构调整中展现领导力，推动可再生能源及煤炭清洁利用。政府通过政策扶持与执法，推动光伏、风能等可再生能源发电产业商业化。中国可再生能源装机容量快速增长，位居世界前列，成为全球可再生能源技术与市场开发领导者。通过技术创新、补贴政策引导及严格项目审批监管，提升非化石能源在总能源供应中的比重。

应对煤炭占传统能源高比例，中国推动煤炭清洁高效利用研发与应用，实现突破。执行相关政策，如《关于促进煤炭安全绿色开发和清洁高效利用的意见》，提高清洁转化率及利用效率，降低污染物排放。广泛应用清洁技术，提升煤电和煤化工行业水平，减少环境影响，实现能源生产和消费方式转变。

中国能源执法部门打击非法开采和能源资源盗取行为成效显著。严密措施破获多起能源违法案件，打击非法采矿团伙，追回巨额非法所得，挽回国家矿产资源损失，注重生态修复。2018—2023 年，违法采矿案件数量增 60%，没收违法所得超 10 亿元，部分案件涉案金额达数亿，责任人除罚款外还需承担环境修复费，显示中国政府保能源安全、护生态环境决心与执行力。

（3）关于能源司法和法律监督在中国仍处于完善阶段

根据中国最高人民法院的五年年度报告（2018—2022 年），能源相关诉讼案件数量以约每年 20% 的速度增长。截至 2022 年底，受理的能源类案件从 2018 年的 5000 件攀升至超过 10000 件。然而，这些案件的有效结案率相对较低，例如在 2022 年，能源领域案件有效解决比例为 60%，低于同年全国民商事案件 75% 的平均值。

依据《中国环境统计年鉴》2016—2022 年数据，受环保处罚重点监控能源企业逐年增加，大气污染排放超标、违规建设案件占比高。五年内，中国法院受理能源相关诉讼增长近半，包括环境赔偿、能源合同纠纷、项目审批争议等。2018 年某大型国有煤炭企业未经环评许可建设运营，导致空气、地下水严重污染，引发社会关注，推动严格能源项目审批监管改革，此案也揭示了司法实践中能源领域违法行为判定、惩治的漏洞挑战。

2. 存在问题

（1）能源法律法规体系仍存在诸多问题

首先，能源法律体系不完善，有立法空白。行业发展快，法规难跟上，新兴能源产业需求无法满足。部分法规原则性过强，操作性不足。其次，法规协调性差，存在交叉、矛盾、冲突，执法困难。法规与政策、规划衔接不紧，影响实施效果。再者，执法不严，监管不到位，企业违法行为查处不力。监管体制不健全，职责划分不清，有监管漏洞。最后，公众参与和信息公开需完善，公众参与度低，信息披露不充分，获取信息渠道有限。

（2）能源执法相对分散，且依赖于行政手段

中国能源执法较分散，部门、领域及力度均有差异。执法部门包括国家能源局、生态环境部等，各自负责，执法效果不同。执法领域涉及生产、输送、销售等环节，要求各部门加强监管，但实际执行仍有差距。执法力度有待加强，尤其在部分地区和领域。能源执法依赖行政手段，虽保证一定有效性，但过度依赖存弊端。行政手段易受人为因素影响，如地方保护主义、利益输送等，导致执法效果打折扣。处理复杂问题时，可能缺乏法律依据，执法过程不够严谨，难形成有效震慑。

（3）能源法制与能源改革的协调性不足

在中国能源转型与能源改革的进程中，能源法制与能源改革的协调性不足问题愈发凸显。一方面，能源法制建设滞后于能源改革步伐，导致能源政策实施过程中出现法律真空。另一方面，现有能源法制在很大程度上仍然保留了计划经济时代的痕迹，与市场经济体制下能源行业发展需求不符。近年中国能源消费总量增，结构调整缓。2019 年，能源消费

49.1亿吨标准煤，煤炭占比57.7%。能源转型中，清洁能源难填补煤炭缺口，调整任务重。推进能源改革，法制不健全致市场乱。如2011年福岛核事故后，暂停核电站建设，未及时修订法规，影响核能产业发展。光伏、风电等可再生能源领域政策调整引起市场波动。

（二）能源管理体系

1. 发展现状

（1）中上游管理已走向相对集中，协调管理成为常态

首先，国家已明确推动能源生产消费革命，构建清洁、低碳、安全高效能源体系，政策保障协调能源管理体系发展，各级政府也在促进能源供需平衡。其次，能源产业链各环节协调增强。从开发、生产、输送、销售至消费，合作紧密。如电力行业，发电、输电、配电、售电等环节相互依赖、制约，协调管理成必然。此外，新能源与传统能源融合发展。可再生能源如风能、太阳能、生物质能等与传统能源互补协调。能源技术创新推动管理体系向更协调、高效发展。最后，能源市场体系建设中，政府、企业、市场协调至关重要。政府加强能源监管，维护市场秩序；企业积极履行社会责任，参与能源供需协调；市场在价格、投资、供需等方面发挥决定性作用。多元化协调机制有助于高效运作的能源管理体系。

（2）能源调控与政策作用加强，但调控与干预仍难分清

随着全球能源需求的不断增长，能源管理体系的发展现状愈发受到关注。其中，能源调控与政策作用不断加强，调控与干预之间的界限却愈发模糊。

中国能源管理体系成果显著，能源消费强度降低，利用效率提升。2016—2020年，能源消费总量控制在55亿吨标准煤内，年均增3.4%，低于GDP增速。凸显能源管理体系在调控能源消费的作用，但干预与调控界限仍模糊。能源调控旨在通过市场机制、价格手段等实现能源供需平衡、优化结构；干预涉及政府对能源项目的直接投资和政策扶持。两者目标相似，实施方式不同。

能源调控强调市场在资源配置中的决定性作用，通过价格、税收等政策手段，引导企业和个人合理消费和投资。干预则体现政府在能源产业发展中的引导和规划作用，常伴随行政命令和直接投资。实践中，调控与干预相互影响，界限模糊。能源调控和政策作用很大程度上影响我国能源产业发展。如可再生能源领域，政府通过补贴、税收优惠等手段，大力扶持风电、光伏等产业发展，使其在全球范围内具有竞争力。但在传统能源领域，政府过度干预煤炭、石油等产业，导致产能过剩、环境污染等问题严重。

（3）能源规划逐步强调平衡性，积极融入经济社会发展

在中国能源规划的发展历程中，逐步强调了平衡性的重要性，并积极将其融入经济

社会发展的大局。

中国能源消费总量持续增长，但能源结构调整的步伐也在不断加快。可再生能源在能源消费总量中的比重从 20 世纪末的不到 10% 提高到目前的接近 15%，清洁能源发电装机容量占比更是超过 40%。表明中国在能源规划中注重平衡发展，积极推动可再生能源和清洁能源的开发利用，以实现能源结构的优化。

中国在能源规划中积极应对经济社会发展带来的能源需求增长。例如，近年来中国加大了对新能源汽车产业的支持力度，新能源汽车产销量连续多年保持快速增长，不仅满足了国内市场需求，还为全球新能源汽车产业的发展树立了榜样。此外，中国还在全国范围内推广能源高效利用技术，提高能源利用效率，降低能源消费强度，为实现经济社会发展与能源需求的平衡作出了积极贡献。

（4）能源战略日益受到重视，并成为重大决策依据

全球能源需求持续上升，各国对能源管理体系的关注度也随之提高。在这种背景下，能源战略的重要性日益凸显，已成为政府、企业及社会各界共同关注的焦点。随着全球能源投资不断攀升，2017 年达到了 1.8 万亿美元，这充分展示了能源战略在各国政策制定和实施过程中的关键地位。中国政府高度重视能源战略的制定与实施，逐步调整能源结构，加大清洁能源投资，推动能源技术创新，以构建清洁、低碳、安全的能源体系。这一战略决策为中国能源事业发展指明了方向，也为全球能源治理贡献了中国智慧。

（5）能源储备得到重视，应急能力提升

随着能源危机的不断加剧，对能源管理体系的重视程度日益提高。中国在能源管理体系的构建与完善上，已取得了显著的成果。首先，从能源储备的角度来看，中国政府高度重视能源储备的建设。根据国家能源局的数据，中国在能源储备方面的投资逐年增长。此外，中国还积极推进能源储备设施的建设，包括石油储备、天然气储备等多种类型，表明中国在能源储备方面所做出的努力和取得的成果。其次，从应急能力提升的角度来看，中国在能源管理体系中应急响应机制的构建上，也取得了显著的成效。一方面，中国不断完善能源应急预案，明确了各级政府和企业在应急情况下的职责和分工，确保了应急响应的高效运作。另一方面，中国加强了能源应急演练和培训，提高了相关人员的能力和素质。此外，能源监管部门也在不断加强对能源市场的监管力度，确保能源市场的稳定运行。

2. 能源管理体系存在问题

（1）缺乏统一管理，尤其是缺乏独立的高层级能源管理机构

首先，中国能源消费总量持续增长，能源结构转型任务艰巨。根据国家统计局数据显示，近年来，中国能源消费总量从 2010 年的 36.5 亿吨标准煤增长到 2020 年的 49.7 亿

吨标准煤，年均增长约 3%。在此背景下，能源管理体系的统一性和高效性显得尤为重要。然而，当前中国能源管理体系分散在多个部门，如能源局、工信部、环保部等，缺乏一个高层次的独立能源管理机构来统筹协调各部门之间的政策制定、实施和监管。

其次，中国能源安全事故频发，能源供应不稳定。近年来，中国能源领域发生了多起重大事故，如 2011 年渤海湾蓬莱 19-3 油田溢油事故、2013 年甘肃酒泉风电项目坍塌事故等。这些事故暴露出中国能源管理体系在监管、执法等方面存在的不足。而独立的高层级能源管理机构缺失，导致能源政策制定和实施过程中，难以充分考虑各类能源资源的协调发展，从而加剧了能源供应的不稳定性。[2]

最后，能源管理高层机构缺乏统一管理，影响能源战略实施。能源战略是国家战略核心，涵盖能源安全、环保、经济可持续发展等。独立高层能源管理机构能全局制定实施合理能源政策，推动产业升级。中国能源管理体系分散，导致部门制定实施能源政策时易陷局部利益陷阱，降低能源战略实施效果。

（2）管理方式陈旧，重审批且审批烦琐，公共服务不足

首先，中国能源管理体系中的审批环节耗时较长，影响了企业和个人办理相关业务的效率。以 2019 年为例，全国范围内能源审批的平均时间约为 21 个工作日，相比其他行业，这个数据明显偏高。此外，审批流程中的烦琐程度也较高，需要提交的文件和资料多达数十种，这无疑增加了企业和个人的负担。

其次，审批环节的陈旧管理方式导致了许多负面影响。一方面，企业和个人在办理能源审批过程中需要耗费大量时间和精力，这使得企业无法将更多的资源投入到核心业务发展中，影响了整体竞争力。另一方面，审批环节的低效率导致能源项目无法及时投入使用，进而影响到中国能源供应的稳定性。

最后，能源管理体系中审批环节的烦琐与陈旧管理方式不符合中国政策导向。近年来，中国政府大力推进"放管服"改革，旨在简化行政审批流程，提高公共服务水平。然而，在能源管理体系中，这一改革并未得到充分体现。

（3）能源规划协调性、前瞻性不足，难以适应供需平衡

首先，从中国能源发展规划的历史来看，部分地区和行业的能源规划往往缺乏长期性和协调性。在过去的一段时间里，由于经济增长迅速，能源需求不断上升，导致部分地区能源供应紧张。在这种情况下，一些地区和企业为了满足眼前的能源需求，纷纷上马能源项目，而忽视了能源规划的协调性和前瞻性。这种短视行为导致了能源供应过剩和资源浪费，同时也使得能源管理体系难以适应未来能源供需平衡的要求。

其次，能源规划的协调性和前瞻性不足也会影响能源管理体系的有效运行。能源规划是一项系统性、长期性的工作，需要充分考虑多种因素，如能源需求、资源禀赋、技

术进步等。只有具备协调性和前瞻性的能源规划，才能确保能源管理体系在不同的时间和空间尺度上实现有效运行。然而，目前中国部分地区的能源规划仍停留在短期和局部的层面，无法全面考虑各种因素的影响，从而导致能源管理体系的运行效果不佳。

最后，能源规划协调性、前瞻性不足影响能源项目实施效果。近年来，中国一些地区出现了弃风、弃光现象，原因是当地的能源规划未能充分考虑新能源的发展趋势和市场需求。在这种情况下，尽管新能源产能不断扩大，但实际利用率却不高，造成了严重的资源浪费。相反，那些具备协调性和前瞻性的能源规划地区，新能源利用率较高，能源管理体系运行更为顺畅。

（4）能源战略缺乏国家层面顶层设计与可落实的具体支撑

中国能源战略未形成完整顶层设计，导致实施过程问题多。能源消费总量持续增长，结构转型任务重。近年数据显示，能源消费总量上升，化石能源占比较高，清洁能源发展快但占比有限，增大供应与环保压力。另一方面，能源产业政策分散，缺乏针对性，制定者关注过多方面问题，导致政策庞杂，产业发展方向不明确。同时，中国能源管理体系支撑不足。创新能力弱，与发达国家有差距。研发投入少，产业缺乏核心竞争力。基础设施老旧，影响供应稳定安全。输送损耗大，利用率低。市场化改革慢，价格机制等不合理，影响高效运行。

（5）储备与应急体系之后，社会参与程度不足

首先，中国能源消费总量持续增长，对能源储备和应急体系需求扩大。但社会资本参与度未相应增长。2019年，社会资本在能源储备投资中占比仅30%，与发达国家有较大差距，表明社会参与度有待提高。其次，尽管中国在能源储备和应急体系方面取得一定成果，如液化天然气储备、石油储备，但主要依赖政府主导和国有企业参与，社会力量贡献有限。以液化天然气储备为例，中国液化天然气接收站主要集中在沿海地区，多为国有企业投资建设，导致地域和投资主体单一，降低抗风险能力。最后，社会参与度不足对能源管理体系可持续发展有负面影响。社会参与不足使资金来源单一，可能影响项目实施进度和质量；缺乏广泛社会参与，使应对突发事件时难以充分发挥社会各界优势，降低应对能力。

（三）能源市场体系与流通体系

1. 发展现状

（1）石油、天然气市场的竞争性有所加强，资源垄断依旧

中国经济发展迅速，能源市场体系地位上升。石油、天然气市场竞争加强，表现在市场份额扩大和价格竞争激烈。但资源垄断现象仍存在，如石油、天然气资源主要集中

在少数大型企业，基础设施建设和运营存在行政垄断。这导致中小企业竞争劣势，不利于行业长远发展。石油、天然气市场的竞争性与资源垄断现象并存，容易导致市场失灵。为促进市场公平竞争，中国政府正加大对石油、天然气市场的监管力度，打破地域、行政垄断，推动行业整合。此外，通过逐步建立健全市场准入机制，鼓励民间资本进入石油、天然气领域，以提高市场竞争性，促进资源优化配置。

（2）"新电改"电力市场有待落实与深化

首先，中国电力市场规模逐年扩大，2020年全社会用电量达75179亿千瓦·时，同比增长3.1%。这表明中国电力市场需求持续增长，电力市场改革具有一定的必要性。然而，电力市场的流通体系尚不完善，地区间电力资源配置不平衡问题仍然突出。例如，中国西部和北部地区清洁能源丰富，而东部和南部地区能源需求较大，导致电力输送瓶颈问题日益严重。

其次，中国政府积极推进电力市场改革，尤其在"新电改"政策出台后，各地电力市场建设取得了一定的进展。例如，南方电网公司开展了电力市场化交易，逐步扩大市场交易规模，提高了电力资源配置的效率。然而，电力市场改革仍面临诸多难题，如电力市场竞争不充分、交易机制不健全、监管体系不完善等。

最后，理论支持电力市场改革应遵循市场规律，构建政府引导、企业参与、市场竞争的机制。政府需加强监管，完善法规体系，为企业提供制度保障。企业应积极参与竞争，提高电力供应灵活性和可靠性。改革要注重市场在资源配置中的决定性作用，推动电力价格合理化、实现优化资源配置、降低社会能源成本。

（3）煤炭已率先实现市场化，电煤长协价有待市场检验

中国能源市场体系与流通体系的发展备受关注，其中煤炭市场已率先实现市场化，而电煤长协价则有待市场检验。首先，中国煤炭市场供需基本平衡，市场化程度不断提高。2019年，中国煤炭产量约为39.7亿吨，消费量约为40.1亿吨，煤炭库存充足，市场供应稳定。此外，随着煤炭行业供给侧结构性改革的深入推进，煤炭企业兼并重组、去产能等工作取得显著成效，市场竞争力得到提升。

中国煤炭市场已逐步摆脱过去高度计划经济的束缚，走向市场化。在煤炭价格形成机制方面，目前中国已经建立了以市场供求为基础、以秦皇岛港煤炭价格为基准的煤炭价格体系。特别是在2016年，国家取消了煤炭进出口关税，进一步促进了煤炭市场的自由化。煤炭企业在市场竞争中，可以根据市场需求和价格信号自主调整生产，从而实现资源优化配置。

市场化煤炭市场助力企业活力、产业效益，其发展也为其他能源市场化改革提供经验，但电煤长协价是电力企业与煤炭企业长期供应合同价格。当前市场环境下，其能否

适应市场变化、实现资源合理配置待检验。需完善电煤长协价形成机制，贴近市场实际；政府加强监管，防止价格异常波动，保障电力市场稳定。

2. 存在问题

（1）石油、天然气市场上中游垄断影响产业链整体效率

中国能源市场体系与流通体系存在问题之一在于石油、天然气市场上、中游的垄断现象，这一问题对产业链整体效率产生了负面影响。中国石油、天然气开采及供应行业的集中度较高，市场前五大企业的市场份额占比均在五成以上。这种高度集中的市场结构导致资源配置效率低下，进而影响了整个产业链的运营效率。

中游的油、天然气市场垄断阻碍产业链发展。大企业优势限制竞争，垄断企业过度关注短期利益，忽视长期投资与创新，降低产业链技术水平及可持续发展能力。波特五力模型显示，垄断市场减少竞争压力，企业缺乏降低成本、提高效率动力。中游环节垄断导致"守成心态"，忽视技术创新与产业升级，影响产业链效率。

（2）诸多问题交织阻碍电力市场形成

电力市场作为能源市场的重要组成部分，其健康发展对于推动中国能源产业结构优化升级、提高能源利用效率具有重要意义。然而，在现实中，诸多因素制约了电力市场的形成与发展。

中国电力市场规模庞大，但市场化程度不高。据中国国家统计局数据显示，截至2023，全国电力市场规模已达到数千亿元，然而，市场化交易电量占比尚不足四成。这表明，电力市场的形成与发展仍面临巨大挑战。中国电力市场存在着严重的区域不平衡问题。受地理环境、资源分布等因素影响，中国电力供需矛盾突出，尤其是在一些资源丰富的地区，电力过剩与短缺现象并存。这导致了电力资源无法实现高效流通，进而影响了电力市场的健康发展。

在市场准入方面，尽管国家已出台相关政策鼓励民间资本进入电力市场，但仍存在门槛过高、政策落实不到位等问题。此外，电力价格形成机制不健全，市场竞争力未能充分体现，导致资源配置效率低下。同时，电力输送环节的阻塞现象严重，跨省跨区电力交易受限，电力市场配套法规和监管体系不完善，市场秩序混乱。这不仅影响了电力市场的正常运行，还可能加剧地区间的利益矛盾。

（3）煤炭市场仍有流通障碍，分散管理较为严重

当前煤炭市场供需失衡、价格波动、质量不稳定等问题频发，影响健康发展。煤炭占比中国能源消费60%以上，地位重要，但产量与消费量差异大，导致库存波动、市场流通不畅。价格波动暴露供需失衡，凸显流通体系问题。长期来，煤炭产业多方管理导致监管不足，市场混乱。健全市场需高效、透明、公平，关键在优化流通体系与管理。需

深入改革，破除地域、行业、部门壁垒，实现资源配置。政府应推动市场化改革，同时加强监管、优化布局。从而解决流通障碍、分散管理的问题，并通过持续升级产业、创新管理、加强政策协同，实现可持续发展。

（四）能源价格机制

1. 发展现状

（1）能源价格机制存在共性问题，严重制约能源体制改革

中国能源价格机制的构建与实施过程中，一些共性问题日益凸显，不仅对能源价格的形成和传导产生了不良影响，且严重制约了能源体制的深化改革。[3]

首先，中国能源消费总量持续增长，而能源价格波动较大，导致市场供需失衡。2010年至 2020 年，中国能源消费总量从 36.5 亿吨标准煤增长至 49.8 亿吨标准煤，增幅达36.4%。然而，能源价格在短期内波动剧烈，如 2018 年国内煤炭价格波动幅度高达 20%，对下游产业造成巨大压力。这种波动不仅影响了能源市场的稳定，也使得能源价格与实际价值偏离较大。

其次，中国能源价格机制在很大程度上受到政府干预的影响。[4] 在可再生能源、新能源汽车等领域，政府通过补贴、政策引导等手段，推动产业发展。然而，这种干预在一定程度上扭曲了市场价格信号，使得能源企业对市场真实需求反应迟缓。以光伏产业为例，近年来中国政府加大对光伏产业的扶持力度，导致产能过剩，光伏发电成本长期处于较高水平，不利于产业可持续发展。

最后，中国能源价格机制与市场经济体制的要求尚不相适应。在社会主义市场经济体制下，能源价格应由市场供求关系决定。然而，现实中中国能源价格受到诸多因素制约，如担心能源价格上涨引发通货膨胀、维护能源企业利益等。这种现象导致能源价格不能充分反映市场供需状况，进而影响资源配置效率。

（2）上游领域价格渐进式放开，重点终端能源商品政府仍干预

首先，中国能源价格市场化程度不断提高，尤其是上游领域的价格，如石油、天然气和煤炭等。资源的价格逐步放开，使得市场在资源配置中的作用得到充分发挥。例如，中国石油和天然气勘探开发领域的竞争性环节价格已经完全放开，市场化的程度较高。此外，煤炭领域的价格也在逐步放开，尽管政府仍然对一些关键品种如电煤进行干预，但总体来看，市场化的趋势已经形成。

其次，中国政府在推进能源价格市场化改革的过程中，确实在很大程度上放开了上游领域的价格。例如，近年来中国取消了石油、天然气、煤炭等资源的价格限制，允许企业根据市场供求关系自主定价。这种价格放开的政策在一定程度上激发了市场活力，促

进了能源产业的快速发展。然而，在终端能源商品价格方面，政府干预的力度仍然较大。如电力、天然气等民生领域的价格，政府在保障民生需求的前提下，逐步推进市场化改革，但改革进程相对较慢。

最后，中国在能源价格改革以"渐进式"的改革策略为主。上游领域价格的放开，有助于激发市场活力，提高资源配置效率；而终端能源商品价格的政府干预，则是为了保障民生需求和社会稳定。这种改革策略在一定程度上符合社会主义市场经济的基本原则，即在市场化的基础上，发挥政府的作用，实现经济效率与社会公平的平衡。

（3）石油、煤炭基本实现市场化，电力、天然气价改任务艰巨

从石油和煤炭市场来看，中国自改革开放以来，逐步放开了这两种能源的价格管控。尤其是在近年来，随着中国市场经济体制的不断完善，石油和煤炭价格已经基本实现了市场化。这一成果的取得，既得益于政府的大力推动，也离不开企业的积极参与。中国石油和煤炭的市场化程度分别为85%和70%左右，这一数据充分证明了两者的市场化成果。然而，当我们把目光转向电力和天然气市场时，会发现情况并非如此乐观。尽管中国政府早在20世纪90年代就开始启动电力和天然气价改，但受到诸多因素的影响，如市场竞争不充分、管网建设滞后等，电力和天然气的价格改革任务依然任重道远。

电力和天然气价格改革的核心在于推动供需双方的平衡，实现资源的高效配置。市场化的价格机制是实现这一目标的关键。然而，在现实中，中国电力和天然气市场存在的区域性供需失衡、基础设施不足等问题，使得价格改革难以一步到位。由于电力和天然气价格改革还面临着利益调整的挑战。在市场化改革过程中，政府、企业和消费者三者之间的利益关系需要得到妥善处理。政府需要从过去的直接管控者角色转变为市场规则的制定者和监管者；企业则需要适应市场竞争，提高运营效率，实现盈利与可持续发展；消费者则期待在改革中获得更加合理、稳定的能源价格。

2. 存在问题

（1）成品油价格机制"透明度"与"时效性"问题并存

从中国成品油价格机制透明度看，其尚需提升。尽管政府已加强信息公开，但价格形成过程仍相对封闭，缺乏有效信息披露机制。这使市场参与者难以全面了解价格波动原因，影响市场预期稳定。提高透明度有利于消除市场不确定性，增强信心。

从时效性看，中国成品油价格调整较慢。在应对国际市场变化时，中国成品油价格机制表现出一定滞后性，如原油价格波动较大时，调整需一段时间才能体现。这降低了调节效果，可能带来市场扭曲。此外，在应对国内市场供需变化方面，机制也存在问题。供需失衡时，价格调整时效性不足，可能导致市场价格波动加剧。

（2）天然气市场化定价机制缺失，气价难以反映商品属性

首先，随着中国天然气消费量逐年上升，已成为全球最大的天然气进口国。然而，在中国天然气价格与市场供需状况的关联度不高，价格波动幅度相对较小。这表明，当前的天然气定价机制未能充分体现市场规律，气价对供需信号的反应不够敏感。

其次，天然气作为一种清洁能源，其价格应当反映其稀缺性和环境价值。然而，在中国现行的天然气定价体系下，气价未能充分体现这些因素，导致资源配置出现失衡。一方面，天然气价格偏低，使得消费者对清洁能源的需求难以有效扩大；另一方面，天然气生产商和进口商的利润空间受到限制，不利于产业的健康发展。

最后，天然气市场化定价机制的缺失不利于能源价格体系的完善。在市场经济条件下，能源价格应由市场供求关系决定，政府适度干预以确保能源安全和社会稳定。然而，过度干预可能导致市场信号失真，进而影响能源价格的合理形成。

（3）电价改革是能源价改的难点和电力体制改革的核心

电价改革是电力体制核心，关键在合理确定电价。中国电力消费年均增速超7%，电价影响投资效益。需根据供需、成本等科学制定电价。挑战包括电力资源分布不均、区域市场化交易推进、可再生能源电价制定等。应遵循市场规律，保障安全稳定供应，推进市场化改革。

（五）能源监管体系

1. 发展现状

（1）监管职能呈分散化、多层次，经济性监管层级较高

首先，从监管职能的分散化来看，中国的能源监管体系涵盖了从中央到地方、从政府到市场的各个层面。[5]这种分散化的监管模式有利于充分调动各级政府和市场的积极性，从而实现能源产业的健康发展。以2018年为例，中国能源监管机构共办理了2.1万件能源监管事项，涉及电力、油气、新能源等多个领域。这些数据充分证明了中国能源监管职能分散化的实际效果。

其次，多层次监管使力度灵活适度。中国能源监管包括政府、行业自律、社会监督等。这种多元化监管确保能源产业安全、稳定、可持续发展。如电力市场改革，政府推动市场化交易，加强监管，保障市场秩序。但经济性监管过高，可能导致政府过度干预市场，影响公平竞争。如何在确保能源安全前提下，适度调整监管策略是一种挑战。有效监管应平衡政府与市场关系，发挥政府引导作用，保障市场竞争机制。政府需根据产业发展状况，调整监管策略，实现动态平衡。

（2）监管内容以经济性监管为主，社会性监管由弱转强

首先，中国能源监管机构对能源企业的经济性监管力度逐年加大。2019 年，国家能源局派出检查组对全国范围内的能源企业进行了大规模的现场检查，涉及电力、油气、煤炭等多个领域。检查的重点包括企业是否存在违规操作、价格违规等问题。通过加强经济性监管，不仅促使企业规范经营行为，还降低了市场风险，保障了能源市场的稳定运行。

其次，随着中国能源监管体系的不断完善，社会性监管逐渐得到加强，并在保障能源安全、保护生态环境等方面发挥了积极作用。以电力行业为例，国家能源局要求电力企业严格遵守环保法规，加大污染治理投入，降低污染物排放。在监管力度加大的背景下，电力行业的环境友好型发展态势逐步显现。同时，在社会监督方面，国家能源局鼓励公众参与能源监管，通过举报、投诉等方式，对企业的违规行为进行监督。这种监管方式有助于提高监管的透明度和有效性。

最后，监管体系的演变是政府、市场、社会等多方力量相互作用的结果。在中国能源监管体系中，经济性监管与社会性监管的有机结合，有利于实现能源行业的可持续发展。从宏观角度看，经济性监管有助于提高能源行业的运行效率，降低能源成本，从而促进经济增长。而社会性监管则关注生态环境、公共利益等方面，有助于实现能源产业与生态环境的和谐共生。二者相辅相成，共同推动中国能源监管体系向更加完善的方向发展。

（3）"政监合一"监管模式，监管职能相对较弱

首先，自"政监合一"监管模式实施以来，中国能源监管机构的执法力度和处罚力度都有所提高。2019 年，中国能源监管机构共查处能源违规项目 500 余个，罚款金额超过 10 亿元，相较于过去几年有了显著提升。然而，与此同时，中国能源行业的违规行为仍然屡禁不止，这表明监管职能仍有待加强。

其次，中国能源行业发生的多起重大事故，如 2018 年的长春市燃气泄漏事故和 2020 年的山西省煤矿事故，都在一定程度上暴露出能源监管职能的不足。这些事故的发生，既说明了能源企业违规操作的严重性，也反映出监管机构在预防和查处违规行为方面的局限性。

最后，"政监合一"监管模式的实施，使得政府在能源监管中既要扮演监管者的角色，又要承担政策制定者的角色。这种角色冲突可能导致监管者在面对企业违规行为时，出于地方经济发展和政绩考核的考虑，而对违规行为采取宽松的态度。此外，监管机构的人员配置、经费保障等方面的问题，也使得其在面对能源行业的复杂形势时，难以充分发挥监管职能。

（4）监管法规体系初步形成，为依法监管提供保证

首先，中国已颁布实施了数百项能源法律法规，涵盖了能源发展规划、能源生产与

消费、能源市场准入、能源价格监管、能源安全生产等多个方面。这些法律法规的实施，为中国能源监管工作提供了明确的法律法规依据，确保了能源监管工作的有序开展。

其次，中国基于能源监管实践，逐步完善监管法规体系。以电力、石油、天然气等行业为例，从 20 世纪末开始，中国就开始加大对能源企业的监管力度，通过制定一系列具体政策措施，规范企业经营行为，保障能源市场秩序。在监管过程中，相关法规不断完善，为中国能源产业的健康发展奠定了坚实基础。

最后，监管法规体系的建立和完善，符合中国能源发展战略的要求。能源是国家战略性资源，关系国家安全、经济发展和社会稳定。建立健全能源监管法规体系，有助于实现能源资源的合理开发、高效利用，促进能源产业结构调整，降低能源供应风险，提高能源安全保障水平。

2. 存在问题

（1）监管机构层级低、不独立、监管权责安排分散

首先，从监管机构的层级来看，中国能源监管机构在行政体系中的地位相对较低。这导致其在与其他部门协同工作时，往往难以发挥出有效的监管力度。例如，在处理一些跨区域、跨行业的能源问题时，由于层级较低，监管机构在协调各方力量、整合资源方面存在明显的短板，从而影响了监管效果的实现。

其次，能源监管机构的独立性问题也尤为突出。在实际工作中，受制于各种因素，监管机构在开展监管工作时，往往难以真正做到独立、公正。尤其是在面对地方保护、行业利益等复杂利益关系时，监管机构的独立性更是受到严重挑战。这不仅削弱了能源监管的权威性，也使得监管政策在执行过程中大打折扣，难以发挥预期效果。

最后，监管权责的分散也是中国能源监管体系面临的一大问题。在现行体制下，能源监管涉及多个部门和领域，包括电力、油气、煤炭等。然而，在这些领域中，监管权责并未得到明确的划分，导致监管漏洞和盲点频出。一方面，监管部门在履行职责时，可能因权责不清而出现相互推诿、敷衍了事的现象；另一方面，这也给一些不法企业留下了可乘之机，加剧了能源市场的失序竞争。

（2）重点领域，尤其是中上游环节，缺乏统一和有效的监管

中国能源投资虽然增速较快，但投资结构并不合理。在新能源领域，光伏、风电等投资占比逐年上升；而在传统能源领域，尤其是中上游环节，投资增速相对滞后。这种投资失衡导致了能源产业链的不协调，进一步加剧了能源监管的困难。

中国当前的能源监管体系在中上游环节存在明显的漏洞。以煤炭行业为例，煤矿安全事故频发，部分原因就在于监管部门职责不清，执法力度不够。此外，在电力、油气等领域，也存在类似问题。这些事实充分说明，缺乏统一和有效的监管，将严重影响中国能源行业的稳定发展。

由于能源监管体系的完善与优化是构建社会主义市场经济体制的必然要求。能源监管体系完善是社会主义市场经济体制的要求。政府需发挥作用，保障市场竞争公平，维护能源安全。现中国能源监管中上游环节不足，导致市场混乱，资源配置低效，影响能源产业链健康发展。

（3）监管依据不完备，难以满足现代能源监管需求

中国能源产业规模不断扩大，新能源装机容量、能源消费总量等指标持续上升。然而，监管体系在法规、标准等方面的更新速度相对滞后，导致监管依据难以适应市场发展的实际需求。此外，在能源产业结构调整、能源价格改革等方面，监管依据的完善程度也显得不够。

中国能源监管实践中出现的一些问题也暴露出监管依据的不足。例如，在光伏、风电等新能源领域，部分地区出现了过度投资、产能过剩的现象。这在一定程度上反映了监管体系在引导和约束市场主体行为方面存在不足，缺乏针对性的监管依据。此外，在能源安全生产、能源市场秩序等方面，监管依据的不完备也导致了一些问题的发生。

整体来看，监管依据不完备的原因主要体现在以下几个方面：一是能源监管体制不顺，相关部门之间的协调配合不够，导致监管政策出台缓慢；二是能源法律法规体系不完善，难以应对日新月异的能源市场变革；三是监管政策执行力度不够，部分地区和企业的违法违规行为仍然屡禁不止。

（4）政府监管力量不足、不专业，社会力量监管缺失

政府能源监管投入不足，中国监管人员数量偏少，导致监管力不足。部分人员缺乏专业知识，难应对复杂市场环境。社会监管力量不足，民间组织数量少、影响力弱，公众参与度低。这些问题与中国能源监管体系不完善相关，加剧了监管力不足的问题。但从现实发展来看，现实需政府与社会共监能源，权分散达多元细监管。政企社公众协同监管有助于提高效果。然而，中国当前的能源监管格局尚未实现这种协同效应，监管力量不足和社会力量缺失的问题亟待解决。

二、能源机制体制改革深化，现代能源治理体系初具雏形

（一）能源市场垄断局面出现积极变化，有序竞争的市场体系逐步建立

1. 能源机制体制改革不断向深水区买进，顶层涉及和配套政策陆续出台

从理论层面来看，中国能源机制体制改革符合市场经济的基本规律。在市场经济中，资源配置应该由市场供求关系决定，而非单一的垄断企业。中国政府通过改革能源政策，

鼓励民间资本进入能源领域，推动能源市场向竞争性市场转型，有利于优化资源配置，提高能源利用效率。

随着中国能源市场垄断局面的积极变化，一个有序竞争的市场体系正在逐步建立。这一变化得益于中国能源机制体制改革不断向深水区推进，以及顶层设计和配套政策的陆续出台。一方面中国能源市场竞争加剧。新能源发电企业从 2015 年的 300 多家增至 2020 年的 1000 多家，市场规模持续扩大。新能源发电量占比也由 2015 年的 3% 提升至 2020 年的 11%，凸显竞争激烈。同时，能源市场垄断态势逐步打破。以电力市场为例，过去存在严重区域垄断，如今随着电力市场逐步开放，民营资本和企业参与，竞争愈发激烈。如 2019 年，国家能源投资集团收购广东核电集团，使核电市场竞争更多元化。另一方面，政府出台系列政策促进有序竞争。如《能源发展战略行动计划（2014—2020 年）》提出推进市场化改革，完善价格机制，激发市场活力。同时，加大新能源产业支持，通过税收优惠、补贴等引导企业投资，推动产业发展。

2. 电力体制、油气体制改革有序推进，市场化程度得到提升

随着中国能源市场改革的深化，市场在能源资源配置中的决定性作用日益显现，能源价格逐渐趋于合理，使得消费者能够享受到更低廉、更优质的能源服务。随着中国能源市场垄断局面出现了积极的变化，有序竞争的市场体系逐步建立。这一成果的取得，得益于中国电力体制和油气体制改革的深入推进，以及市场化程度的不断提升。截至 2023，全国电力市场规模已达数千亿元，全国电力用户数量超过 2 亿户，市场化交易电量逐年攀升。这些数据充分证明，中国电力市场已经逐步走向市场化。其次，中国电力体制和油气体制改革的推进，为市场注入了活力。例如，国家电网公司、中国石化等大型企业，通过改革逐步放宽了对市场的垄断地位，允许民间资本进入，激发了市场竞争。同时，政府也鼓励企业进行跨界合作，如电动汽车充电设施的建设，天然气管道与液化石油气储运设施的互联互通等，都是市场竞争的具体表现。

（二）能源商品属性开始回归，推动逐步建立由市场决定的价格机制

1. 能源价格市场化改革步伐加快，市场价格体系初步成型

随着中国能源消费总量持续增长，而能源结构不断优化。2019 年，清洁能源消费占比达到 23.4%，比 2015 年提高 5.4 个百分点。其中，非化石能源消费占比达到 15.3%，提高 2.3 个百分点。这表明，中国在推进能源价格市场化的过程中，成功引导了能源消费向清洁、低碳方向转型。在能源价格市场化改革中，中国逐步放开了石油、天然气、电力等领域的价格管制。例如，2019 年，国家管网公司成立，推动天然气管道运输价格市场化；同时，电力市场化交易规模不断扩大，市场化程度不断提高。这些事实都证明，中

国能源价格市场化改革取得了实质性的进展。

2. 竞争性环节陆续放开，已初步形成由市场决定的能源价格机制

中国能源消费总量持续增长，而能源价格却在合理范围内波动。据统计，2010 年至 2019 年，中国能源消费年均增长约 3.4%，而能源价格波动幅度控制在 2% 以内。这充分说明，市场决定的能源价格机制在很大程度上实现了资源的有效配置。[6] 中国能源价格的形成过程已逐步摆脱政府干预，更加贴近市场供求。在电力、天然气、石油等领域，价格机制的改革举措纷纷出台，如电力市场的竞价上网、天然气的市场化定价、石油的期货交易等。这些改革举措有力地推动了能源价格的形成更加合理、透明，为市场参与者提供了公平竞争的环境。

（三）能源"放管服"工作取得积极进展，监管机制和法制建设稳步推进

1. 能源领域"放管服"改革工作整体有序推进，能源监管得到加强和完善

首先，中国能源投资逐年增长，2020 年达 1.65 万亿元，同比增长 10.7%。这表明，在"放管服"改革政策推动下，能源产业投资环境不断优化，吸引了更多资本投入。同时，能源消费结构持续优化，清洁能源消费占比不断提高。2020 年，清洁能源消费占比达 23.4%，同比增长 1.1%。这一成果凸显了中国在推动能源绿色转型方面所取得的积极进展。

其次，中国在能源领域的监管体制得到了加强和完善。政府对能源企业的市场准入、项目审批、价格调控等方面实施更加精细化、便利化的管理，提高了能源行业整体竞争力。以电力市场为例，近年来，中国加快推进电力市场化改革，推动电力交易机构、电力市场调度、输配电价改革等工作，降低了电力价格，提高了电力供应效率。根据我的研究，2019 年全国电力市场化交易规模达到 3.2 万亿千瓦·时，同比增长 16.5%。

最后，从效果来看，"放管服"改革符合市场经济规律，有助于优化资源配置、提高生产效率。[7] 通过简化行政审批、降低市场准入门槛，政府将更多的权力下放给市场和企业，使市场在能源资源配置中起决定性作用。同时，通过加强能源监管，政府能够更好地引导和规范市场行为，保障能源安全、稳定供应。

2. 能源法制建设稳步推进，依法行政能力得到提升

中国能源立法工作不断加快，形成了以《能源法》为核心，包括煤炭、石油、天然气、电力、新能源等领域法律法规体系。中国能源领域相关法律法规共计约 100 多部，为能源行业健康发展提供了有力的法制保障。中国在能源行政监管方面取得了显著成效，加上相关部门严格执行能源法律法规，加大对违法违规行为的查处力度，确保能源政策目标的顺利实现。伴随着中国查处了一批重大能源违法违规案件，有力地震慑了违法行为。

此外，中国积极探索能源法治建设新路径，推动能源市场化改革。在能源价格、投资、税收等方面，政府逐步放权，鼓励市场竞争，激发企业活力。同时，加强了对能源企业的监管，规范市场秩序，保障能源安全。

三、体制革命面临深化电力和油气体制改革的机遇和挑战

（一）治理体系和治理能力现代化建设推动能源体制革命，给基本形成"管住中间，放开两头"能源格局带来机遇

1. 国家治理体系和能力现代化建设持续推进，全面推进能源体制革命的理论

丰富完善的理论体系指导改革：中国能源领域的法治观、制度设计及政策制定等方面积累了丰富成果，指导了能源管理体制从传统集权向现代市场化转变，如电力市场化研究，使改革举措有序推进。

行政效能提升加速改革：政府角色逐步从直接管控转向依法监督和服务，通过简政放权，强化能源产业链中间环节的安全保障和市场监管，释放上下游市场活力，如国家能源局等部门优化审批流程，助力新能源项目快速落地。

跨部门协同推进改革：各部门形成合力，共同推动能源领域改革，如构建跨部门协同工作机制，解决资源配置不合理问题，如电力交易市场建设中，发改委、能源局、工信部门等多方联动，共同推进电力现货市场、电力辅助服务市场的建立健全。

2. 能源体制革命内生需求逐步增强，现代化的能源治理调控体系有望建立

市场化进程驱动内生改革需求：随着经济社会发展，能源供需矛盾日益凸显，市场主体对参与能源生产和消费市场的需求不断增长，这为深化电力和油气体制改革提出了内在要求。特别是随着可再生能源技术进步和成本下降，分布式能源、微电网等新型业态蓬勃兴起，呼唤更加灵活高效的能源市场规则和管理体系，从而实现"管住中间，放开两头"战略目标的有效执行。

科技创新引领下的能源结构转型：清洁能源技术的发展与应用是推动能源体制革命的关键动力。中国致力于降低煤炭消费比重，提高清洁能源占比，这需要建立适应新旧能源转换、具有前瞻性和包容性的现代化能源治理体系。[10] 比如，通过完善碳排放权交易市场机制，引导各类能源主体自觉减排，参与低碳转型。

社会公众期待与绿色发展理念融合：随着公众环保意识的觉醒和可持续发展理念深入人心，社会各界对清洁、高效、透明的能源供应体系有了更高期待，这对能源治理提出了新的挑战和机遇。现代化的能源治理调控体系应关注并回应这种社会期待，通过加

强信息公开、公众参与和社区共建等方式，确保能源改革方案科学合理，符合生态文明建设的要求，实现经济、环境和社会效益的多赢。[11]

（二）电网环节输配体制改革相对落后，电力体制改革深水区步履维艰

1. 增量配网改革阻力较大，竞争性售电政策难以有效落地

增量配网改革进程受阻：尽管国家鼓励社会资本参与增量配电网建设与运营，但在实际操作中，由于现行法规、制度及利益分配机制尚不完善，导致增量配网改革面临着巨大的挑战。现有电力企业对新增市场准入的抵制，以及地方保护主义的影响，使得民营资本和各类新兴市场主体在申请增量配电网项目时遭遇重重困难，限制了增量配电网市场的健康发展。

竞争性售电模式推进缓慢：竞争性售电是电力体制改革的核心内容之一，旨在打破传统电网公司的垄断地位，引入更多市场主体，提升电力市场的活力和效率。然而，当前中国电力市场中，竞争性售电业务的开展并不顺畅，主要体现在市场准入门槛较高、电价形成机制不透明以及售电公司服务能力不足等方面，这些都阻碍了竞争性售电政策的有效落地实施。

用户用电选择权未充分释放：竞争性售电环境应赋予终端用户更多选择权，优化资源配置并降低用电成本，但目前由于售电市场竞争格局尚未完全形成，加之电力交易信息平台建设和用户教育普及工作滞后，导致大量用户对竞争性售电的认知度低，选择权未能得到有效发挥，进一步制约了竞争性售电市场的培育和发展。

2. 电力现货市场建设滞后，交易机构独立性明显不足

电力现货市场构建进度缓慢：作为电力市场化改革的关键环节，电力现货市场对于实现资源实时优化配置具有重要作用。然而，在中国，由于技术复杂性、市场参与者认知局限以及配套政策体系不健全等因素影响，电力现货市场从理论设计到实践运行的过程中进展相对滞后，直接影响了电力市场价格发现功能的充分发挥。

交易规则和定价机制不完善：中国电力现货市场相关交易规则尚处于探索阶段，市场内交易品种、交易时段划分、价格形成机制等核心要素仍需不断完善。这不仅造成了电力市场价格信号失真，不利于引导发电侧投资决策和消费侧需求响应，还可能加剧电力供需波动，给电网安全稳定运行带来潜在风险。

交易机构独立性问题突出：电力交易机构作为连接电力市场各参与主体的纽带，其独立性和公正性至关重要。然而，现实中部分电力交易机构与电网企业之间存在一定的关联关系，导致市场公平性和透明度受到质疑。交易机构独立性的缺失，不仅影响了市场公平竞争环境的塑造，也阻碍了电力体制改革向纵深发展。因此，建立健全独立、公

正、公开的电力交易机构，成为中国深化电力体制改革亟待解决的重要课题。

（三）国家油气管网运行机制尚待建立，油气现代市场体系构建困难不少

1. 管网大规模高效建设难度增大，管道等基础设施统筹调度管理难题待解

管网投资与建设面临的挑战：随着中国能源需求的持续增长和多元化趋势的加强，国家油气管网的大规模建设和扩容升级任务艰巨。然而，在实际操作中，由于管网建设涉及土地、环保、资金和技术等多个复杂因素，尤其是在环境保护法规趋严、社会公众对项目选址的高度敏感以及融资渠道有限的情况下，确保管网工程的高效推进面临较大困难。

管道基础设施优化配置问题突出：目前中国油气管道布局相对分散，资源调配能力受限，尤其是跨区域、跨省的长距离输送管道网络尚不完善，这在很大程度上制约了资源在全国范围内的有效配置。同时，如何实现现有管网设施的整合利用，避免重复建设，优化输配效率，成为当前亟待解决的统筹调度管理难题。

管网运营与维护制度待健全：尽管国家已着手推动油气管网独立运行机制的建立，但管网运营管理中仍存在不少空白地带，如产权关系不清、运营主体不明晰、安全监管力度不足等问题。要形成一套科学合理的管网运维体系，不仅需要明确各方权责、提升管网运营的专业化水平，还需建立健全适应现代能源市场要求的安全保障与应急响应机制。

2. 中短期内建成公平开放市场体系难度很大，交易中心有待有效发挥作用

市场体系构建的复杂性和长期性：打造一个公平、公开、透明的油气现代市场体系是一项系统工程，涉及从上游勘探开发到下游销售服务全产业链的改革。现行体制下，资源分配的计划性较强，市场准入门槛较高，打破垄断格局并引入多元竞争主体的过程将异常艰难。此外，市场规则制定、价格形成机制设计等关键环节的改革也需经历较长的时间周期和实践探索。

交易中心功能发挥受阻：现有的油气交易中心在一定程度上促进了市场的活跃度，但其作用尚未得到充分释放。一方面，市场化定价机制还未完全确立，市场价格发现功能较弱；另一方面，交易品种单一、交易规模较小，难以满足多样化的市场需求。因此，加快完善交易中心的制度设计，强化其资源配置枢纽的地位，对于促进油气现代市场体系的构建至关重要。

政策配套与监管体系滞后：构建公平开放的油气现代市场体系还面临着政策配套及监管体系建设滞后的挑战。例如，相关法律法规的修订完善、监管机构职能的重新定位、行业标准体系的建立等都需要同步跟进。只有在强有力的法制框架和高效的监管环境下，才能真正保障各类市场主体在公平公正的市场环境中开展有序竞争，从而推动整个油气行业的健康可持续发展。

四、价格改革进入全面深化新阶段，推动能源治理体系基本实现现代化

（一）创建现代能源市场体系，加快电力、油气等现货和期货交易平台建设

1. 加快分离自然垄断业务和竞争性业务，构建公平开放、有序竞争的能源市场体系

明确业务边界，打破行业壁垒：推进能源体制革命的关键一步是清晰划分自然垄断环节与竞争性环节，确保在保障关键基础设施安全稳定运营的同时，激发市场竞争活力。例如，在电力行业中，应将输电等具有自然垄断性质的业务与发电、售电等可引入市场竞争的环节有效分离，通过立法和监管改革确保各主体在各自领域内公平参与市场竞争。

优化资源配置，强化市场导向：随着自然垄断业务与竞争性业务的分离，市场机制将在资源配置中发挥更大作用。通过进一步放宽市场准入限制，鼓励多元化投资主体参与能源供应和消费领域，形成多元竞争格局，促进能源资源更高效地在不同地区、产业间流动，实现经济效益和社会效益的最大化。

完善法规制度，保障公平公正：为构建公平开放、有序竞争的能源市场体系，需制定和完善相关法律法规，建立健全透明、公开的市场监管规则，以防止市场滥用和不正当竞争行为的发生。[12]同时，加强反垄断执法，确保所有市场主体能在统一的市场规则下公平竞争，维护健康的市场秩序。

2. 健全能源流通市场，有序推进电力、石油、天然气、二氧化碳排放权等交易系统建设

加速现货交易市场发展：构建现代能源市场体系的核心内容之一是建立并完善全国范围内的电力、油气等现货交易平台。这要求从国家层面统筹规划，逐步放开各类能源产品的价格管制，建立反映供需关系和成本变动的价格形成机制，推动实时竞价、合约交易等多种交易模式的发展，增强市场对资源配置的基础性作用。

推进期货市场创新实践：在现货市场的基础上，中国还应积极开发和建设能源期货市场，包括但不限于电力期货、原油期货、天然气期货以及碳排放权期货等品种。通过期货市场的风险管理功能，有助于降低市场主体的风险敞口，提高市场预期的稳定性，引导社会资本合理配置到能源生产和消费领域。

建设跨区域、多品种联动的交易体系：在建设全国性的电力、油气及碳排放权等交易系统时，应注重跨区域、跨行业的互联互通，建立协调一致的市场规则和结算体系。同时，探索构建多种能源产品相互关联、协同发展的综合性能源交易平台，提升整体市场

的效率和竞争力，从而有力推动能源治理体系向现代化迈进。

（二）完善能源市场价格机制，强化财税政策对能源高质量发展的引导作用

1. 全面放开竞争性环节市场价格，形成由市场决定的价格机制

深化能源价格市场化改革：推进能源体制革命的核心内容之一是逐步全面放开电力、石油、天然气等领域的竞争性环节市场价格，通过市场供需关系来决定产品和服务的价格。[13] 这要求政府从过度干预转向有效监管，允许并鼓励各类市场主体在公平、公正的环境下自由竞争，以实现资源的有效配置和高效利用。

建立灵活合理的定价机制：构建适应现代能源体系的价格形成机制，需要引入实时竞价、长期合同等多种定价模式，确保电价、气价能够及时反映生产成本、环境成本以及市场需求变化。同时，建立健全峰谷分时电价、可再生能源补贴退坡与市场竞争相结合的定价制度，引导能源生产和消费结构优化升级。

提升价格信号传递效率：随着能源价格市场化的深入推进，价格信号将更加准确地反映资源稀缺程度和环境成本，有助于推动企业和消费者行为的调整，提高能源利用效率，减少浪费现象。[14] 同时，透明公开的价格信息也有利于吸引社会资本投资清洁能源和节能技术的研发与应用，进一步促进能源产业高质量发展。

2. 充分发挥能源领域财税政策的引导和支持作用，建立和完善具有能源资源导向性、反映生态与环境效益的能源税制体系

完善能源资源税制设计：为更好地体现能源资源的价值和环境保护的重要性，应适时调整和完善能源资源税制，比如对煤炭、石油等非可再生资源征收合理资源税，同时对新能源和可再生能源实行税收优惠政策，通过差异化税率引导产业结构向绿色低碳转型。

实施碳排放权交易及碳税政策：结合中国碳达峰、碳中和目标，加快碳排放权交易市场的建设，并适时考虑推出碳税政策，以此来抑制高碳排放产业的发展，激励企业降低碳排放强度，加大对清洁技术和低碳产品的研发投入。

优化财政补贴结构与方向：在保证能源供应安全的前提下，逐渐取消对化石能源的直接财政补贴，转而加大对新能源、能效提升、储能技术研发等方面的财政支持，形成既符合市场规律又有利于绿色发展导向的财税政策体系。通过科学合理的财税政策引导，为中国能源治理体系现代化提供强大动力，助力实现能源高质量发展的战略目标。

（三）强化能源法制与监管体系建设，创建高效能源治理体系

1. 持续深化"放管服"改革，创建高效能源管理与监管体制

简政放权，激发市场活力：在能源领域实施"放管服"改革，首要任务是简化行政

审批程序，放宽市场准入条件，赋予各类市场主体更大的经营自主权。通过减少政府对微观经济活动的直接干预，可以有效释放市场潜能，吸引多元化投资进入能源产业，从而促进能源领域的技术创新和效率提升。

强化事中事后监管，保障公平竞争：在"放"的同时，更要注重"管"和"服"，建立健全科学有效的能源行业监管体系，加强对能源市场的全过程、全方位监管，确保企业在公平公正的环境下竞争。利用现代信息技术手段提高监管效能，加大对违规违法行为的查处力度，维护良好的市场竞争秩序。

优化公共服务，提升服务质量：以服务为导向，进一步完善能源管理部门的服务职能，提供便捷高效的政务服务，帮助企业解决实际问题。[15] 例如，推动政务公开透明，提供一站式服务平台，简化审批流程，并加强对企业政策解读和指导，为企业创造良好的发展环境，助推能源产业转型升级。

2. 能源法制建设稳步前行，创建现代能源法制体系

健全法律法规体系，奠定法治基础：围绕能源发展战略目标，制定和完善一系列能源法律、法规和规章，构建覆盖能源开发、生产、输送、交易、使用等全链条的现代能源法制体系。[16] 比如，《能源法》及其配套法律法规的修订和出台，为中国能源治理体系现代化提供了坚实的法律支撑。

强化依法行政，规范权力运行：在能源管理工作中全面推行依法行政，严格遵守法律法规，确保所有决策和行为都在法治轨道上进行。加强执法队伍建设，提高执法人员的专业素质和业务能力，确保各项能源政策得到有效落实，有力保障国家能源安全和战略规划顺利实施。

推进司法实践创新，保障合法权益：建立完善的能源纠纷解决机制，包括仲裁、调解和诉讼等多种途径，切实保护各主体的合法权益。适时推出相关判例，引导和规范能源行业的健康发展，通过司法实践不断丰富和完善能源法制体系，使之更好地适应新时代能源革命的需要。

参考文献

[1] 田静，叶小芬，闫明. 国际能源市场与股票市场的波动溢出效应及驱动因素研究——基于 TVP-VAR-DY 溢出指数分解的实证研究 [J]. 经济体制改革，2023（06）：142-151.

[2] 汪制邦，刘满平. 美国能源政策转变对全球能源市场影响及中国对策 [J]. 价格理论与实践，2023（07）：24-29.

［3］杨春桃. 论中国能源体制重构的关键问题及其法律实现［J］. 环境保护，2021，49（09）：44-47.

［4］姚青松，赵国庆. 国际能源价格的持续性结构突变研究［J］. 河北经贸大学学报，2020，41（04）：16-21.

［5］徐骏. 转变政府能源监管 推进能源体制革命［J］. 财经论丛，2021（06）：113.

［6］乔桂银. 能源价格机制改革势在必行［J］. 生产力研究，2009（17）：97-99.

［7］王俊豪，金暄暄. 中国能源监管体制深化改革研究［J］. 经济学家，2020（09）：95-103.

［8］于宏源，张潇然. 二十国集团与全球能源治理体系变革［J］. 当代世界，2020（12）：22-29.

［9］熊华文，苏铭. 推动能源治理体系和方式现代化［J］. 宏观经济管理，2018（08）：34-39.

［10］林卫斌，吴嘉仪. 能源治理、能源管理与能源监管［J］. 学习与探索，2023（03）：113-121.

［11］张晓卯. 合同能源管理：公共机构碳达峰与碳中和的解决之道——以上海市公共机构合同能源管理为例［J］. 中国行政管理，2021（11）：157-159.

［12］张粒子，何勇健，凡鹏飞，等. 中国能源市场体系建设的目标框架与路径模式［J］. 价格理论与实践，2011（07）：33-35.

［13］方建春，童杨，陆洲. 财政分权、能源价格波动与碳排放效率［J］. 重庆社会科学，2021（07）：5-17.

［14］康继军，郑丝月. 仅用原油价格能否有效衡量能源市场冲击［J］. 世界经济，2021，44（07）：181-206.

［15］张文杰，袁红平. 合同能源管理项目中的节能补贴分配问题研究［J］. 运筹与管理，2020，29（08）：233-239.

［16］朱跃中. 美国能源管理体系及能源与环境领域发展趋势［J］. 宏观经济管理，2010（03）：72-74.

能源转型背景下的能源价格波动及趋势研究

曹　珂　胡旭莹　乔　倩

（西安财经大学　统计学院　陕西　西安　710100）

摘　要： 能源是人类社会赖以生存并且维系发展的重要基础，原油在现代经济发展乃至工业发展中起着举足轻重的作用。本文通过对原油现货价格以及新能源价格波动趋势和相互影响关系的具体分析，重点关注国内、国际能源市场以及新能源市场的变化，首先从价格波动角度分析国际、国内能源市场现状、趋势和联动效应，以及国际、国内传统化石能源价格变动与新能源市场的互补和替代效应，最后结合原油价格的数据特征，对国际、国内原油价格的波动趋势以及互动效应展开预测，探讨国际、国内传统化石能源市场在全球能源转型背景下面临的挑战，为加快新能源转型升级政策落地提供参考依据。

关键词： 能源转型；能源价格；波动趋势

引　言

能源价格是调节能源资源配置的主要工具，会受到能源资源的稀缺性、能源市场的复杂性以及相关产业一体化发展程度等影响。能源市场价格的形成机制也较为复杂，尤其是短期内的能源价格会受到大量来自非市场因素的严重影响，由此形成的能源价格往往会脱离能源供需的基本面。中国拥有较为丰富的煤炭资源，因而在全球能源转型的背景之下，尽管已认识到新能源的发展是一个漫长过程，中国仍希望通过新能源的发展推动国内能源转型，因此更关注新能源与传统化石能源间的互补而非替代效应，并希望在新能源与传统化石能源新能源协同发展的过程中实现能源转型革命。

为了厘清传统化石能源与新能源的发展关系，本文选取布伦特原油现货价格和中国大庆原油现货价格为传统化石能源价格代表，中证新能指数为我国新能源发展水平代表，首先从价格波动角度分析国际、国内能源市场现状、趋势和联动效应，以及国际、国内传统化石能源价格变动与新能源市场的互补和替代效应，最后结合原油价格的数据特征，对国际、国内原油价格的波动趋势以及互动效应展开预测，探讨国际、国内传统化石能源市场在全球能源转型背景下面临的挑战，为加快新能源转型升级政策落地提供参考依据。

一、原油价格波动趋势及现状分析

（一）国际原油价格波动性分析

能源是人类社会赖以生存并且维系发展的重要基础，而原油作为最重要的战略储备物资之一，在现代经济发展乃至工业发展中都起着举足轻重的作用。现代社会中，原油及其附加产品几乎影响了人类所有的生产与生活，这就意味着几乎每次原油价格的剧烈波动都会对世界经济带来深远的影响。最新公布的《BP 世界能源统计年鉴 2022》通过对2021 年全球能源数据的观察，发现全球仍处于碳增长周期，且要摆脱对化石能源的依赖仍然比较困难。进入 2022 年以来，俄乌战争的加剧以及新冠疫情的持续不断冲击着世界能源体系，显露出过去十年可再生能源增长的脆弱性，全球能源转型已迫在眉睫。

21 世纪的今天，开放的中国已成为全球化进程中的一员，国内循环与国际循环联系更加紧密。2021 年，我国原油对外依存度首次出现下降，由 2020 年的 73.6%降至 72%。但原油对外依存度首次由升转降，并不意味着原油消费量和进口量的峰值已现，这只是我国消费市场对国际原油供求和价格的一次正常反应。此外，"三桶油"实施的油气增产七年行动计划和国内"双碳"目标的推进，也是原油进口量下降的两大重要原因。持续过高的原油对外依存度为中国能源安全带来极大的隐患，影响到我国的经济安全。因此，正确认识国际能源价格及变动趋势，深刻分析原油价格现状，对研究和制定我国未来能源安全战略至关重要。本文首先以布伦特原油现货价格为研究对象，通过构建 GARCH族模型，分析国际原油价格的波动特征。

1. 数据说明

原油作为主要原料可分为原油和成品油，价格主要有现货市场价格、期货市场价格、以货易货价格和价格指数等。在世界原油市场上，以三大原油为基准原油，它们分别是美国西得克萨斯轻质原油（WTI）、英国北海布伦特轻质原油（布伦特）以及迪拜原油（Dubai）。对于国际成品油市场来说，其发展历史与国际原油市场相比相对较短，定价方法的国际化程度也相对较低，目前国际上主要有三大成品油市场，即欧洲的荷兰鹿特丹、美国的纽约以及亚洲的新加坡市场。

国际原油价格体系庞大而复杂，因此对国际油价的分析必须选取最具有代表性的价格进行研究。原油作为各种化工产品的原料，位于原油产业链中的最上游，在国际原油市场中占据着重要的地位，原油价格的波动会对整个原油产业链造成影响。目前，国际原油市场以 WTI 原油、布伦特原油和 Dubai 原油为基准，而大约 50％的全球原油贸易都参照布伦特原油定价。此外，WTI 原油价格容易受到当地供需的影响，而布伦特原油一般供应稳定，受当地供需影响较小。因此，WTI 原油和 Dubai 原油相比布伦特原油更具有代表性。基于此，本节选取布伦特原油现货价格的周数据作为国际原油价格的代表，样本区间为 1987 年 5 月至 2022 年 9 月，共计 1844 个样本数据，均以美元为计价单位。

2. 国际原油价格波动模型估计

为了满足 GARCH 族模型的适用条件，需要对数据进行平稳性检验。考察布伦特原油现货价格对数收益率序列的统计特征（表 1）。

表 1　布伦特原油收益率序列的统计量描述

指标	布伦特
均值	0.000859
中位数	0.003116
最大值	0.323825
最小值	−0.407835
标准差	0.045983
偏度	−0.634643
峰度	11.95334
J−B 统计量	6279.51
P 值	0.00000
样本数量	1183
ADF 检验	−9.0426

可以看到序列均值和中位数均趋向于零，且远小于标准差，表明数据不存在明显的趋势。此外，偏度为负且峰度大于 3，说明布伦特原油对数收益率分布存在尖峰厚尾效应。进一步地，J—B 检验拒绝了数据分布的正态性，说明该序列并不是正态分布。此外，采用无截距项和无时间趋势项的 ADF 检验验证布伦特原油现货价格对数收益率（图 1）序列的平稳性。由表 1 中的 ADF 检验可知，序列中不存在单位根，其变动是平稳的。

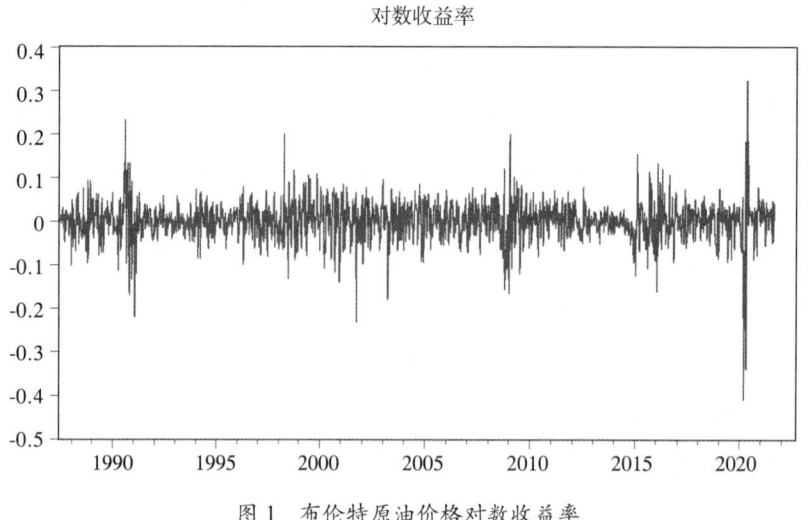

图 1　布伦特原油价格对数收益率

考虑到收益率序列存在的较为显著的"尖峰厚尾"现象，采用 GARCH 模型进行估计。基于恩格尔（1982）[1] 对于 ARCH 条件异方差模型的研究，波勒斯勒夫（1986）[2] 提出了更具有普遍意义的波动率模型——GARCH 模型。GARCH 模型相较于 ARCH 模型，能够更好刻画时间序列数据的波动聚集和厚尾现象，由均值方程和条件方差方程构成，一般形式为

$$y_t = x_t b + \xi_t$$

$$h_t = \omega + \sum_{i=1}^{p} \alpha_i \varepsilon_{t-i}^2 + \sum_{j=1}^{q} \beta_j h_{t-j}$$

其中，$p \geq 0$，$q \geq 0$，$\omega > 0$，$\alpha_i \geq 0$（$i = 1, 2, \cdots, p$），$\beta_j \geq 0$（$i = 1, 2, \cdots, q$），$\sum \alpha_i + \sum \beta_j < 1$。

GARCH 模型将滞后条件方差项引入条件方差方程中，可以更好地反映收益率序列残差的异方差性，因此相较于 ARCH 模型能够捕捉收益率序列的波动集聚性和持续性。模型中用 β 衡量国际原油现货价格波动的持续性，参数估计结果如表 2 所示。

表 2　布伦特原油对数收益率 GARCH（1，1）模型参数估计结果

参数	估计值	Std. Error	z 值	P-value
b	0.001549	0.0000113	4.631964	0.0000
α	0.146044	0.008493	17.19562	0.0000
β	0.837607	0.011288	74.20365	0.0000
R^2	−0.000294			

参数	估计值	Std. Error	z 值	P-value
GARCH（1，1）模型残差的 ARCH-LM 检验				
F 值	0.025959			0.8720
n^*R^2	0.025988			0.8719

可以看到，ARCH 项和 GARCH 项系数 α、β 均显著不等于 0，且满足条件 $\alpha \geqslant 0$，$\beta \geqslant 0$，$\sum_{i=1}^{p} \alpha_i + \sum_{j=1}^{p} \beta_j < 1$，由此可得出具体估计结果：

均值方程：

$$r_t = 0.1549 \times 10^{-2} + \xi_t \tag{1}$$

方差方程：

$$\sigma_t = 5.23 \times 10^{-5} + 0.146004 \zeta_{t-1}^2 + 0.837607 \sigma_{t-1} \tag{2}$$

通过估计 GARCH 模型得到的条件异方差如图 2 所示。由图 2 可以看到，GARCH 模型较好的描述了市场的波动聚集现象。且通过对模型有效性的检验，提取后的残差数据通过 ARCH-LM 检验，说明模型中的波动已经很好地被 GARCH（1，1）模型所估计，没有残余的波动信息。

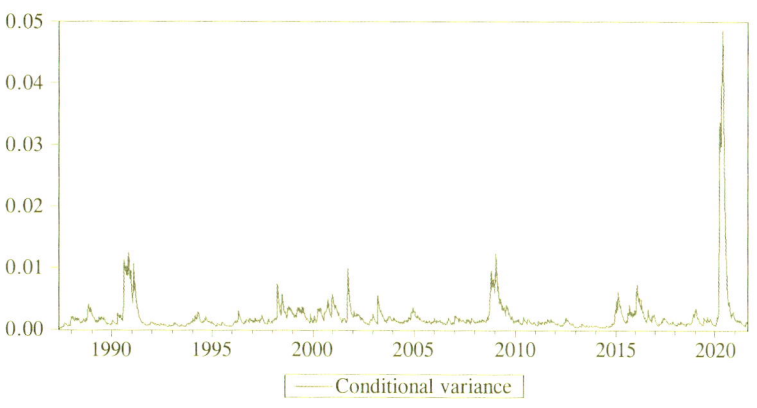

图 2　布伦特原油对数收益率条件异方差

3. 国际原油价格对数收益率波动情况分析

（1）整体波动情况分析

由图 2 可以看到，以布伦特原油为代表的国际原油市场价格经历了多次剧烈波动，波动周期大约为 1.5 年至 2 年。随着人类物质需求的不断提高和技术的不断进步，原油的功能不再局限于基础燃料，而是进一步作为合成材料进入化工领域，生产出塑料、沥青、服装、药品和食品等多种与生活息息相关的产品。从开采、生产到加工，围绕原油产生的众多产业渗透进国民生活的方方面面，因此原油会通过相关产业影响整个国民经济的发展。原油天然稀缺与世界范围内资源分布不均使得各国对原油的争夺愈发激烈，由此引发的原油价格波动也成为全球经济波动的重要因素。此外，中东原油丰裕地区与西方国家之间的政治局势的不稳定，使得多次原油危机在中东产油地区爆发。与此同时，科技的飞速进步助推新能源发展，对原油市场造成了威胁，引发原油价格波动。

在所有的波动中，2020 年初至 2022 年 9 月结束的国际原油价格波动最为剧烈。究其原因，国际原油市场供需自 2020 年伊始就持续处于紧平衡状态，供需差约 50 万桶/日，带来的结果就是任何明显的利好或是利空消息都能够刺激到市场投机者的情绪，造成原油的大幅度波动。俄乌冲突的全面爆发则进一步推高了这一波动趋势。但随之而来的经济增长疲软削弱了原油需求前景的预期，市场对全球经济增长的担忧进一步加剧，原油价格受到重挫。至 2022 年 9 月，原油价格已跌落至平均水平。

由估计得到的 GARCH（1，1）模型可知，ARCH 项系数（α）和 GARCH 项系数（β）之和反映了波动冲击的衰减程度，（$\alpha+\beta$）越接近于 1，说明衰减速度越慢。在方差方程（2）中，布伦特原油现货价格对数收益率 GARCH（1，1）模型中的 $\alpha+\beta=0.98<1$，其中 $\beta=0.838$，说明波动冲击的 83.8% 传递到了下一期，波动具有较高的持续性，当期原油价格的波动会对未来原油价格波动产生影响。由此可见，国际原油市场对外部信息的冲击反应迅速，而且冲击的影响持久力更强，

（2）波动的非对称效应检验

在 GARCH 模型中，假设条件方差为滞后残差平方项的函数，因此残差的正负差异对于收益率序列具有同等效力的影响，即正向与负向冲击对于条件方差的影响是对称的。然而原油价格变动的另一个显著特征就是波动的非对称性，即正负冲击对于油价的波动影响不同。为了检验国际油价波动中存在的非对称性，本文分别构建了 TGARCH 模型以及 EGARCH 模型，以提取国际油价波动的杠杆效应。

指数 GARCH 模型（EGARCH）由尼尔逊（1991）[3] 提出，该模型放宽了对参数非负约束条件的要求，采用对数形式使得模型更加灵活。EGARCH 模型条件方差方程的一般形式为：

$$\ln\left(h_t\right)=\omega+\left(\alpha_i\left|\frac{\varepsilon_{t-i}}{\sqrt{h_{t-i}}}\right|+\gamma_i\left|\frac{\varepsilon_{t-i}}{\sqrt{h_{t-i}}}\right|\right)+\sum_{i=1}^{p}\beta_i\ln\left(h_{t-j}\right)$$

其中，参数 γ 是描述杠杆效应的杠杆因子，反映了正向冲击与负向冲击对波动率的影响，当 $\gamma=0$ 时，表示正向冲击与负向冲击带来的波动影响具有相同作用，即不存在杠杆效应；当 $\gamma>0$ 时，表示负向冲击带来的波动程度大于正向冲击带来的波动程度；当

$\gamma < 0$ 时，则表示正向冲击带来的波动程度比大于负向冲击引起的波动程度；而当 $\gamma < -1$ 时，说明负向冲击加剧了收益率的波动，正向冲击则降低了收益率的波动。

门限 GARCH 模型（TGARCH）由泽口爱（1994）[5] 提出，该模型的条件方差方程的一般形式为

$$\sqrt{h_t} = \omega + \sum_{i=1}^{p} \alpha_i \left(|\zeta_{t-i}| - \gamma_i \zeta_{t-i} \right) + \sum_{j=1}^{q} \beta_j \sqrt{h_{t-j}}$$

从模型的条件方差方程可以看到，波动对于条件标准差的贡献为 $\alpha_i (|\zeta_{t-i}| - \gamma_i \zeta_{t-i})$。因此，当 $\alpha_i > 0$，$\gamma_i \geq 0$ 时，负向冲击带来的波动影响要大于正向冲击带来的波动影响。

分别对布伦特原油价格收益率数据估计 EGARCH 模型和 TGARCH 模型，结果如表 3 所示：

表3　GARCH 族模型估计结果

	TGARCH	EGARCH
ω	0.000059*** （0.000012）	−0.463336*** （0.050966）
α	0.090615*** （0.013894）	0.253973*** （0.016172）
β	0.838244*** （0.013266）	0.958377*** （0.007252）
γ	0.094623*** （0.015902）	−0.064548*** （0.009382）

其中，TGARCH 项系数 γ 显著且大于 0，说明负向冲击带来的波动影响大于正向冲击带来的波动影响。EGARCH 模型中进一步证明了原油价格波动的非对称性，其中 EGARCH 项系数 γ 显著不等于 0 且取值为负，说明负面冲击影响更大，上一期负向冲击对本期油价的影响比同等大小的上一期正向冲击对本期油价的影响要大。

（二）国内原油价格波动分析

我国原油价格的形成机制依照控制权的区别可以被划分为三个阶段，每个阶段都有其鲜明特征，反映出中国原油定价逐步市场化的过程。

第一阶段：国家计划控制阶段。1981 年前，中央政府对油价实行单一的计划控制，只是在国际油价发生重大波动的 1960 年和 1971 年进行过两次计划价格调整。计划经济时期的原油调拨完全取决于国家的计划，原油价格仅仅用于会计结算，并不受市场价格波动影响。

第二阶段：双轨制阶段。国务院决定自 1981 年开始实行原油产量包干政策，即允许超出包干基数 1 亿吨的超产油以国际油价出口或以计划内高价在国内销售，所得收入则主要用于加强原油资源的勘探开发力量，原油价格从此进入双轨制时代。由此，逐渐扩大了市场价与平价间的差距，两者在 1987 年已达 207 元/吨左右。1992 年 9 月，国家进一步放松对油价的控制。通过上调部分计划内原油价格，并完全放开计划外油价、取消原油最高限价。这些改革措施能够在一定程度上缓解油价过低的状况，但油价形成机制中的根本问题并未得到有效改善。

第三阶段：国内油价与国际油价接轨。具体做法是采取锁定一个国际化的原油市场价格并以此为标准，加上相应的成本和费用计算出国内原油的终端销售价，再按 5% 的利润空间倒推出批发价[5]。新机制实施之初，我国每月的原油交易价是以上月新加坡原油均价为基准，并加上适当的贴水确定的。当新加坡原油价格在本月的波动幅度超过 5% 时，下月的国内原油价格也作相应调整。由于这一机制后来被恶意操控，我国于 2000 年 6 月开始逐月与国际市场价格联动。这一定价机制是由国家发展改革委制订原油的基准价和成品油的零售中间价，原油天然气集团公司和石化集团公司供销双方参照基准价协商确定原油价格，成品油则价格由两大集团公司在 8% 的幅度内制定具体的零售价，基准价和中间价根据新加坡、纽约、鹿特丹三地的现货市场价，每月按 6∶3∶1 的权重进行加权平均计算得出。随着我国成品油价格形成机制的调整，我国成品油定价机制不再"盯住"纽约、新加坡和鹿特丹三地成品油价，而以布伦特（布伦特）、迪拜（Dubai）和米纳斯（Minas）三地原油价格为基准，再加上国内平均加工成本和合理利润确定价格。本文以大庆原油现货价格为研究对象，通过构建 GARCH 族模型，分析国内原油价格的波动特征并与国际原油价格波动比较。

1. 数据说明

大庆原油产量约占中国原油产量的 40%，就油气探明储量和平方量而言是我国最大的油区，也是世界最高产的油气产地之一。因此，本届选取大庆原油价格代表了我国整体原油价格水平，同时也是国际上采用的中国原油价格的代表。数据时间范围为 2001 年 12 月至 2022 年 9 月的大庆原油现货价格周数据，共计 1080 个样本，计价单位同样为美元。

2. 基于 GARCH 模型的大庆原油现货价格波动模型估计

对大庆原油现货价格取对数得到收益率序列并查看其描述性统计特征，得到表 4。

表 4　大庆原油收益率序列的统计量描述

指标	大庆原油
均值	0.001404
中位数	0.003460
最大值	0.306434
最小值	−0.421481
标准差	0.048166
偏度	−1.011576
峰度	14.99816
J−B 统计量	6656.030***
P 值	0.00000
样本数量	1079
ADF 检验	−7.2413***

与布伦特原油现货价格对数收益率序列的描述性统计特征相似，大庆原油现货价格的对数收益分布同样存在尖峰厚尾效应，并且 J-B 检验表明序列并不是正态分布。ADF 检验验证大庆原油现货价格对数收益率（图 3）序列是平稳序列。

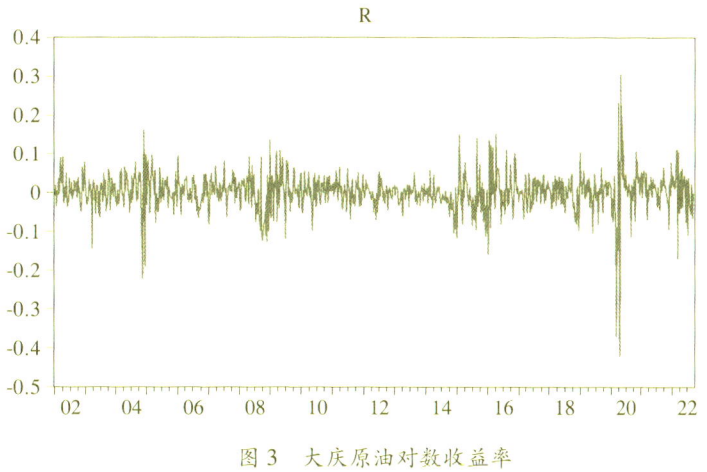

图 3　大庆原油对数收益率

同样采用 GARCH 模型估计大庆原油现货对数收益率波动效应。参数估计结果见表 5。

表 5　大庆原油对数收益率 GARCH（1，1）模型参数估计结果

参数	估计值	Std. Error	z 值	P-value
b	0.003805	0.0000113	5.550179	0.0008
α	0.195560	0.015223	12.84666	0.0000
β	0.762513	0.018389	41.46603	0.0000
R^2	−0.000294			
GARCH（1，1）模型残差的 ARCH-LM 检验				
F 值	0.030580			0.8612
n^*R^2	0.030639			0.8610

可以看到，ARCH 项和 GARCH 项系数均显著不等于 0，且满足条件 $\alpha \geq 0$，$\beta \geq 0$，$\sum_{i=1}^{p} \alpha_i + \sum_{j=1}^{p} \beta_j < 1$。对模型残差的 ARCH-LM 检验也说明 GARCH（1，1）模型已较好地提取了对数收益率序列中的波动信息，由此可得出具体估计结果：

均值方程：

$$r_t = 0.3805 \times 10^{-2} + \zeta_t \qquad (3)$$

方差方程：

$$\sigma_t = 10.1 \times 10^{-5} + 0.195560\zeta_{t-1}^2 + 0.762513\sigma_{t-1} \qquad (4)$$

通过估计 GARCH 模型得到的条件异方差如图 4 所示。由图形可以看到，GARCH 模型较好的描述了市场的波动聚集现象。

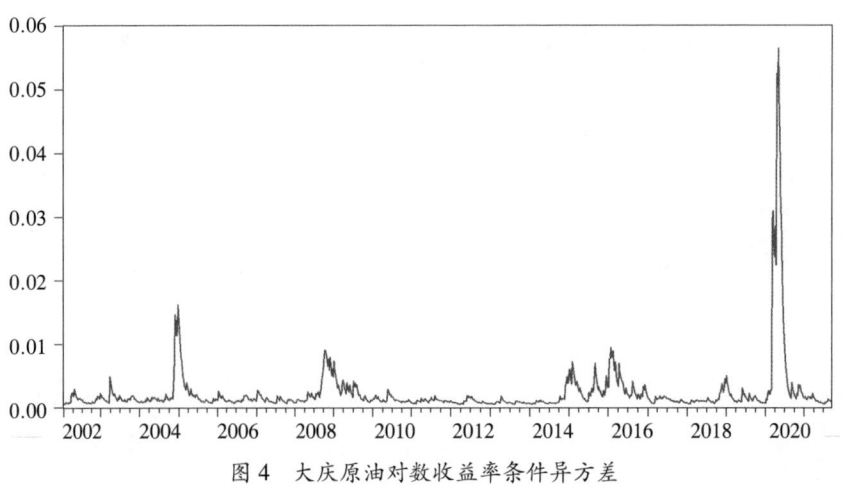

图 4　大庆原油对数收益率条件异方差

3. 波动情况分析

（1）整体波动情况分析

总体来看，由图 4 可知，相比于国际原油价格的频繁多次周期性波动，国内原油价格波动均由数次小波动聚集而成，而每一次大波动与下一次大波动间隔较长，但随着我国原油价格形成机制的不断调整，波动间隔也在逐渐缩短。

由估计得到的 GARCH（1，1）模型可知，ARCH 项系数（α）和 GARCH 项系数（β）之和 $\alpha+\beta=0.96<1$，满足参数约束条件且小于布伦特市场的 $\alpha+\beta=0.98$。其中 $\beta=0.763$，说明波动冲击的 76.3% 会在下一期延续。因此，相比于国际原油市场，国内原油市场价格波动聚集和波动的持续更为平缓。对于外部冲击的反应缓慢，表现出较弱的价格波幅，并且冲击对下一期影响较弱。而这一表现与我国自 1998 年实行的原油价格逐渐与国际接轨的定价机制相吻合：一方面，国内原油价格需要反映国际油价的变动趋势；另一方面，为了避免国际油价剧烈波动对国内经济发展带来的巨大冲击，国内油价需要充分考虑国内市场的真实供求关系，即在保证国内原油供需平衡稳定的前提下，逐渐实现与国际价格的接轨，保持油价的相对稳定状态。

此外，方差方程的截距项解释了波动的平均水平，而国内市场油价波动的截距（10.1×10^{-5}）远大于国际市场油价波动的截距（5.23×10^{-5}），因此国内原油市场的风险更高，油价变动相对于国际油价处于被动的滞后地位。

（2）波动的非对称性检验

分别构建 TGARCH 模型以及 EGARCH 模型，以提取国内油价波动的杠杆效应。估计参数结果见表 6。

表 6　GARCH 族模型估计结果

	TGARCH	EGARCH
ω	0.000131*** （0.000018）	−0.620327*** （0.073255）
α	0.055610*** （0.020921）	0.264145*** （0.024940）
β	0.765757*** （0.019770）	0.935888*** （0.010332）
γ	0.211028*** （0.026307）	−0.120484*** （0.014503）

可以看到，TGARCH 项系数 γ 显著且大于 0，EGARCH 项系数 γ 显著不等于 0 且取值为负，说明负向冲击带来的波动影响大于正向冲击带来的波动影响。可见，估计结果进一步印证了国内原油价格波动同样具有的非对称性。

（三）国际原油价格与国内原油价格的联动影响

国际油价的持续震荡会通过原油产业链传导到全球实体经济各个层面，影响各国股市、导致经济发展不确定性增加。在我国对原油维持高依赖的情形下，国际油价的频繁波动对于我国追求平稳运行的市场环境、严防系统性金融风险发生的目标是不利的。在资源约束与环境污染问题的双重困扰下，各国相继开始发展新能源，大力布局新能源产业。新能源与原油的相互替代关系为各国转变经济发展方式提供方向。本节仍以布伦特原油现货价格和大庆原油现货价格为研究对象，加入对中国新能源市场的考量，探讨国际油价、国内油价以及中国新能源市场三者之间的波动效应和波动特征。

1. 国内外原油价格波动的互动关系

（1）Granger 因果关系检验

在前面的分析中，我们已经确定了取对数后的收益率序列 RQ（大庆原油价格对数收益率）和 RB（布伦特原油价格对数收益率）均为平稳序列，因此首先检验两市场价格的 Granger 因果关系，检验结果如表 7 所示。可以看到，两市场的价格收益率存在双向因果关系，即国际油价对国内油价发挥引导作用的同时，国内油价的变动也会引起国际油价的波动，两个市场间存在反馈关系。但从 F 统计量的取值可以看到，国内油价对于国际油价的引导作用程度和力度会弱于国际油价对国内油价的影响。因此从总体上来看，国内油价变动相对于国际油价处于被动地位。

表 7　大庆和布伦特的 Granger 因果关系检验

原假设 H0	样本数	F 统计量	P 值
大庆不是布伦特的 Granger 原因	1079	21.6423	6×10^{-10}
布伦特不是大庆的 Granger 原因	1079	54.4289	3×10^{-23}

（2）长期协整关系检验

对国内外油价对数收益率序列 RQ 和 RB 进行 Johansen 协整检验，根据信息准则确定 VAR 模型的最优滞后阶数为 7 并进行协整检验，得到两市场原油价格间存在唯一的协整关系为

$$\ln(RQ) = 0.097 + 0.8981 \ln(RB)$$
$$(0.04)\ (0.02)$$

说明国内原油市场与国际原油市场间存在着显著的同向变动关系，国内原油价格对布伦特原油价格的长期弹性为 0.8981。

进一步的，通过对 VAR 模型的方差分解分析每个结构冲击对内生变量变化的贡献度。图 5 和图 6 分别为国际油价冲击对国内油价的变化贡献率、和国内油价对国际油价变化的贡献率，其中，横轴为滞后期数（单位：周），纵轴表示某一市场价格冲击对另一市场价格变化的贡献率（单位：百分数）。图中显示，国际油价冲击对国内油价的变化贡献率在当期为 27%，滞后 2 期时升高至 33%，且持续保持在该水平；国内油价对国际油价变化的贡献率较低，当期影响为 0%，滞后 2 期时增加至 10%。可见国际油价对国内油价变化影响很大，而国内油价变化则相对滞后且对影响较弱。这一表现可由我国原油价格的形成机制解释，即为了避免国际原油价格剧烈波动对国内经济的影响，现行的原油价格调控机制具有较强韧性。因此，当国际油价处于高位时，国内油价才开始触发涨价机制，而当国际油价陡然下降时，国内油价仍将保持一段时间的高位运行，形成油价倒挂，从而熨平波动风险。

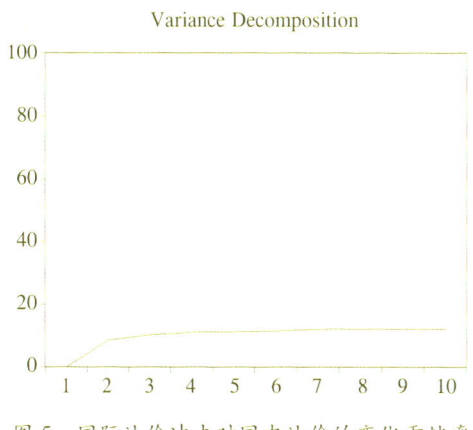

图 5　国际油价冲击对国内油价的变化贡献率　　　图 6　国内油价冲击对国际油价的变化贡献率

（3）动态关联特征分析

考虑到国际原油市场与国内原油市场价格波动的动态关系，采用动态相关系数模型（Dynamic Conditional Correlation，DCC）刻画两市场间价格波动时变的相关程度。图 7 和图 8 分别为国际与国内原油市

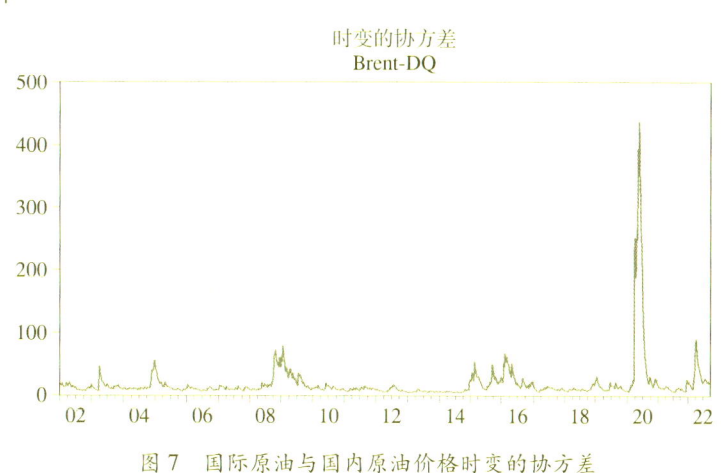

图 7　国际原油与国内原油价格时变的协方差

场价格序列的时变协方差以及动态相关系数。可以看到,国际油价与国内油价的相关系数始终为正,保持在[0.73,0.92]区间内。相关程度在2020年达到峰值,随后逐渐下落至0.87附近,两市场间相关程度仍十分紧密。

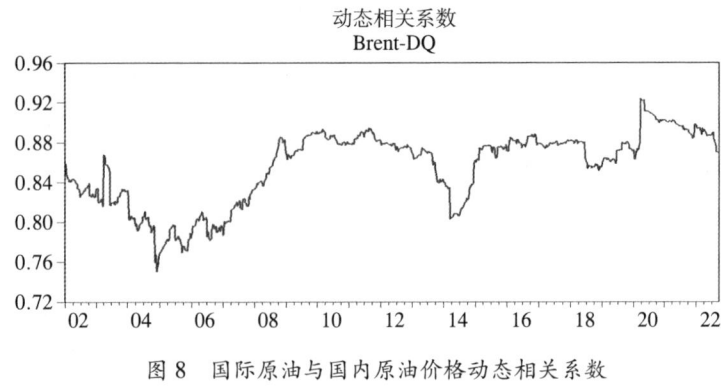

图8 国际原油与国内原油价格动态相关系数

2. 油价变动与新能源价格波动的互动关系

实现"双碳"目标的关键在于能源转型。早在2014年,习近平总书记就提出了针对中国能源安全战略的"能源革命",包括能源消费、能源供给、能源技术和能源体制四个方面。国务院发展研究中心资源与环境政策研究所在《中国能源革命十年展望(2021—2030)》中指出,中国将有序推动形成"双循环"新发展格局和绿色能源体系,"十四五"期间努力推动非化石能源和天然气等清洁能源需求量占比合计超过30%、煤炭占比降至50%以下,同时也将安全高效发展沿海地区核电、小型堆核能综合利用。推动新能源的高质量发展,是助力中国实现"双碳"目标的重要抓手,同时也是能源系统以及经济社会即将经历的一次深刻转型。

新冠肺炎疫情的全球蔓延以及俄乌冲突爆发导致原油市场基本面发生变化,带来原油市场剧烈波动,增加了我国能源市场以及能源转型的不确定性。本小节选用中证新能(399308.SZ)每日收盘价计算得到周平均价格,以评估中国新能源发展水平。分别绘制布伦特原油现货价格序列、大庆原油现货价格序列与其动态相关系数,得到图9和图10。

图9 国际原油与新能源行业动态相关系数

图10 国内原油与新能源行业动态相关系数

分析图9、图10可以看到，国际与国内原油价格对国内新能源发展的相关系数均为正值，说明油价的攀升会促进新能源行业的发展。但总体来看，由于国内油价的定价机制影响，国内新能源市场受国际、国内原油市场影响均不高，相关程度较低。

具体来看，国际原油市场与国内新能源市场的动态相关系数取值范围为［0，0.25］，在2017年第三季度达到峰值，2022年一季度到达谷底，接近负值；国内原油市场与国内新能源市场的动态相关系数取值范围为［0.09，0.165］，在2020年一季度达到峰值，于2022年一季度到达谷底，但仍为正值。比较而言，国内新能源市场受国际原油市场影响更大。

二、能源转型背景下中国能源市场面临挑战

（一）原油进口依赖度较高，影响能源安全

国内原油进口仍受制于国际市场，受国际原油市场影响较大，但在世界原油市场价格确定中缺乏发言权。国际、国内原油价格波动均存在聚集性、持续性和非对称性。国际原油价格波动幅度更大，对外部冲击反应也更迅速，国内原油价格对于外部冲击反应缓慢且滞后，波动聚集和波动的持续更为平缓，表现出较弱的价格波幅。

国际、国内原油市场间价格波动具有明显的互动性，存在双向因果关系。国际油价对国内油价发挥引导作用的同时，国内油价的变动也会引起国际油价的波动，两个市场间存在反馈关系。但国内油价对于国际油价的引导作用程度和力度会弱于国际油价对国内油价的影响。因此，尽管国内原油价格政策熨平了因国际油价剧烈波动所引致的风险，但仍存在波动的大幅度、大规模震荡，为原油价格及其波动的预测带来不确定性，国内油价变动相对于国际油价市场处于被动地位。

国际、国内油价存在着长期协整关系。国际油价对国内油价变化影响较大，而国内油价变化则相对滞后且对国际原油市场影响较弱，可见我国在世界原油市场上价格的确定中缺乏发言权。

（二）新能源发展稳步推进，推动能源转型作用有限

《"十四五"能源领域科技创新规划》对能源新技术、新模式、新业态建设方面提出了更高要求，国内新能源相关行业产业发展稳步推进。中国复杂的能源国情决定了，中国的能源转型不会重复西方发达国家煤炭—油气—可再生能源三段式既有路径，而是将从以煤为主转向清洁煤炭、油气、可再生能源和核能并存，并最终实现以可再生能源为主体的能源消费结构。在严格控制能源消费总量和强度同时，有序推进能源消费结构向

清洁绿色低碳转型。

在全球"双碳"和能源转型的大背景下，大力发展新能源行业无可厚非。但从新能源行业与传统化石能源行业的发展关系来看，国内新能源市场受国际、国内原油市场影响均不高，二者关联度不强，新能源行业与传统化石能源行业呈现出的互补效应更强，而替代效应较弱，因此寄希望于依赖新能源行业发展推动能源转型落地的作用十分有限。

三、能源转型背景下的原油价格波动趋势预测

能源价格会受到除市场供需外大量经济、社会、政治、自然等因素影响。以原油价格为例，短期与长期均会受到多种因素影响，导致原油价格往往会偏离供需基本面，为原油价格预测带来不确定性。本小节首先梳理短期以及长期原油价格预测理论和模型，随后沿用前述的 GARCH 族模型以及 DCC-GARCH 模型分别对国际国内原油现货价格波动趋势以及油价与我国新能源发展相关程度进行预测。

（一）短期的原油价格预测

1. 原油需求的短期变动

短期的原油价格预测是基于供给需求平衡框架来实现的。对于原油需求的短期变动，孙天晴和马宪国（2007）[6] 运用时间序列季节调整的方法，对原油价格的季节变动进行了分析，发现油价季节性涨幅的规律性较强，而不规则要素的随机性较强，并且不规则要素的波动在逐渐加大。研究发现，由于季节性影响而引起油价规律性上涨的月份主要集中在 3、5、8、9 月份，而不规则要素涨幅较大的月份集中在 3、8、9 月份。每年的一季度末至二季度是炼油装置检修的时间，原油供应呈现供大于求的状况，引起原油价格下降；而随着春夏季到来，汽油消费进入旺季，价格走高，带动原油价格走强；冬季是取暖油消费高峰，因此在冬季到来之前的 9、10 月份，油价会走强。另外，还有年末效应，因为投资基金回收结算的行为，导致原油的价格下降。而且这种因为需求而引起的价格波动具有超前波动的特征。

迪斯等（2005）[7] 将影响原油需求的因素总结为产出、油价、汇率和随时间变动的技术。即

$$DEM_i = \varphi\left(Y_i,\ \frac{POIL}{P_i^E}E_i,\ time\right)$$

其中，DEM_i 为 i 国家（地区）的原油需求量；Y_i 为不变价格的 GDP；$POIL$ 为原油以美元计价的价格；E_i 为对美元的汇率；P_i^E 为 i 国家（地区）的国内物价指数，均取对数的形式。

2. 原油供给

在不同的相关文献中，对于世界原油市场的供给假设都是将原油生产国分为两类：OPEC 卡特尔组织和非 OPEC 生产国在不同的文献中。非 OPEC 生产国的行为被认为是竞争性的，但会受到地缘和制度因素的限制。而 OPEC 成员国虽然相互之间存在不一致意见，但由于沙特阿拉伯的强大作用，总体上表现为一个控制国际原油价格的组织。

（1）OPEC 的原油供给

迪斯等（2005）将世界原油市场的供给分为 OPEC 供给和非 OPEC 供给。OPEC 供给在 1986 年之后表现为更加合作的状态。可得：

$$PROD^{opec} = \sum_i DEM_i + \Delta Stocks^{oecd} - NGLS - \sum_j PROD^{non-opec} - PG$$

其中，$\Delta Stocks^{oecd}$ 为 OECD 国家的原油库存变动，$NGLS$ 为液化天然气；PG 为人造原油（来自油页岩、重油、煤制油等）。

（2）非 OPEC 成员国的原油生产

卡夫曼和克里夫兰（2001）[8] 证明，虽然非 OPEC 国家是价格接受者，但没有明显的证据证明非 OPEC 国家的原油生产和价格之间存在简单的关系。由于存在资源耗竭、技术进步、经济动机、政治介入等因素，多数模型所预测的非 OPEC 国家原油生产并不准确。

非 OPEC 国家的原油生产，既受原油生产的成本和原油价格等经济因素的影响，又受产能的影响，即本国所处的哈伯特曲线的位置。运用逻辑斯特曲线来表示特定国家的哈伯特曲线得：

$$\ln\left(\frac{Q^e}{Q_t - 1}\right) = \ln(a) + b(t - t_0)$$

其中，Q^e 为一国最终的原油可采量，Q_t 表示在 t 期一国累积的原油生产量。哈伯特运用该模型分析美国的原油生产峰值。卡夫曼和克里夫兰的分析则表明，该模型能够成功预测美国原油生产峰值的原因在于该钟形曲线正好与美国原油生产的非线性长期成本形式相吻合。

原油的生产除了受哈伯特理论的限制外，还受经济、制度因素的影响，其生产本身也具有一定的惯性。于是可将哈伯特曲线得到的原油量 ΔQ_t 被作为解释变量，构建原油生产的协整模型。

$$PROD_t = \alpha + \beta_1 \Delta Q_t + \beta_2 ROIL + \beta_3 Local + \beta_4 Asym + \mu t$$

其中，$PROD_t$ 为原油生产，$ROIL_t$ 为不变物价衡量的原油价格，$Local$ 为一个连续或离散的影响本地生产的变量，如经济危机、持续的罢工等，$Asym$ 为虚拟变量，当某一国家的原油生产已达到峰值并具有非对称性，取值为 1。

（3）短期原油价格

OPEC 对于原油价格的影响介于定价卡塔尔和价格接受者之间，即其并不能完全控制油价，但又发挥着绝对优势作用，但目前并没有相关理论能够解释这种"中间角色"的行为及其对市场的影响作用效果。更为常见的分析逻辑是将价格、OPEC 的行为指标以及市场供需平衡指标相联系，借助计量方法估计原油价格变动。

斯托克和沃特森（1993）[9] 运用动态最小二乘估计法，根据 1986 年第三季度到 2000 年第三季度数据估计得到原油价格模型：

$$POIL_t = \alpha + \beta_1 DAYS_t + \beta_2 Quota_t + \beta_3 Cheat_t + \beta_4 Caputil_t + \beta_5 Q_1 + \beta_6 Q_2 + \beta_7 Q_3 + \beta_8 War + \mu$$

其中，$DAYS$ 是 OECD 原油储备的消费日期数，$Quota$ 为 OPEC 的原油生产配额，$Cheat$ 为 OPEC 的实际生产量与生产配额之间的差额，$Caputil$ 为 OPEC 的生产能力使用率，Q_1、Q_2 和 Q_3 为 1、2、3 季度的虚拟变量，War 为海湾战争虚拟变量。

该模型基于 1984 年第一季度至 2002 年第一季度的数据，在需求方面分为美国、日本、欧元区、瑞士、其他发达国家、非日本亚洲区、转型经济、拉丁美洲和世界其他国。供给方分为美国本土、加拿大、墨西哥、巴西、非 OPEC 拉丁美洲、西欧、非 OPEC 非洲和非 OPEC 其他地区。从模型的实际结果来看，能够较好地拟合 1995 年一季度至 2000 年三季度的油价变动。

（二）长期的原油价格预测

长期原油价格开采模型（Long-term Oil Price and Extraction， LOPEX）在哈伯特原油供给理论模型基础上，加入原油需求对价格内在变动的因素，模型时间跨度为 10 年。瑞和弗雷德里希（2006）[10] 运用 LOPEX 模型对世界长期原油价格进行预测。

1. 原油需求

模型假设原油需求为一个具有稳定价格弹性的函数：

$$D(t) = d\_\text{ref}\ (t) \left(\frac{P(t)}{p\_\text{ref}(t)} \right)^{\varepsilon}$$

其中，ε 为原油需求的长期价格弹性。模型中假定存在需求和价格的参考路径，而原油需求的参考路径主要基于能源需求模型而定，但并不考虑结构变化或能源需求方面的技术进步等经济状况发生改变的情形。

2. 原油供给

（1）非 OPEC 国家的原油供给

非 OPEC 原油生产国被认为是完全的价格接受者。按成本分类法将非 OPEC 国家的原油生产分为 26 个类型。各自的哈伯特曲线为：

$$h_k(t) = \frac{Q_{\infty, k} b_k \mathrm{e}^{-b_k(t-t_o, k)}}{(1 + \mathrm{e}^{-b_k(t-t_o, k)})^2}$$

其中，$Q_{\infty, k}$ 代表 k 类型的最终可采量，而 $t_{0, k}$ 表示 k 类型的高峰年，b_k 为参数，表明该哈伯特曲线的斜率。对于一种资源进入市场时间选择需要确定一个哈伯特开始点（Hubbert Start，HS），以保证该种资源可以开始有盈利地生产。哈伯特开始点通常由技术进步、成本下降或者价格上升引起，因此可以产量占其生产高峰产量的比例来衡量。在 OPEC 确定了价格路径后，非 OPEC 国家在任意时点所生产的原油总量为

$$\mathrm{nop}(t) = \sum_k h_k(t)$$

其中，$h_k(t)$ 为 t 期 k 类型的哈伯特周期。

（2）OPEC 的原油供给

由于 OPEC 巨大的存储比，其生产配额源出于产能之下，因此可认为原油生产不受哈伯特周期的限制，可以同时选择其跨期的最优产量和价格路径。OPEC 的原油产量为利润最大化时的原油产量：

$$\mathrm{Max} \sum_{t, k} d(t)[P(t)X_k(t) - C_k(X_k(t), R_k(t-1), t)]$$

其中，$d(t)$ 为折现因子。约束条件：

$$R_k(t) = R_k(t-1) - X_k(t)$$

$$X(t) = \sum_k X_k(t) = D(t) - nop(t)$$

其中，$R_k(t)$ 为在 t 期时 k 类型原油的储量。生产成本由下式确定：

$$C_k(X_k(t), R_k(t-1), t) = \mathrm{tec}(t)X_k(t)[C_{k-1} + (C_k - C_{k-1}) \times \frac{R_k - R_k(t-1) + 1/2X_k(t)}{R_k}]$$

其中，$\mathrm{tec}(t)$ 为外省的技术进步导致的成本下降，C_k 为供给成本。

（3）价格均衡

当供给等于需求时就可以得到均衡价格。LOPEX 模型的预测思路见图 11。由一个确定 $p(t)$ 价格使非 OPEC 原油生产国确定其产量，在该价格下的原油需求不足部分则由 OPEC 原油生产补充，此时的 OPEC 产量与价格正好为其实现利润最大化时的原油产量。

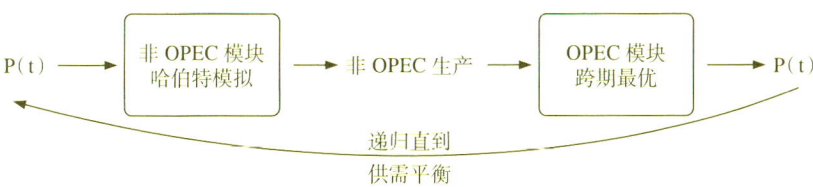

图 11　LOPEX 模型预测思路

由于该模型在原油供给方面存在太多假设,各机构运用 LOPEX 模型预测的原油价格
发展趋势相互间存在较大差别。因此,这一模型更多被用于情景分析。

(三)国际与国内原油现货价格波动趋势预测

由上文对国际、国内原油现货价格的格兰杰因果检验可知,两序列间存在着双向因
果关系。因此,如果选用滞后项并拟合回归模型的方式预测原油价格效果并不理想,模
型存在严重的内生性问题。这里仍然沿用上文的分析方法,选择 GARCH 模型分别对国

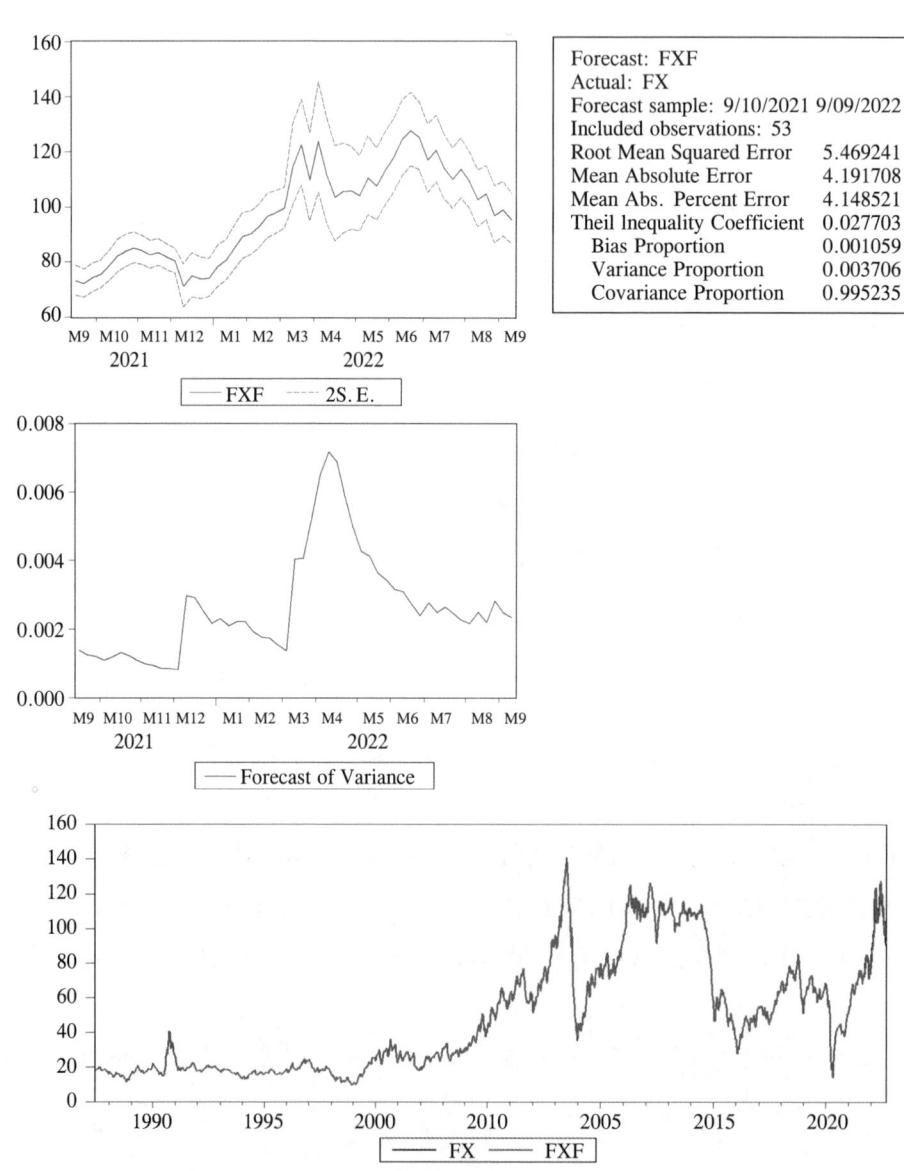

图 12 布伦特原油价格预测

际、国内原油价格进行预测。布伦特原油价格的样本时间段为 1987 年 5 月 22 日至 2021 年 9 月 3 日，预测时间段为 2021 年 9 月 10 日至 2022 年 9 月 9 日。大庆原油价格的样本时间为 2002 年 1 月 5 日至 2021 年 9 月 11 日，预测时间段为 2021 年 9 月 11 日至 2022 年 9 月 17 日。分别得到图 12 和图 13。

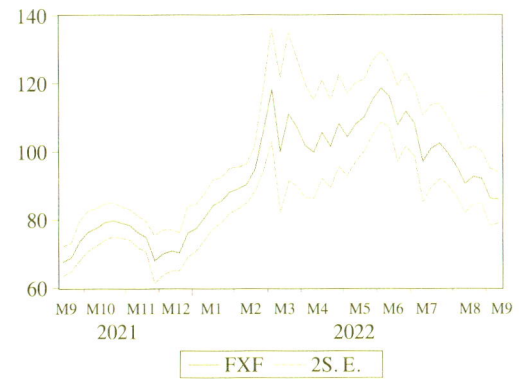

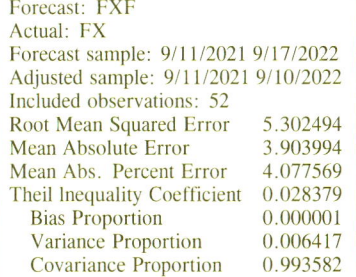

Forecast: FXF	
Actual: FX	
Forecast sample: 9/11/2021 9/17/2022	
Adjusted sample: 9/11/2021 9/10/2022	
Included observations: 52	
Root Mean Squared Error	5.302494
Mean Absolute Error	3.903994
Mean Abs. Percent Error	4.077569
Theil Inequality Coefficient	0.028379
Bias Proportion	0.000001
Variance Proportion	0.006417
Covariance Proportion	0.993582

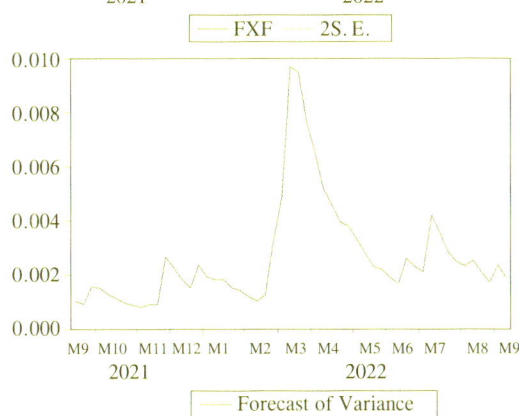

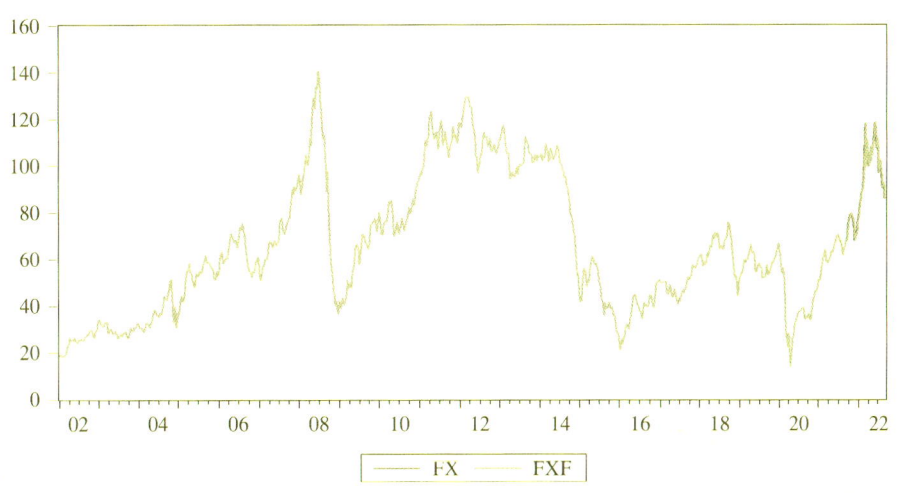

图 13　大庆原油价格预测

可以看到，由于存在内生性问题，模型预测具有一定的预测误差，但仍可以观察出原油价格的波动趋势已落入下降通道，并且将进一步延续现有的下降态势。

（四）油价波动与我国新能源行业相关程度预测

仍然沿用上文的 DCC—GARCH 模型进一步预测，分别对国际油价、国内油价与我国新能源行业发展相关程度展开预测，最终得到布伦特原油价格与新能源发展水平的相关系数为 0.02814176，大庆原油价格与新能源发展水平的相关系数为 0.09225152。可以得出，尽管新能源发展水平与国际和国内油价的相关系数仍为正值，现阶段我国的新能源发展水平与国内原油价格的相关系数更高，表明油价的增加会促使新能源行业的进一步发展，但整体相关程度较低。

四、能源转型背景下中国能源市场发展建议

总的来看，国内原油市场受国际原油市场影响较大，但在世界原油市场价格确定中缺乏发言权。除此之外，不论是国际原油市场还是国内原油市场均对国内新能源发展影响有限。

油价变动对国内新能源行业发展影响有限。与多数人认知中"高油价会促使新能源发展"不同，原油价格与新能源行业发展的相互影响程度较低，新能源行业的发展更多的会受到技术进步以及政策导的影响。通过上述对国际、国内能源价格波动趋势和特征的分析可以发现，国际、国内原油市场间价格波动具有明显的互动性和反馈关系，且国际油价的引导作用程度和力度会强于国内油价，国内油价变动相对于国际油价市场处于被动地位。

我国经济多年来的持续快速发展，导致对能源需求特别是原油需求不断增长，原油进口依存度接连攀升，由此所引发的能源安全问题则逐渐得到重视。对外，我国经济循环日益融入世界经济体系中，需要不断提高自身化解风险的能力，积极应对国际市场原油价格剧烈波动的不确定性，强化应对国际能源价格波动风险的能力并增强我国在国际能源市场上的影响力；对内，可以通过加快能源转型升级，鼓励创新工艺、加深能源行业产业链并大力发展新能源的形式缩短能源价格的波动周期，稳定能源价格。

（一）强化应对国际能源价格波动风险能力

1. 建立完善原油储备体系

原油储备作为国家战略安全的重要一环，安全、充足、稳定的原油供给能够有效地缓解国际油价波动和原油供给等因素对国内经济系统的冲击。我国应建设政府战略储备、

机构储备和民间储备多层次的原油储备体系。目前主要的国际原油安全风险不是供给中断，而是如何以合理的价格购买原油。原油价格波动复杂，政府储备和民间储备在建设原油储备时需要充分考察、研究采购原油的合适的时机和合理的价格，以及制定合理的原油储备规模。

2. 推动生产技术升级

提高应对油价波动冲击的风险能力要求降低以原油为原材料的有机产品的原油消耗。与美国、日本等发达国家相比，我国有机产品加工和成品油生产工艺不够成熟，生产粗放，原油的资源利用效率低下，造成大量资源浪费。粗放型生产技术加剧了国内原油供不应求的现状，国内需求对国际油价缺乏弹性。我国原油需求分为刚性需求和弹性需求。弹性需求是由粗放型生产方式引起的，但这种粗放型生产方式引起的需求可以通过升级生产技术来减少，从而降低我国的原油总需求。因此，政府和原油企业应积极引进先进的生产技术和专业人才，专注原油产品的核心加工技术升级，树立我国相关产品的国际品牌。由依靠大量消耗生产要素的粗放型生产方式向以技术创新为驱动的集约式生产方式转变，不仅能够缓解国内过热的原油需求，也利于国内原油工业企业加工制成品的出口，改善我国的贸易条件。

3. 推进原油期货市场建设

由于没有国际原油定价权，我国在原油贸易中一直缺乏主动权。这直接降低了我国应对油价冲击的能力，使我国在进出口贸易中处于劣势。为了应对原油风险，国内原油企业多通过国外期货市场开展对冲风险、套期保值操作。然而受地域、交易规则等因素阻碍，国内企业在交易实践中受到各种限制。因此，积极推进我国原油期货市场建设，为国内原油企业进行期货交易创造良好的市场环境是十分必要的。我国要健全相应的法律体系、交易规则等配套设施，利用优惠政策吸引更多国际市场投资者参与，逐渐形成以我国为中心的原油期货交易中心，解决国际原油供应与国内原油需求之间的不平衡问题，增强我国在国际原油市场中的主动性，提高应对油价冲击带来的不确定性的能力。

（二）充分利用国际、国内双循环优势，保障国内能源安全

能源安全是中国总体国家安全体系中的重要一环。原油关乎我国的经济命脉，作为世界较大的原油进口国和原油消费国之一，我国在国际原油定价问题上始终不具备强大的影响力。较高的能源依存度严重影响了我国的能源安全。在能源转型背景之下，需要利用国内、国际的双循环优势解决我国的能源安全问题，是实现能源转型的必由之路。

对外，坚定推进能源进口多元化战略，以世界最大能源消费市场的"结构性权力"维护中国能源安全。考虑到国内油气资源相对不足、油气对外依赖度较高的现实，如何保

障油气供应安全应成为中国能源安全的重要议程，也是中国推进能源供给革命、消费革命需要高度聚焦的领域。随着新能源革命特别是国际石油市场由"卖方市场"向"买方市场"的转变，中国庞大的能源消费市场正在成为我们手中所掌握的重要"结构性权力"，可以成为对外能源合作至关重要的议价工具和保障中国能源安全的重要手段。做好"能源安全"与"商业利益"之间的动态平衡，防止对"安全"问题过度敏感抬升中国能源进口的商业成本。

对内，一方面从能源供给角度，抢占能源技术制高点，以推进能源科技创新支撑中国能源安全。全球能源转型背景下，能源发展逐步从资源驱动转变为技术驱动，中国要在继续加强"技术长板"的同时，抓紧补齐"技术短板"：在化石能源领域，要在煤炭清洁高效利用方面加大创新开发力度，强化页岩油气和天然气水合物勘探开发技术；在可再生能源领域，要在保持水电、风电、光伏发电、生物质能源利用等既有优势的同时，进一步降低成本并抢占可再生能源技术制高点；在核电领域，要在已建成世界上最先进的第三代核电站并在高温气冷堆等第四代核电方面拥有技术优势的基础上，加强可控核聚变研究；在分布式能源领域，大力开发既可自发自用、也可与集中式电网互动的分布式低碳能源网络；在储能领域，努力在高能量密度储能技术方面取得突破，加快研发空气锂电池、石墨烯电池、纳米储能、压缩空气储能、制氢储能等技术；要大力发展碳捕获、移除、利用与封存技术，有效控制温室气体排放；要将新一代信息技术与能源技术深度结合，促进智能电网、能源互联网和能源综合服务系统发展。

另一方面，从能源消费角度，建立健全节能增效制度体系，努力降低高污染的煤炭消费。要依靠技术创新推进用能效率提升，进一步创新节能技术，加大新一代数字技术、信息技术与能源行业深度融合，在严格控制能源消费总量和强度的同时，有序推进能源消费结构向清洁绿色低碳转型。

（三）支持引导新能源行业稳定、健康发展

中国已做出2030年前实现碳达峰、2060年前实现碳中和的战略部署，并提出加快构建清洁低碳安全高效的能源体系。为实现这一目标，深化能源体制改革，以能源体制创新助力中国能源安全。近年来，国家能源体制改革深入推进，投资主体更加多元，竞争性环节价格进一步放开，能源治理机制基本形成。今后一个时期，中国能源体系需要持续深化改革，还原能源商品属性，构建有效竞争的市场结构和市场体系，形成主要由市场决定能源价格的机制；要推动经济和能源绿色低碳转型，有序推动碳达峰、碳中和。持续完善碳交易、碳配额等制度，创新绿色低碳转型的金融手段；要转变政府对能源的监管方式，建立健全能源法治体系，有序推进能源结构转型。

中国复杂的能源国情决定了中国的能源转型不会重复西方发达国家煤炭—油气—可再生能源三段式既有路径,而是将从以煤为主转向清洁煤炭、油气、可再生能源和核能并存,并最终实现以可再生能源为主体的能源消费结构。要充分认识到,中国是一个国情复杂的能源生产大国和消费大国,国内不同地区的经济、社会和能源状况各不相同,这决定了中国在推进能源转型的过程中,必须采取稳妥审慎的态度,不能一哄而上、操之过急,既要确保经济平稳和社会民生,也要确保能源转型持续推进、不断升级。

参考文献

[1] ENGLE R F. Autoregressive conditional heteroscedasticity with estimates of the variance of United Kingdom inflation [J]. *Econometrica: Journal of the Econometric Society*, 1982: 987-1007.

[2] BOLLERSLEV T. Generalized autoregressive conditional heteroskedasticity [J]. *Journal of Econometrics*, 1986, 31(3): 307-327.

[3] NELSON D B. Conditional heteroskedasticity in asset returns: A new approach [J]. *Econometrica: Journal of the Econometric Society*, 1991(3): 347-370.

[4] ZAKOIAN J M. Threshold heteroskedastic models [J]. *Journal of Economic Dynamics and Control*, 1994, 18(5): 931-955.

[5] 刘希宋,王辉坡,李玥. 石油专用设备投资评价的神经网络模型及实证研究 [J]. 科技管理研究, 2006 (11): 159-161.

[6] 孙天晴,马宪国. 基于经济时间序列季节调整的石油价格波动规律研究 [J]. 商场现代化, 2007 (07Z): 386-388.

[7] DEES S, KARADELOGLOU P, KAUFMANN R K, et al. Modelling the world oil market: Assessment of a quarterly econometric model [J]. *Energy Policy*, 2007, 35(1): 178-191.

[8] KAUFMANN R K, CLEVELAND C J. Oil production in the lower 48 states: economic, geological, and institutional determinants [J]. *The Energy Journal*, 2001, 22(1): 115-134.

[9] STOCK J H, WATSON M W. A simple estimator of cointegrating vectors in higher order integrated systems [J]. *Econometrica: Journal of the Econometric Society*, 1993: 783-820.

[10] REHRL T, FRIEDRICH R. Modelling long-term oil price and extraction with a Hubbert approach: The LOPEX model [J]. *Energy Policy*, 2006, 34(15): 2413-2428.